译文经典

权力意志与永恒轮回

Die nachgelassenen Fragmente

Friedrich Nietzsche   Günter Wohlfart

〔德〕弗里德里希·尼采 著

君特·沃尔法特 编

虞龙发 译

上海译文出版社

推荐语

　　尼采之所以吸引一切有思想的人，并不是因为他思想的超前，而是他以激进的眼光和彻底怀疑批判的态度来对待那些人类亘古以来的根本问题，促使和鼓励他的读者也以同样的彻底态度重新审视这些问题，从而得到思想的新生。

　　《权力意志与永恒轮回》这个选本绝对可靠，使一般读者无须一头扎进卷帙浩瀚的尼采遗稿，它几乎涉及了尼采所有重要思想，是一部很好的尼采遗稿入门本。

张汝伦

（复旦大学哲学系教授）

　　尼采，世人皆知的著名德国哲学家，在哲学家的眼中，他无异于"唯意志论的哲学超人"。不，远不止这些！尼采还是个喜欢对人生和世界、生活和科学、文学和艺术、道德和理想等世俗之事作奇思异想的凡人，如若不信，请读读本书，你便能看到一个"平常的""立体的"尼采。

桂乾元

(资深翻译家、德语教授)

　　《权力意志与永恒轮回》既不是尼采生前发表著作的简单补充，也不是一部杂乱无章的格言汇编，而是一个具有独特思想形态的哲学文本。尼采一生所思考的哲学主题，如"上帝死了""虚无主义""权力意志""永恒轮回"和"超人"等，都汇聚在这个文本之中，相互激荡和呼应，构成了一部多声部的思想乐曲。作为尼采不同时期哲学思考的结晶，这些遗稿历史性地揭示了尼采哲学一以贯之的意图：一方面是对自柏拉图以来的西方形而上学传统的批判和"价值重估"，另一方面是对一种新的思想形态、一种"未来哲学"的自由探索。与尼采生前发表的著作相比，这部遗稿更能使我们具体、直观、不受拘束地理解他的"实验哲学"精神。

吴增定

(北京大学哲学系教授)

导　读

张汝伦

一

　　不管喜欢不喜欢，理解还是不理解，尼采对于人类思想的重要性今天已很少有人怀疑。他与马克思、弗洛伊德一起，被称为现代世界的三大先知。西美尔、海德格尔、雅斯贝斯、勒维特、芬克、福柯、德里达、德勒兹、巴塔耶、布朗肖这些有影响的、原创性的大哲学家，都写过研究他的专门著作，萨特曾计划写一部关于尼采和瓦格纳的小说。弗洛伊德和韦伯公开承认尼采对他们的重要影响。凡此种种，足见其哲学的激发力和魅力。他还在世时，就已经形成了尼采工业（即研究他的专门事业），而他身后，人们对他的兴趣更是延续了一个多世纪，方兴未艾，蔚为可观。尼采的著作，不断以各种文字在世界各地出版，研究尼采的文献，更是汗牛充栋，层出不穷。福柯说："尼采标志着一个开端，超越这个开端,当代哲学才能再次思考;毫无疑问,他将继续长期支配它的进展。"①

然而,颇为反讽的是,尼采又是一个极难读懂的哲学家,许多自称喜欢尼采的人,其实根本不懂尼采在说什么,他们或者满足于鹦鹉学舌般把尼采的一些话复述一遍,再无其他;或者以尼采杯酒,浇自己的块垒,按照自己的意思,利用尼采为己张目。这在尼采研究深入发展的西方国家尚且不免,在中国就更是如此。

尼采哲学之难,首先在于他不像别的哲学家,尽可能让自己的著作和哲学远离自己的生活和生命。因此,研读一般哲学著作,如《纯粹理性批判》,我们不必了解作者的生平遭遇、感情生活和健康状况。亚里士多德甚至认为,对于一个哲学家,我们只要知道他活着,他工作,他死了就足矣。康德也用 *de nobis ipsis silemus*(关于我们个人,我们将什么也不说)作为他主要著作的箴言。卢梭的生平很另类,可我们无须知道他的生平照样可以读懂《社会契约论》。尼采则不然,他说他喜欢血写的文字,他的著作也的确与他个人生命息息相关。"有很多理由相信,尼采许多文本的思想就像是日记或个人笔记,告诉我们一些关于他自己和他关于这些

---

① Foucault, *The Order of Things*, translated by A. Sheridan (New York: Random House, 1970), p. 342.

文本处理的问题的看法，而不是以客观非个人的成果为目标的产物。"①

　　因此，了解尼采的生平以及它在何种程度上影响和形成他的思想和著作的特点，是十分必要的。尼采1844年10月15日出生于德国东部萨克森州一个叫勒肯的村庄。父亲是一个新教牧师，在他五岁时便去世。尼采有一个弟弟，不到两岁便去世。突如其来的亲人相继死亡，对他的思想有着深刻的影响。尼采自小与他寡母、妹妹，还有两个未出嫁的姑姑一起生活，家庭的阴柔气氛后来在他的思想中也造成了强烈的反弹。

　　尼采早慧，很少与同龄人一起玩，而是以写作来消磨时光。他有极高的语言和音乐天赋，10岁时就能作曲写诗弹钢琴，14岁时以优异成绩从当地的学校毕业后，被推荐到著名的舒尔普福塔学校学习，这所学校曾培养出施莱格尔兄弟和费希特这样的德国近代思想史上的大家。1864年，尼采以优异的成绩从这所学校毕业，进入波恩大学（马克思的母校）学习神学和古典语文学，次年转到莱比锡大学学习古典语文学，深得里奇尔的赏识。

　　由于他的天赋和里奇尔的大力推荐，尼采大学未毕业

---

① Rolf-Peter Horstmann, "Nietzsche: Beyond Good and Evil", *Introductions to Nietzsche*, ed. by Robert Pippin (Cambridge: Cambridge University Press, 2012), p. 180.

就被瑞士巴塞尔大学聘为古典语文学的副教授（1869年），一年后转为正教授。1872年，尼采发表了他的第一部重要著作《悲剧的诞生》。书出版后，他的朋友、音乐家瓦格纳和史学家布克哈特等都表示肯定，但他古典语文学的同行，包括他的老师里奇尔却一致否定，认为它无视古典语文学的行规和纪律。从此尼采逐渐被排除在古典语文学界之外。

其实，尼采真正的兴趣不在古典语文学，而在哲学，叔本华哲学使他看到了另一种哲学、直接面对生活的哲学的可能。他向巴塞尔大学申请哲学教授的教职未能成功，而他的健康状况也不允许他继续从事教学工作。1879年，尼采向学校提出辞呈。从此以后，尼采在他妹妹伊丽莎白的陪同下，在瑞士、意大利等地漫游、疗养，这段时间是尼采创作的高峰期，他的主要著作大都是在这期间写成，但他也已经开始出现精神分裂的征兆。1889年1月3日，尼采在都灵大街上看到一个马夫虐待他的马，便跑过去抱住马的脖子昏了过去，从此就和疯人院结下了不解之缘。1900年8月25日，尼采在魏玛去世，享年56岁。从此以后，他和他的思想，就成了哲学史上一个永久的传奇。

以上只是尼采一生大致的外在经历，影响他思想和直接形成他思想特点的是他内在的人格特征和身体状况。首先是尼采糟糕的健康状况。他自幼体弱多病，一生饱受各种病痛和精神压力的折磨，他有周期性的神经问题，严重的眼睛疾患使他几近失明，还有极端折磨人的长期偏头痛。这使得除了意大利北部和瑞士的一些地方外，其他地方的生活对他而言都是无法忍受的。他糟糕的健康状况不但影响他的外部生活，而且也影响他的思想。而尼采又根本不在乎，甚至有意要将这种影响表达在他的文字中。

尼采糟糕的健康状况自然也极大影响了他与他人的关系。除了将陪伴他一生的母亲和妹妹视为仇敌外，他与其他女性的关系也很难说得上融洽，他与女性关系的失败直接表现为他对女人和女性的各种观点，这些观点难免让人对她们产生反感。①尼采一生朋友不多，但即使和这些不多的朋友的关系，也难称融洽。他在讲到他称为"朋友"的人时经常语带怨恨，主要是责怪他们对他缺乏敏感，他抱怨他们不肯下功夫去研究他的著作，没有让他避免公众的忽视。②这种心态自然使他备感孤独。虽然说他对荣誉没有兴趣，但却对不被世人承认耿耿于怀，总觉得那是由于他周围都是平庸之

---

① 有关尼采对于女性的观点，可参见他的《瞧，这个人》中"我为何写这么好的书"那部分第 5 节，*Ecce Homo*，*Sämtliche Werke：Kritische Studienausgabe*，ed. G. Colli und M. Montinari，Bd. 6（Berlin：de Gruyter，1988），SS. 305 - 307。

② Cf. Nietzsche，*Ecce Homo*，*Sämtliche Werke：Kritische Studienausgabe*（以下简写为 KSA），ed. G. Colli und M. Montinari，Bd. 6（Berlin：de Gruyter，1988），SS. 362 - 364。

辈。这种怨恨心态也表现在他的思想和文字中。在他留下的文字中有不少纯粹个人的、与哲学没有什么关系的东西。

由于极端自信和长期被孤独感笼罩，尼采完全不顾别人对他的看法，在思想上彻底我行我素，想怎么说就怎么说，很少有推理和论证，丝毫不管自己的想法是否站得住，所以他的哲学是最个人化的哲学。按照常理说，哲学追求的是普遍真理，哲学家应该尽可能不让自己的个人倾向、激情和好恶影响自己客观冷静的表述，更不用说直接表述自己的特殊情绪和爱憎，甚至偏见了。尼采正相反，他一方面坚决否定哲学上流行的"我"和"主体"概念，另一方面他自己的哲学离开他这个"我"是无法理解的。他恰恰极度厌恶那些不把自己生命融入哲学的哲学，而有意要让读者在他的文字中看到他鲜活的生命。我们在绝大多数哲学著作中看到的是沉静，但在尼采的著作中我们只能感受到热烈。如果说绝大多数哲学家是用理智在写的话，那么尼采是用无与伦比的激情在写。只有阴沉性格的人才会不被他感动，尽管感动不等于同意。

尼采也是个杰出的文体家，他出色的语言表达能力，使得他可以在德语文学史上占有一席之地，人们至今认为他是与歌德、海涅并列的最优秀的德语散文家。尼采在他的著作中充分运用一切表达方式和修辞手法：比喻、隐喻、格言、寓言、双关、反讽、诗歌等。以至于我们在读尼采时必须时时提醒自己："谁按照字面意思理解尼采、相信尼采，就完了。"①

除了他特殊的哲学表达方式外，尼采的难懂更在于他要颠倒和否定的是"一切迄今为止所有人都相信、要求和认为神圣的东西"，是大多数人思想行为的前提和基本原则，是许多人认为天经地义的东西，是一旦离开或否定它们，人们便觉得不知如何思想和行动的东西。正因为这样，在许多人看来，尼采的思想是离经叛道加胡说八道，是绝对无法理解，也无法接受的。尼采的噩运，相当程度是由此造成的。理解尼采，需要成为他那样的勇敢的怀疑者，即不是怀疑别人，而是怀疑自己，怀疑自己认为天经地义的东西。不经怀疑的东西就没资格称为"天经地义"。

尽管尼采哲学不容易理解，但肯定不是不能理解。相反，由于他天才地洞见了现代性的种种问题，这些问题正越来越清晰地暴露在世人面前，我们现在比过去任何时候都更加具备理解尼采的外部条件。只是由于尼采哲学的特殊性，我们在读尼采时还必须意识到不能用阅读一般哲学著作的那种方式去阅读。除了要努力和尼采本人处于同一起跑线外，

① Thomas Mann, *Addresses Delivered at the Library of Congress*, 1942 - 1949（Washington D. C. ：Library of Congress, 1963），p. 99, quoted from Mazzzino Montinari, *Reading Nietzsche*, trans . & intr . by Greg Whitlock（Urbana and Chicago：University of Illinois Press, 2003），p. 6.

德国哲学家豪斯特曼提出的三点警告也值得注意：（1）无论关于什么主题，都别指望在尼采的著作里找到什么平和中正的观点，它们表达的只是尼采自己的观点；（2）尼采喜欢用绝对肯定的语气来说话，这些表达极为笼统，常常有悖于正常人们对谦虚的期待和常识的要求，这些风格上的怪癖反映了他坚决蔑视多数人，尤其是那些他怀疑不愿意听他的人，对此我们不必管它；（3）绝不要忘了尼采不要与"我们"——他的正常的、感觉迟钝的"学术界的"读者为伍。他不要成为"我们的一员"，相反，他坚持他称为"距离"的东西，以保持他的观点是他自己的，提醒我们他的独特性。①

只要我们记住这些，记得尼采是一个非常特殊的哲学家，他的哲学是非常另类的哲学，我们不能让他和他的哲学来迁就我们的阅读习惯和思想习惯，而应该努力去适应他的哲学风格和表达习惯，那么，阅读尼采会给我们一种非同寻常的享受和刺激。这种非同寻常的享受和刺激不是因为他的思想听上去就合情合理，更不是因为它正确，而恰恰是因为它的片面、它的偏激、它的怪诞。这是一种开创性的片面、矫枉过正的偏激和突破墨守平庸的怪诞。尼采之所以吸引一切有思想的人，并不是因为他思想的超前，是所谓后现代的

---

① Rolf-Peter Horstmann, "Nietzsche: Beyond Good and Evil", p. 185.

开山鼻祖；他关心的有些问题其实早已过时，有些问题只是在他生活的 19 世纪语境中才有意义。尼采的魅力，来自他以激进的眼光和彻底怀疑批判的态度来对待那些人类亘古以来的根本问题，促使和鼓励他的读者也以同样的彻底态度重新审视这些问题，从而得到思想的新生。

现在，就让我们来看看尼采哲学的一些主题。

二

尼采身后声名鹊起，百余年来人们对他的兴趣有增无减，他的主要论题也基本没有争议。根据美国哲学家皮平的归纳，大致如下：首先是上帝死了，这已经成了谈论现代性问题之人的口头禅了。接着当然要数权力意志，即一切自然和人类世界都是权力意志，为支配和统治而斗争的零和游戏。尼采从批判基督教入手，进而批判道德本身。犹太教和基督教都是奴隶道德。基督教的动机和意义在于一种对强者、主人的怨恨情绪。基督教道德发展到登峰造极就是虚无主义。其他还有：我们现在需要重估一切价值，这种重估必须超越善恶。超人将是新价值的代表。一切事物都永恒地重现（永恒轮回）。没有客观价值或普遍的道德原则，所有理解都有其特殊视角。没有事实，只有解释，即便"物理学"也只是一种"解释"。"狮子和绵羊同一法则"是不可接受的，人类真正的优秀只是对少数精英而言的。我们感到意识控制我们所信所行的东西是一种幻觉，意识本身就是一种幻觉。①当然，尼采的哲学远不止这些内容，他对艺术、人生和知识问题的思考都影响深远，非常重要。他的政治思想近年来也引起人们的广泛兴趣。本导读对这些内容不可能一一涉及，只能择其要者，比如本书的两大主题：权力意志与永恒轮回，略作介绍。

尼采的思想远不是一个自洽的体系，他也不会去追求这样一个体系。他反对传统哲学用最终的本质或原因来解释世界，世界似乎应该，也只能是种种解释和假相。可他又要违背自己的这个基本倾向，大力鼓吹权力意志的学说。世界有其根本所是，这就是权力意志，一切解释、一切假相、一切的一切，都是由于这个权力意志，权力意志是世界的原因、世界的本质。权力意志是尼采哲学的招牌性标志，但也是他思想中最有争议并且最困难（自身的困难和理解的困难）的部分之一。也因此引起无数的解说。

"权力意志"的概念最早出现在尼采1876年底到1877年中的一个笔记本里，在那里面，尼采写道："恐惧（否定）和权力意志（肯定）解释了我们为何极为顾忌人们的看法。"②在《查拉图斯特拉如是说》中，尼采将它与"超人"

---

① Cf. Robert Pippin, "Introduction" to *Introductions to Nietzsche*, p. 1.
② Nietzsche, *Nachgelassene Fragmnte 1875 - 1879*, KSA 8, S. 425.

和"永恒轮回"一起并列为查拉图斯特拉的三个主要学说之一，可尼采在那本书里仍然对这个概念的意思很少论述。他真正对此概念展开论述，是在1886年出版的《善恶的彼岸》一书中，尽管在那里的论述也谈不上充分。

尼采在《善恶的彼岸》中这样来定义"权力意志"："生命本身就是权力意志。"[①]为什么这样说？因为"首先有生命的东西都要释放它的力量。"[②]"因为每一种本能都是有权势欲的。"[③]这里说的"权势欲"（herrschsüchtig）当然不是指政治权力意义上的"权势"，而是指一般意义上的控制和支配。生物（不一定是人类主体）的每一种本能都以生理学和社会的方式来释放它的力量或能量。人类主体当然也是生物，但意志（动名词意义上的）却不像传统形而上学理解的那样，是一种"我思"（I think）或"我要"（I will）那样的单纯意识行为。尼采把人的主体性叫作"灵魂"（Seele），但是一个"作为主体-多样性的灵魂"和"作为本能与冲动的社会建构的灵魂"。[④]意志的确可以是一个主体实行的行为，但不单单是意识，而是包含本能、冲动，以及它们的社会变形，它包含"多样的情绪"（eine Mehrheit von

---

① Nietzsche，*Jenseits von Gut und Böse*，SKA，5，S. 27.
② Ibid.
③ Ibid. ，S. 20.
④ Ibid. ，S. 27.

Gefühlen)、"某种掌控的思想"(einen commandirenden Gedanken)、"尤其还有冲动"①。意志作为一种冲动意志是命令的冲动,所谓"意志自由"本质上是要凌驾于必须服从的东西之上的冲动。②意志既不是有意识的选择(决定),也不是盲目的欲望,它是非理性的,却总是有其目标。另一方面,"正如我们不可把'意志'这个概念看成欲望或者需求,我们也不能把'权力'看成生理上的强力或者社会和政治上的权力[这在尼采那里被称作暴力(Gewalt)]。'权力(Macht)'和动词'做/制作(machen)'有着亲缘关系:'能够'、'做'或者'有能力于某样东西'。"③

　　尼采关于权力意志的论述很容易让人们认为他像他之前的形而上学家一样,把权力意志作为一个形而上学的原则提出,或把实在最终还原为权力意志这个事物本身,就像叔本华的"意志"概念那样。就连海德格尔都是这么理解的。但这是一个误解。权力意志不是这样实体性的形而上学本质,或实在本身。尼采认为:"所有统一只是作为组织和相互作用的统一:就像人类共同体是一个统一那样;因此与原子式的混乱相反;因而是一种支配性的构成物,它表示一,但

① Nietzsche, *Jenseits von Gut und Böse*, S. 32.
② Ibid.
③ 约尔根·哈斯:《幻觉的哲学——尼采八十年代手稿研究》,第66页。

不是一。"①任何传统形而上学的终极实在都是静态的一，而权力意志刚好相反。事物都是极度复杂的，是我们的意识使之成为"统一"，但那种"统一"只是假象："我们始终只有统一的假象。"②

虽然尼采经常把"权力意志"（der Wille zur Macht）用作单数，实际上"权力意志"的"意志"是复数。实在是各种权力意志（对于尼采来说，意志实质上都是权力意志）的相互作用。各种意志都不是终极实在，而只是意志互动的样式，所以没有终极实在。实在就是在权力意志之间发生的事情。③

权力意志按其德文字面的意思，应该是"向着权力的意志"，意志总是向往权力、趋向权力，因此，它们之间的互动就是彼此寻求压倒对方或支配对方，就是一种斗争或竞争。实在不是静态的存在，而是动态的生成（Werden），这种生成就是权力意志的斗争。这种斗争具体表现为对世界的解释。

传统哲学既然认为世界有其终极实在，那么哲学也好，科学也好，最终都是提供对此实在真实的描述。而对于尼采

①　Nietzsche, *Nachgelassene Fragmnte 1885 - 1887*，S. 104.

②　Ibid. , S. 205.

③　Cf . Paul van Tongeren，"Nietzsche and Ethics"，*A Companion to Nietzsche*，p. 397.

来说，既然世界没有这样的终极实在或不是这样的终极实在，而是权力意志斗争的生成过程，那么"没有事实，只有解释"。①显然，尼采讲的"解释"，不是古典释义学意义上一个主体有意识的行为，而就是权力意志的实现。之所以叫它"解释"是因为它是有特定视角的"解释"，不是最终唯一的定论，完全可以有从其他视角出发的其他解释。权力意志的斗争也可以理解为不同解释的斗争。

当然，尼采肯定会说，他的权力意志理论也只是一种解释。他要把这个最初只是一个有机生命的原理进一步应用于宇宙万物，把它变成一个更为广泛的关于一般自然本质的解释，一个普遍的存在论假设。它的解释力不限于有机生命，而能适用于宇宙的万事万物。不仅有机物是权力意志的形式，连物质也是瘫痪的权力意志，是处于潜在状态的权力意志。"假定我们最终能成功将我们的本能生命解释为意志（即我所谓的权力意志）的一种基本形式的组织和派生；假定我们能把一切有机作用追溯到这个权力意志，发现生育和供养的问题——那是一个问题——都在它那里得到了解决，那么我们就有权把一切有效的力量明确规定为：权力意志。那个从内部看的世界，那个根据其'思维特征'来规定和描述的世界——只是'权力意志'，岂有

---

① Nietzsche, *Nachgelassene Fragmnte 1885 - 1887*, KSA 12, S. 315.

他哉。"①

永恒轮回学说是尼采最重要的学说，也是最费解的学说之一，除了在《善恶的彼岸》《瞧，这个人》和《查拉图斯特拉如是说》中有过表述之外，在本书中出现较多。

从表面上看，永恒轮回的学说一点也不复杂，意味着世界上发生的一切都会重复出现。这个思想并非始于尼采，"'永恒轮回'的学说——即一切事物无条件和无限循环往复的学说——赫拉克利特很可能已经教导了查拉图斯特拉的这个学说。至少斯多葛派，他们从赫拉克利特那里继承了它的几乎所有基本观念，显示了它的踪迹"。②但尼采根据自己的权力意志的学说给它提供了"科学的论证"：时间是无限的，因为如果是有限的话，就会有它的起因问题；组成世界的权力意志的量（宇宙的能量）是有限的，它们的状态也是有限的，这就意味着它们的种种状态在无限的时间里会重复出现或回归。但也有人指出，这个论证并非尼采的发明，很可能是从海涅那儿来的。③

但这个学说及其论证是从哪里来的并不重要，重要的是尼采想用它来干什么？因为至少从表面上看，它应了《圣

---

① Nietzsche, *Jenseits von Gut und Böse*, S. 55.
② Nietzsche, *Ecce Homo*, KSA 6, S. 313.
③ Cf. Walter Kaufmann, *Nietzsche: Philosopher, Psychologist, Antichrist*, pp. 317-8.

经》上的那句话："日光之下，并无新事"。它使得尼采极力主张的创造不可能，一切都早已有之，都在重复过去，因而一切都无意义。但这没有什么关系。关键在于我们永远在做的事情——赋予事物和我们的生活以意义，因为宇宙本来是没有意义的。因此，如果我们的生活有意义的话，我们必须接受，我们必须在我们的命运中肯定我们自己："我对于人伟大的表达是这样的：热爱命运（amor fati），人希望事物就是这样的，不前不后，就在此刻。"① 永恒轮回学说还有道德哲学的意义：既然一切都会再次出现，无论伟大还是渺小，高尚还是卑鄙，那么每个人都要问问自己："你还想再一次并无数次这样吗？"康德伦理学的命题是："你要如此行动，务使你的准则成为普遍的法则。"而尼采相应的原理是："如此生活，以致你不得不希望，再次获得生命。"也就是说，应该使你的行为可以在未来重复无数次，即成为某种典范。

然而，如果我们把永恒轮回的学说放入尼采哲学关注的主要问题——虚无主义的语境中来看的话，就会发现这个学说更积极的意义：它是尼采对虚无主义问题的回应。

在尼采看来，世界是生成，而不是存在，即是说，它是变动不居的，而不是永恒不变的。它本身没有意义、没有目

---

① Nietzsche, *Ecce Homo*, S. 297.

的、没有价值。理性范畴是人发明来试图把握实际无法把握的生成的工具。"虚无主义的原因是相信理性范畴——我们用与纯粹虚构的世界有关的范畴来衡量世界的价值。"①"目的""统一""存在"都是这样的范畴,把它们一拿掉,"世界"就显得"无价值"了。一旦人们发现世界不断在生成流变,因而没有绝对"真实的世界",那么,"一切信仰,一切认为是真(Für-wahr-halten)必然都是错的:因为根本没有一个真实的世界"。这便是"最极端形式的虚无主义"。②尼采不仅不会反对,而且是认同这种虚无主义的。这种虚无主义可以使我们打破一切教条,自己超越自己。极端形式的虚无主义认为事物实际上根本没有价值——没有真理、没有绝对的事态、没有本质、没有事物本身,因此,把一个未经许可的价值强加给它们等于"使生活的目的简单化"。③尼采把这种虚无主义称为"积极的虚无主义"。④

尼采始终认为:"虚无主义是道德的世界阐释的结果。"⑤尼采将道德视为报复本能的结果。基督教道德是低等人的发明,他们面对强者的自由创造,发明出一套戒律表,表现的都是畜群的消极德性。他们试图以此来将它们的

① Nietzsche, *Der Wille zur Macht* 12.
② Nietzsche, *Nachgelassene Fragmnte 1885 - 1887*,S. 354.
③ Ibid. , S. 353.
④ Ibid. , S. 350.
⑤ Nietzsche, *Nachgelassene Fragmnte 1885 - 1887*,S. 309.

低劣与虚弱变为道德上的优越。但是，人的自由意志却被否定，上帝的意志决定人做什么和不做什么。①从此以后，权力意志在人类一切最高价值中都付阙如；衰弱的价值大行其道。道德的"应该"建构了一个理想的，但最终也是堕落的反世界。积极行动被消极的"价值判断"所取代。

无论是基督教、道德还是形而上学，其根本的动机都是要寻求秩序，寻求稳定，寻求不依赖于意志的价值。这里始终起作用的是报复本能：只是因为意志发现它无法抛开"已然"（es war）的重负，它寻求种种解释和建立一种世界观，这种世界观必然以虚无主义告终。虚无主义的不可避免性在于，"世界的一切秩序不取决于意志"这个想法被证明是幻觉。通过价值虚无化的痛苦过程，意志发现世界和历史是无意义的，遂得出以上结论。②但是，此结论并不完全是消极的，它也隐含了对虚无主义的克服。

这个结论是极端虚无主义的，同时也是虚无主义的克服。永恒轮回学说就体现了这个常人难以理解的吊诡："让我们以其最可怕的形式来思考这个观念，存在正如它所是，没有任何意义或目标，却无情地再现，没有以无告终：'永恒轮回'。这是最极端形式的虚无主义：作为永恒的无

---

① Nietzsche, *Der Antichrist*, S. 195.
② Cf. Gianni Vattimo, *Dialogue with Nietzsche*, p. 19.

（'无意义'）！"①肯定虚无不是否定，而恰恰是"肯定"。极端的虚无主义者不会像基督教那样掩盖存在的虚无，而是相反，他承认虚无的永恒。永恒轮回的观念是虚无主义的危机，是颠倒的虚无主义。要一切存在永恒轮回（永恒轮回意志）就是"虚无主义的自我克服"，通过这种意志，人克服了终极的观念——自我毁灭。②

因此，永恒轮回的观念是一种肯定，肯定意义、肯定责任、肯定世界、肯定生命，实际上它是超人的自我肯定，也是虚无主义的自我克服。上帝之死是超人诞生的机会，超人取代上帝成为大地的意义，宣告了消极虚无主义的失败和积极虚无主义的胜利。在此意义上，尼采的确如他自己所说的，是欧洲第一个完美的虚无主义者。然而，尼采并非因为坚持虚无主义而战胜欧洲现代性，相反，超人与永恒轮回的学说再清楚不过地暴露了他还是一个现代性意义上的现代哲学家，只要我们将他与希腊哲学家相比就再清楚不过了。③

---

① 转引自 Karl Löwith, *Nietzsche's Philosophy of the Eternal Recurrence of the Same*, trans. by J. Harvey Lomax（Berkeley / Los Angeles / London: University of California Press, 1997）, p. 56。

② Cf. Karl Löwith, *Nietzsche's Philosophy of the Eternal Recurrence of the Same*, p. 59.

③ Cf. Karl Löwith, "Nietzsche's Revival of Eternal Recurrence", *Nietzsche: Critical Assessments*, vol. 2, ed. by Daniel W. Conway（London & New York: Routledge, 1998）, p. 181.

三

这部《权力意志与永恒轮回》是从尼采身后留下的笔记中选编而成的。尼采身后留下大量遗稿（Nachlaß）。这些遗稿严格包括：（1）他准备出版但未能看到其出版的文稿，即《尼采反对瓦格纳》《狄俄尼索斯颂歌》和《瞧，这个人》；（2）他早期未发表的论文和演讲，许多可以认为是完整的著作，虽然从未发表；（3）尼采的笔记，以及已经出版的著作的草稿及其改动。但在各种尼采著作集中，遗稿一般只包括上述第 3 部分内容。尼采一生除了正式出版的著作外，还写了大量的笔记。这些笔记即便在量（字数）上都超过了他正式出版的著作，仅 1870—1888 年所写的笔记就有 106 本之多，学者一般把这些笔记特指为尼采的遗稿。①由乔治·科利和马齐诺·蒙蒂纳里编的 15 卷的考订版的尼采著作集（KSA）中，②正式出版的著作占 6 卷，而笔记（始于 1869 年）占了 7 卷（该著作集的最后两卷，即第 14、15 卷，主

---

① Cf. Greg Whitlock, "Translator's Introduction", *Reading Nietzsche*, p. xvii.
② 该著作集虽然叫 *Sämtliche Werke*（《全部著作》），实际并不"全"，即无尼采未成年时期的作品，也无他的书信。真正的全集应该是乔治·科利和马齐诺·蒙蒂纳里合编，他们先后去世后由 Volker Gerhardt, Norbert Miller, Wolfgang Müller-Lauter, Karl Pestalozzi 和柏林-勃兰登堡科学院继续编纂的 9 部 40 卷（因还未完成）的考证版全集，即 Kritische Gesamtausgabe（Berlin & New York：Walter de Gruyter, 1967— ）。有关这个国际学术界公认的权威标准全集的编纂情况，可参看李洁：《国外尼采研究的新动向——关于尼采著作的新版本以及研究尼采的方法》，《国外社会科学》第 1 期，1995 年。

要是编者的说明、注解、尼采的生平编年、参考书目、诗歌索引、语词索引等材料），这些笔记的重要性丝毫不亚于尼采生前正式出版的著作。而由德国学者君特·沃尔法特编的这部《权力意志与永恒轮回》，便是从这7卷笔记中选编而成。

讲到尼采的遗稿，不能不提由他的朋友彼得·加斯特和他妹妹伊丽莎白·弗尔斯特-尼采编的《权力意志》一书，因为这部书据称是根据尼采的笔记编成。虽然编撰工作并非出自尼采本人之手，但它袖珍版编者鲍姆勒却断言它是"尼采哲学的主要著作"。[1]随着尼采著作考证研究版的出版和编者与其他学者的努力，现在可以肯定，所谓的《权力意志》是一部伪书，说"它是尼采哲学的主要著作"更是子虚乌有。

坦白说，《权力意志》里面包括的材料，尽管少部分被加斯特和伊丽莎白·弗尔斯特-尼采做了手脚，但都出于尼采之手并无问题，所以这部书现在还有人用。但把它说成是尼采一心要完成的主要著作，是尼采的"主要著作"（magnum opus），那就完全是另一个问题了，那可以说是尼采之妹与其他人虚构的一个神话。鲍姆勒在他给《权力意志》写的后记中说："《权力意志》是尼采的哲学主要著作。他思想的所有基本结果都聚集在这本书中。"[2]海德格

---

① Alfred Baeumler，"Nachwort"，*Der Wiille zur Macht*，S. 699.
② Alfred Baeumler，"Nachwort"，S. 699.

尔虽然并不认为已有的《权力意志》就是尼采的"主要著作",但他相信尼采的确是想出版一部主要著作,虽然它并未完成,只是作为遗稿存在:"尼采真正的哲学,他在……他自己出版的所有著作立论的那个基本立场,没有最终定型,本身没有在任何著作中发表,无论是在1879年到1889年这10年间,还是在这之前。尼采在他创作生涯中发表的东西始终只是前厅。……真正的哲学是作为'遗稿'留下的。"①

　　尼采的确向世人宣布过,他要写一部叫《权力意志》的书。在《善恶的彼岸》的封底,他声称那部书"在准备中"。在《论道德的谱系》最后,他告诉他的读者:"我在准备一部著作:《权力意志:尝试重估一切价值》。"②而在《瓦格纳事件》和《论道德的谱系》一个较早的草稿中,他把《权力意志》称为他"在准备的主要著作"。③事实上,尼采从1885年夏到1888年初秋的确是想创作一部以《权力意志》为题的著作。这在他的遗稿中不难找到证据,人们可以在他的遗稿中发现他关于这部著作的许多计划和草稿。④尼

---

① Heidegger, *Nietzsche I*, S. 17.

② Nietzsche, *Zur Genealogie der Moral*, S. 409.

③ Nietzsche, *Der Fall Wagner*, KSA 6, S. 27; KSA 14, S. 382.

④ 蒙蒂纳里对此有琐碎但详尽的考证,见 Mazzino Montinari, "Nietzsche's Unpublished Writings from 1885 to 1888; or Textual Criticism and the Will to Power", *Reading Nietzsche*, pp. 80 - 102。

采从 1887 年秋天到 1888 年夏天一直在为这部著作的基本结构而努力，读者从他的遗稿中能看到他自己编了号的 374 条笔记或片段，尼采心目中的那部著作将有 4 个部分。记录下这些的笔记本证明了后来加斯特和伊丽莎白编的《权力意志》在多大程度上无视尼采原来的结构组织。首先，在尼采编了号的 374 条笔记中，有 104 条没有包括在他们编的《权力意志》中。第二，在剩下的 270 个片段中，有 137 个是不完整的或被有意改动了文本（略去标题，略去整句句子，肢解本属一体的文本等）。第三，尼采自己把 1—300 的片段分为他计划中那部书的 4 部分。但加斯特和伊丽莎白在 64 处没有保留尼采的划分。这使得蒙蒂纳里不能不得出这样的结论："为了在'权力意志'中建构一个尼采的体系而挑选文本，这在几十年里对尼采研究的影响，必须完完全全归咎于两个哲学（和语文学）上的废物，海因里希·科塞利兹（又名彼得·加斯特）和伊丽莎白·弗尔斯特-尼采。"①

就《权力意志》包含的具体文本、片段、格言警句来说，它们的确都出于尼采之手，不能说是加斯特和伊丽莎白·弗尔斯特-尼采的伪造，但就他们编的这本书的整个组织结构整体来说，的确我们可以说，这个文本不是尼采写的，他写的东西没有被完整发表，没有按照他设想的次序来

---

① Mazzino Montinari, *Reading Nietzsche*, p. 16.

发表。[1]并且，根据蒙蒂纳里的研究，尼采创作生涯的最后一年思想的重心有丰富而重要的转移，以至于他最后完全放弃了写一本叫《权力意志》的书的计划。[2]因此，我们完全有理由说，尼采从未完成过一部叫《权力意志》的书。

译文出版社出版的这部《权力意志与永恒轮回》由德国学者君特·沃尔法特选编，此人一直在德国和北美、东亚各大学教书，研究德国古典哲学出身。沃尔法特在教学过程中，发现许多学生还是在用比较便宜但却靠不住的克罗纳版的《权力意志》，他认为既然科利和蒙蒂纳里已经将尼采的遗稿搜罗详尽，按照编年顺序作为尼采全集的一部分予以出版，那么他觉得应该遵循他们两人的编辑原则，从 KSA 的 7 卷（第 7—13 卷）尼采遗稿中，按照编年顺序新编一部便于学生用的尼采读本。这种编辑方法的好处是可以给我们提供一个尼采思想发展的脉络，以及尼采在各个时期关注的问题的线索。

当然，由于篇幅所限，这个选本不可能面面俱到，但绝对可靠，因为它是从 KSA 的 7 卷尼采遗稿中选出；它使一般读者无须一头扎进卷帙浩瀚的尼采遗稿，而先有一个概览式的简选本。并且，麻雀虽小，五脏俱全，这个选本几乎涉及

---

[1] Cf. Alan D. Schrift, "Nietzsche's Nachlass", p. 414.
[2] Cf. Mazzino Montinari, "Nietzsche's Unpublished Writings from 1885 to 1888; or Textual Criticism and the Will to Power", pp. 94‑101.

了尼采所有重要思想，是一个很好的尼采遗稿简写本。无论谁要研究尼采的著作，都应该结合该著作产生前他所写的有关笔记，才能弄清他思想的真实内涵。这部以时间顺序编排的著作，就给我们提供了一个简明扼要的尼采笔记选本。

尼采进入中国，已逾一个世纪，虽然尼采的主要著作几乎都已译成中文，他的全集也已在迻译之中，然而，检览今人对他的理解，似乎并未超过前辈太多。①其实几乎所有西方哲学家和思想家在中国都受到这样的对待——浅尝辄止，没有深入，更谈不上把他们转化为自己精神重建的宝贵资源。尼采更是如此，因为爱尼采这样的哲学家是要有胆量的，懂尼采的哲学是需要有智慧的，像他那样思考是要有激情的。只有在自己身上发现尼采的人，才能是尼采的真正赞美者和否定者。

---

① 有关尼采在中国的研究介绍情况，可参见郜元宝编：《尼采在中国》，上海三联书店，2001年；金惠敏、薛晓源编：《评说"超人"——尼采在中国的百年解读》，社会科学文献出版社，2001年。

再版译序

　　《权力意志与永恒轮回》（原名《尼采遗稿选》）出版至今已近 10 年。此次再版前，译文出版社编辑建议更新面貌，给读者一个"耳目一新"的印象。于是想到为《权力意志与永恒轮回》补苴罅漏。我首先想到选编者沃尔法特教授，恳请他对注释所选词条补充新的看法，但被他婉言谢绝了。因此这项分量不轻的注解工作便落在了本人头上。

　　此次再版，我们有必要了解其编者——沃尔法特教授。

　　君特·沃尔法特生于 1943 年，曾在法兰克福大学攻读哲学、日耳曼语言文学和精神分析理论。20 世纪 60 年代，他师承法兰克福学派阿多诺，并在阿多诺授意下，完成关于康德哲学的《美学判断力的元批判》这篇博士论文。阿多诺去世后，哈贝马斯遂成为该论文的评定人。在聆听这两位导师批判理论课程后，沃尔法特也走上了"康德理性批判"的反批判道路。他以一篇题为《论黑格尔语言哲学》的论文，在乌伯塔尔大学取得了哲学教授的资格及教席。自 1987 年始，沃尔法特在欧洲各地、北美洲和亚洲讲学，也经常来中国大陆和台湾地区作学术报告。早期（20世纪70年代至90年代），作为德国哲学家，沃尔法特的主要研究对象是康德、黑格尔、尼采和海德格尔，尤其擅长于从语言学、美学和艺术的角度研究哲学。从20世纪90年代后期开始，其哲学研究视野从德国转向亚洲思想领域：他从研究道家思想和佛教禅宗，对东西方哲学的比较和宗教研究产生了极大兴趣。1988年，他创建了哲学研究院（Akadémie du Midi），并担任该院主席长达14年。该研究院举办的国际学术研讨会以道家思想研究为主题，并与德国哲学进行比较，为东西方哲学思想碰撞产生出不可估量的"思想火花"。20世纪90年代初，沃尔法特开始关注中国道家思想与德国哲学的重新解读和对比，通过哲学家与汉学家"对接"，对老子的文本进行"一对一"的阐释，使在德国哲学研究中接受中国思想成为可能。1993年他组织的关于老子的国际学术研讨会就是一次东西方哲学思想和研究方法的交流盛会。

20世纪90年代，沃尔法特在尼采哲学研究领域也是成绩斐然。9年里，他撰写了4部研究尼采的著作，即《赫拉克利特如是说：赫拉克利特残篇B52与尼采对赫拉克利特的接受》（1991）、《形而上学艺术家：尼采哲学思想录》（1991）、《尼采：前苏格拉底的古希腊哲学家与后现代派》（1997）和《嬉戏的孩子〈尼采：后-前苏格拉底哲人与前-后现代派〉》（1999）。仅从书名可看出，他把尼采研究与古希腊赫拉克利特联系在一起，从历史源头上挖掘古希腊精神宝藏，为"活生生的哲学"研究提供了借鉴和参照物。除此之外，沃尔法特还与他人合作编辑出版了许多经典作品，如尼采的《悲剧的诞生》(1993)，并写下以中国老庄哲学为题的哲学著作，如《哲学的道家思想：以老子为轴的基本概念和比较研究的哲学式探索》(2001) 和《庄子》(2002)，以及与东西方哲学和宗教有关的论文集。《权力意志与永恒轮回》无疑是沃尔法特教授最重要的一部尼采遗稿编选集。2005 年由本人翻译的《权力意志与永恒轮回》中文版自问世以来，深受读者喜爱。此次再版也是对读者呼声的回应和需求的满足。

此次再版主要做了两件事：第一、对照原文对译文逐字逐句做了修订，不少地方做了修改、补正和润色，力求达到原文译文之"等效"和"等值"；第二、对尼采遗稿所涉及的历史人物（如古希腊哲人等）、历史名称，以及对中国读者而言较为陌生或已淡忘的历史事件，作了注释和简介。为求注释的统一和参考说明的权威性，此次加注时选择了德文版《迈尔新百科辞典》(8 卷) 和《迈尔袖珍百科辞典》(24 卷)，以及《新牛津英汉双解大辞典》(第 2 版) 作为主要参考工具书。为本书新添加说明对本人来说也是一次很好的学习机会，付出的心血很有收益，特别是对尼采哲学的认识有了加深：本书展现的是尼采对人生、世界、艺术诸方面所作的思考，在这些思考中闪耀着智慧的光芒。本书注释内容除了导读部分由张汝伦先生所作，编者前言、后记由沃尔法特先生所作之外，其余所有注释均为译者添加。

再版《权力意志与永恒轮回》比原定时间滞后些许。主要原因是，译者想要更准确、更清晰地转达尼采的思想，尽量保持作者的写作风格，将这本书呈现给读者。故请老朋友桂乾元先生拨冗，对这部译稿进行审校。桂老师答应了之后，便立即搁下手中其他活儿，不顾劳累、不分昼夜地赶看这部书稿，仔细对照原文，做起了文字梳理工作。他提出了许多有见地的意见，或指出译文上有误的地方，与我商榷，直至达成共识为止；他对译文所做的修改、润色、字句调整，都给了我很多启发，使我获益不少。同时，他在看稿过程中，对尼采这个"'哲学超人''怪异常人'的所思所想，也有了初步认识"。这里，对老朋友修改译文所付出的辛劳表示真诚的感谢。

沃尔法特教授告诉我，当初他是为了在校学生了解尼采而选编了尼采遗稿中"编者特别欣赏"的"代表性"遗稿。今天，本人为这些代表性遗稿增加若干注释，也是为了让国内年轻人能"特别好地学到些东西"，聚神聆听一个德国知识分子的心声。

虞龙发
上海浦东新区惠南镇

译　序

对尼采本人极其哲学思想的评说有近百年的时间了。尼采在世时，丹麦有一位哲学教授独具慧眼，发现了他，并在大学哲学讲坛上首次介绍尼采和他的哲学思想。尼采听说此事，喜不自胜，这一点在他的遗稿中便可以看出。但迄今为止的尼采研究状况，是否与尼采生前预言——他的书 100 年后才会被人读懂——相吻合了呢？人们不难发现，后人对尼采的误解、曲解、人云亦云、不求甚解的现象可以说比比皆是。其间，更兼尼采的妹妹在尼采去世后也参与编撰出版了尼采未发表的遗稿，这在哲学界引起了不小的震动，同时也带来了不少的后遗症。

同样，国内尼采研究也是几经周折，总体上分三个阶段：最初是 20 世纪初留学回国的知识分子，在介绍西方文化的同时，"蜻蜓点水"般地把目光主要集中于尼采"超人"学说，以此抨击本国的文化及社会。这种有选择有针对性的介绍一开始就给后人的研究烙上"实用主义"痕迹。至30年代初，亦即抗战爆发后，人们又把眼光转向尼采所谓的"英雄"主题，其实质还是原来意义上的"超人"学说。80年代拨乱反正开始，国内掀起介绍西方存在主义思潮，此风没刮多久，人们再次把尼采抬出来，开始注重尼采著作的翻译，并撰写有关尼采的论文和专著。多年以来，无论是以比较学的方法研究尼采还是直接翻译尼采著作，研究原则始终是紧密结合实际，更多的是出于社会政治的需要，而全面研究评析尼采及其美学思想却未予重视。我和我的博士导师君特·沃尔法特教授交谈时，也都看到了国内研究尼采美学思想的不足和有失偏颇的地方，即还未从整体上把握前后期尼采哲学思想的脉络。

有鉴于此，几年前本人开始着手翻译由沃尔法特教授整理发表的这本《权力意志与永恒轮回》。正如他本人所言，选编尼采遗稿是基于选编者对这位哲人的推崇和景仰。选编者把多年研究尼采哲学思想所获得的见解以两篇论文的形式一并加以发表，可以看作对尼采哲学一种新的诠释。尼采那"神秘性"的词语"权力意志"和"永恒轮回"是他研究的出发点。选编者从历史批判的角度出发对待哲学研究，这一点恰恰与国内"瞬间利用"西方哲学的原则相悖，即以间离式的批评取代出于"热情"的接受。"历史批评的观点是后批评的不可放弃的要素。哲学不是哲学史，但也不是无历史根基的哲学。富于创意地研究哲学，其源泉来自历史的山系。谁想汲取源泉，就应该深入山间。这种寻觅历史源头的阐释会对活生生的哲学研究大有裨益。"①

这里，我们还是说说这个"悲剧"哲学家尼采本人。作为一个古典语文学学者，尼采走进了古希腊"悲剧时代"，他追求的目标是挖掘苏格拉底庙宇中的宝藏，回到苏格拉底哲人身边。对尼采来说，这意味着为自己研究哲学做准备，同时也意味着与苏格拉底以来，视道德价值为最高价值的基督教保持距离。尼采最终创造出自己的"艺术家-哲学"，正是基于上述的那种尼采式的"回归"。尼采那部脍炙人口的著作《查拉图斯特拉如是说》中的"精神三变"说，即骆驼精神、狮子精神、孩子精神。其一是指"旧价值"：基督教和形而上学；其二是指重估以及批评旧价值；其三是指创造新价值及变旧价值为新价值，也就是尼采的哲学思想体系大厦的三个组成部分。中国人接受尼采的时间不算短，可是我们的研究到了什么阶段？我想，读一读尼采的原著，看一看别人的研究成果，这对我们会有启发的。

在这部作品出版之际，我首先向德国乌伯塔尔大学哲学系教授君特·沃尔法特博士表示谢意。在他的直接指导帮助

---

① 参见君特·沃尔法特：《嬉戏的孩子〈尼采：后-前苏格拉底哲人与前-后现代派〉》，埃森，1999 年。

下，我完成了攻读博士学位，了却我心中的一个夙愿；同样，也是由于他对我的信任及耐心等待，才使我今天终于实现了几年前翻译和出版此书的诺言。我还应感谢我的大学同学戴虹女士，没有她的支持与帮助，此书的完稿会延宕更久。在成书的整个过程中，家人给了我莫大的帮助，那是无法用语言来表达的，在此我一并感谢他们。最后，我还要诚挚感谢上海新世纪教育发展有限公司和上海工商外国语学院对我的支持。

我的德语老师谭余志先生不顾年迈，一丝不苟地审阅了全部译稿，在此表示热诚的谢意，同时感谢黄明嘉教授对此书提出的宝贵意见。

虞龙发

上海南汇科教园区

目　录

编者前言

海德格尔开始讲授尼采哲学时，在《权力意志》①前言里说："原本的哲学作为'遗著'保留下来。"②后来证实尼采身后这部"主要著作"是伪作了③。但这部既有名而又臭名昭著、胡编滥制的尼采遗著，尽管自问世后快百年光景过去了，可它的"权力意志"这个"神秘的用语"④却始终仍引起我们思考。像尼采首先在《查拉图斯特拉如是说》中提出的"永恒轮回"说和"超人"概念一样，"权力意志"更多是一种标语式学说。1883年夏，尼采撰写《查拉图斯特拉如是说》第2部分，在"自我超越"这一章节中首次详细描述了"权力意志"说。他指出："只要有生命的地方，我就会找到权力意志［……］。"⑤尼采在这里就"权力意志"这个主题比在其他地方论述得多得多。这是尼采的永未付诸实现的写作计划。在1885年夏末一篇手稿中，人们发现尼采首次把《权力意志》作为书名列入他的写作计划。在审阅尼采遗稿中还发现，尼采就此以后几年里一再围绕"权力意志"这个主题写下了大量的笔记、构思、草案和提示语。这些遗稿都清楚地表明，尼采在当时是怎样不断改变自己的写作计划的，直至1888年8月底彻底放弃这部冠以《权力意志：尝试重估一切价值》著作的写作计划为止。1888年2月，尼采在给海因里希·科塞利兹的信中说："我已经完成了《尝试重估一切价值》初步记述。总之，这是一种折磨。我也根本没勇气写下去了。10年后去做这件事可能会好些。"⑥

此事也就搁浅了。没想到，彼得·加斯特和哲学家的妹妹伊丽莎白·弗尔斯特-尼采先于1901年，后于1906年又竟然公开发表了这部完整的、部分至今还具权威性的破天荒的编纂物《权力意志》。鲁道夫·施泰纳是伊丽莎白女士的家庭哲学教师，关于伊丽莎白·尼采，他说过这么一句话："说到她哥哥的学说，弗尔斯特-尼采夫人可以说是个门外汉，她根本说不出一点最起码的东西来[……]。"⑦

---

① 海德格尔：《尼采》上卷，弗林根，1961年，第17页。

② 同上，第15页续。

③ 参见弗里德里希·尼采：《尼采全集》15卷本"考订版尼采文集"，科利和蒙蒂纳里编订，慕尼黑、柏林、纽约，1980年，第14卷，第7—17页（蒙蒂纳里撰写的《导论》部分）。以下缩写为KSA版，列出卷次和页码。

④ 参见科利，KSA版，第13卷，第653页。

⑤ 参见KSA版，第4卷，第147页续。

⑥ 弗里德里希·尼采：《尼采书信集》8卷本"考订版"，科利和蒙蒂纳里编订，慕尼黑，1986年，KSA版，第8卷，第252页。

⑦ 施泰纳：《尼采：反时代的斗士》，引自C·P·扬茨：《尼采：传记》，慕尼黑，1981年，第3卷，第173页。

1911 年，加斯特和伊丽莎白·弗尔斯特-尼采编撰的《尼采全集》第 15 卷和第 16 卷大开本出版发行了。哲学家的妹妹把这两卷滥造的著作说成是尼采"哲学的主要著作"。第 15 卷和第 16 卷共收进 1 067 条格言，有的格言不全，有的甚至被任意改动，如删去标题或全句，或把连贯的语段搞得支离破碎①。更有甚者，在 1 067 条格言中，竟然未收录尼采亲自编号的 372 条格言。如此试图造成一种假象，"好像《权力意志》也是尼采自己的艺术创作；就是说，有人耍了花招、篡改、肢解、添加，并使该手稿体系化了。一个自负有能力、有资格、有权威的尼采取代了艺术家尼采。其实，这是欺骗，它不仅违背尼采的本意，而且是捏造，是出于功利之考虑炮制出来的赝品"。②

海德格尔 1936—1937 年在讲授尼采时称阿尔弗雷德·博伊姆勒作跋的克罗纳袖珍版"有推荐价值"③。这个非考订性文本至今在书市上还能见到，哲学课上还用。自从 1967 年考订版本问世后，我们就不再听从海德格尔的建议

---

① 参见蒙蒂纳里：《尼采 1885 年至 1888 年遗稿或校勘注与权力意志》，见蒙蒂纳里：《阅读尼采》，柏林，1982 年，第 92—112 页。
② 科利：《跋文：尼采 1887 年至 1888 年秋季/冬季遗稿残篇》，见 KSA 版，第 13 卷，第 657 页。R·-R·武特诺在岛屿版 (Insel)《权力意志》后记里称这个编撰物是巧妙地"宣传尼采的产物"，是"伪作"，但他又把它说成是 20 世纪最具影响力的重要文献（……），如今其影响不复存在（岛屿出版社，法兰克福，1992 年，第 716 页）。
③ 海德格尔：《尼采》上卷，第 19 页。

了。尽管卡尔·施勒希塔斯的功劳在于按时间顺序编辑出版遗稿，使之提升了出版原则的要求，然而恰恰是他编辑出版的、产生于所谓"价值重估时代"的尼采遗稿未能达到这个要求，其原因是，他所"采用的原始材料还是'旧本的'《权力意志》，只不过（表面上）在时间顺序上作了些编排。换句话说，施勒希塔斯并非故意在内容上赞同彼得·加斯特和弗尔斯特-尼采从遗稿中所编撰的这个文本"。[1]期间，考订袖珍版全集第 12 卷和第 13 卷问世。这两卷文本一般容易得到，也适合大学生阅读，它全面又忠实于原稿，收录 1885 年秋至 1889 年初尼采最后创作期的全部遗稿、构思、计划等。读过按时间顺序编排的遗稿的人会清楚地看到"加斯特和弗尔斯特-尼采胡编和至今出版的《权力意志》为什么编排上站不住脚，在真实性方面大受质疑"的原因所在。[2]"关于《权力意志》，人们对写于 1885 年至 1888 年那些手稿进行语文学方面的探讨之后，对尼采的这部所谓主要著作的争论已经成为多余；从此，尼采研究可以步入真正意义上的轨道了。"[3]

　　这里始终还有这么一个问题：读了尼采全部遗稿之后，

---

① 参见蒙蒂纳里：《导论》，KSA 版，第 12 卷，第 8 页。
② 同上，第 7 页续。
③ 参见蒙蒂纳里：《尼采 1885 年至 1888 年遗稿或校勘注与权力意志》，见蒙蒂纳里：《阅读尼采》，第 118 页续。

我们对作为尼采"哲学主导"的"权力意志"究竟知道多少？①从语文学领域固然已做探讨，但哲学探索还未有定论。

本书尤其注重尼采后期哲学这个"重大主题"。应有助于避免对这个"主导问题"作草率回答。

本书根据考订版（KSA）第7卷至第13卷，收录尼采哲学全部遗稿。文本与考订全集版（KGW）中的相应文本一致。手稿（包括大开面练习簿、笔记本、活页本），以及遗稿片段的统一的编号（用方括号标示）都采用考订版（KSA）编者所用的符号标记。

比如下列符号：

尖括号〈……〉表示补充。

破折号——表示一个不完整的句子。

加号＋表示手稿的空缺。

乔治·科利和马齐诺·蒙蒂纳里在出版事业上的伟大贡献是把尼采从1869年至1889年（即从《悲剧的诞生》一书前期创作准备起到精神失常止）写下的手稿，如今完整地、并且还以袖珍版形式编辑出版，为广大读者提供了方便。这一点人们应该感谢他们。这个袖珍版从原来的3 500页大开本版增至5 000页左右。

本书编者在国内，特别是在国外许多大学讲授过尼采，

① 参见海德格尔：《尼采》上卷，第15页。

发现大学生们即使怀疑但还是凑合着使用价格便宜而简短的袖珍版《权力意志》，鉴于这一实际情况，编者认为有必要从考订版第 7 卷至第 13 卷 5 000 页遗稿中选编出这本选集。它与克罗纳版不同之处在于，本选集以考订版为基础，不按体系，而是严格按年代编选。

本书不想也不可能取代迄今为止一直受到人们重视的考订版《权力意志》的地位。特别是考订版通过语词索引，详尽标出考订版以及考订全集版的各个正确文本，从中可发现那个滥制本编者的随意性。本选集和旧版滥制本《权力意志》在内容上有一部分没有差别，它——尤其对学生来说——不是一部指导研究尼采遗著的入门书。入门书应尽可能考虑到按考订版所确定的原则。

但选编这样的集子有两个困难。文章是有上下文互相联系的。每句话既是前言又是后语。首先，关于遗稿内在联系问题，选编者尽力删除遗稿中重复的段落。篇幅短的段落没有这个问题。但是遇到篇幅长的文章段落，就只能采取如下做法了：要么把长达几页的全篇"遗稿"选编进去，但限于篇幅这样做是不可取的；要么就完全割舍。原则上，编者采取的是第二种方法。例外的做法是，篇幅长的段落（例如有编号）中分段思路较为明显，且整段编录也是可行的，不会破坏文章的连贯性，遇到这种情况，选编者就采取"摘自"这种说明性方法，如：遗稿 11〔99〕(351) 段落中，则用"摘自：11〔99〕(351)"标示。删掉的地方用方括号加六点注明，例如〔……〕。有兴趣的读者可以在考订版中比较容易地查到有关段落。在此，特别希望读者去研读考订版。本选集编者无意想取代考订版第7卷至第13卷，相反是为了促进对它的阅读。

看来，出这样的选集要比出格言体遗稿更困难。在阅读时人们不是经常碰到"假象综合征"这类问题吗？即把被选中的遗稿"样品"与"未选中"的作比较，人们不禁要问，难道被选中的就是尼采的重要遗稿吗？为防止作者和编者之间存在的视角变换，有必要说一句，这里选编的并不是尼采"最好"的遗稿，仅仅是尼采的遗稿而已。根据选编者的"视角估价"——往往经过很长时间斟酌——这些遗稿该是最具"代表性"的。

选编的第一条原则是，特别重视尼采哲学涉及"意志""权力意志""永恒轮回""虚无主义"等关键词的文章段落，尼采思想和尼采人生道路上所接触过的重要人物，如叔本华和瓦格纳，还有尼采经常思考的重要问题，诸如古希腊罗马文化、基督教、艺术和道德等。

选编的第二条原则——想到一句箴言：不要愤怒，不要赞美，但要有鉴赏力——是为批判性阅读开辟道路，其方法是把尼采的那些文段也收编进去：这些文段的哲理影响在编者看来是颇成问题的，诸如女性问题、对中国人的评价问题。在激动、溢美、惊奇和低估的进退维谷之中，批判性阅读乃是最终达到一种思想冷静而陶醉状态下的评价。"告诉我吧，我的朋友司汤达。"[1]

让我们用尼采读中学时特别喜欢的一个诗人的话来说："一旦清醒的状态离你而去，你的热情也就到了极限[……]，人可能跃上高空，人可能坠入低谷。一种灵活的精神阻止后者的发生，藏于思想清醒状态下的重力阻止前者的发生。"[2]

尽管努力追求客观，保持一种冷静的批判的距离，但在编选过程中主观因素也是毋庸置疑的。编者丝毫不隐瞒，有些遗稿入选是由于编者特别欣赏。解释先于选择，阐发先于选择。更有甚者，选编本身就是一种理解。真理是在阐释中被认识的。任何解释既是一种介入，也是"添加的谎言"。"同样一篇文章可以有无数次的解释。因此，没有'正确的'解释。"[3]因为不存在文本事实，而只有解释，所以也就不存在"真正的"选集[4]。阅读尼采遗稿也许能特别好地学到些东西：阅读本身乃是综合阅读，读完，读出来，读进

---

① KSA 版，第 11 卷，第 354 页，笔记 26[394]；参见 KSA 版，第 11 卷，第 255 页，笔记 26[396]。

② 荷尔德林：《荷尔德林全集》，F·拜斯纳编订，法兰克福，1961 年，第 960 页。

③ KSA 版，第 12 卷，第 39 页，笔记 1[120]。

④ 参见 KSA 版，第 12 卷，第 315 页，笔记 7[60]。

去；简言之，解读尼采会促进智力的新陈代谢。

阅读这本按时间顺序编排的哲学遗稿好比在欣赏"一个知识分子写的日记"。[1]尼采是以知识分子的一种诚实态度，在日记里"直抒己见"的。他不轻易动笔，也不为他人写作，他是在为自己写[2]。"我不再重视读者了，我怎么为他们写作呢？……我记下自己，这是为我自己。"[3]有一个盾牌上写着："自我、亲自、写作。"尼采后来借此盾牌拒绝了那些对他的思想纠缠不清、爱凑热闹的人。尼采没有为读者架设一座金色的桥。像尼采一样，约翰·格奥尔·哈曼让我们洞见"产生我们德意志诗人和思想家的文化背景"，[4]就像尼采写给朋友弗罗因德·埃尔温·罗德的信那样，提及赫拉克利特的残篇乃是他人生各个阶段的权威人士在他的身旁，便感到比在任何地方"都要温暖，都要惬意"。[5]"这位哲人的那首哀歌仍旧活着，内中各种理念和感觉有如百川交汇，致使他的文句变成了无数的小岛，可惜在方法学上缺少将其连成一体的桥梁和舟楫。"[6]这段话——越是"孤立"地

---

[1] 蒙蒂纳里：《阅读尼采》，第94页。
[2] 参见 KSA 版，第10卷，第450页，笔记8[20]。
[3] KSA 版，第12卷，第450页，笔记9[188]。
[4] 《1873年1月31日致 E·罗德的信》，KSA 版，第4卷，第121页。
[5] 参见 KSA 版，第6卷，第313页。
[6] J·G·哈曼：《致两人》，见哈曼：《语言文集》，J·西蒙编订，法兰克福，1967年，第85页。

看——略作改动，看来也是适合尼采思想的。

超验的思乡和对哲学"陆地"的渴望并不是这个永恒轮回说大师的事业，他已"离开海岸"，他那寻找"未发现之物"的"航海乐趣"已经"扬帆起航"。[①]这个哲学领域的哥伦布对发现新的大海有着强烈的欲望。

在海上

格言集

尼　采

去大海是我的向往，

我笃信自己的选择。

我的热那亚航船啊，

驶向敞开的蔚蓝海洋。

一切于我是那么新奇[②]，

时空在远方闪放光芒。

祝福你，我的航船，

祝福你，我的舵手，

愿你们永远劈波斩浪！

① 参见 KSA 版，第 4 卷，第 290 页。

② 参见 KSA 版，第 10 卷，第 53 页。

权力意志与永恒轮回：尼采遗稿选译
(1869 年秋至 1889 年 1 月初)

1869 年秋

1[85]

像备受折磨的、极度劳累的俄狄浦斯①一样，哲学家只有在复仇女神②的小树林里找到安宁与和平。

1869 年/1870 年冬至 1870 年春

3[24]

悲剧时代的伟大思想家思索的不是其他现象，而是艺术所涉及的现象。

3[47]

柏拉图③对艺术的仇视心理是很重要的。他的教育倾向，即通过知识以求真之路的最大敌人乃是美的表象。

3[49]

席勒④说，人在游戏时才算是真正的人；奥林匹斯众神世界（和希腊文化）是其代表。

前柏拉图哲学家

希腊智者。

阿那克西曼德⑤。忧郁和悲观主义。与悲剧同源。

毕达哥拉斯⑥。6世纪的宗教运动。

色诺芬尼⑦。与荷马竞赛。

---

① 俄狄浦斯（Ödipus），希腊神话故事中的人物。据说他是伊俄卡斯忒和底比斯国王拉伊俄斯之子，德尔斐神谕预言他要杀死自己的父亲，并娶其母亲为妻。后来预言变为现实，他得知真相后感到无地自容，母亲自缢身亡，他遂自挖双目，流浪而死。弗洛伊德称之为"俄狄浦斯情结"即恋母情结。

② 尼采在这里用"Furien"一词指希腊神话中的复仇三女神之一（司惩罚的精灵），她一手执火把，一手握匕首，仇人逃不过她的惩罚。复仇女神被认为与早期罗马神话中的欧墨尼德斯同体。

③ 柏拉图（Platon，公元前427—前347），古希腊哲学家，出生在雅典。他是苏格拉底的学生。苏格拉底去世后，柏拉图离开雅典，四处游历，约在公元前387年回到雅典，建立了一所学园，专门从事哲学研究和教育事业。他一生写了大量的哲学对话著作，如《美诺篇》、《国家篇》、《巴门尼德篇》和《智者篇》等。

④ 席勒（Friedrich Schiller，1759—1805），德国剧作家和诗人。在康德哲学影响下，席勒提出审美教育说，目的是使人精神上得解放。其作品如《强盗》、《阴谋与爱情》等至今仍在世界各地的剧院上演。

⑤ 阿那克西曼德（Anaximander，公元前611—前546），居住在米利都的古希腊哲学家和科学家，泰勒斯的学生。他具有科学探索精神，把自然界看作整体，曾提出生命始于水，后来又推翻了这一说法。他认为永恒无规定者产生出世界秩序。万物产生的源泉又毁灭而复归于它。

⑥ 毕达哥拉斯（Pythagoras，公元前580—前496），古希腊哲学家和数学家，被称为萨摩斯的毕达哥拉斯。他对其信徒要求恪守生活规章和禁欲。他认为数是万物本原，他的这一观点促进了数学与西方理性哲学的发展。赫拉克利特称毕达哥拉斯是第一个使用"爱智慧"即"哲学"这个用语的人。

⑦ 色诺芬尼（Xenophanes，公元前570—前480），古希腊哲学家，埃利亚学派成员，当过巴门尼德的老师。他写过哀歌和讽刺诗。他在哲学上的重要贡献是为泛神论辩护，提出"神既是一，又是一切"的理论。这对后来的哲学和宗教神学有很大影响。

巴门尼德①。抽象论。

赫拉克利特②。艺术家般观察世界。

阿那克萨戈拉③。天体的自然史法则。目的论。雅典哲学家。

恩培多克勒④。理想-完美的希腊人。

德谟克利特⑤。全能的认识者。

毕达哥拉斯学派⑥。希腊人的尺和数。

---

① 巴门尼德 (Parmenides, 公元前 515—前 445)，古希腊哲学家，埃利亚学派创始人。与赫拉克利特不同，巴门尼德把世界原则视作不可改变的超自然的实体，认为思想和存在是同一的：没有运动，没有变化，没有生成。巴门尼德由于否认运动和多的实在性而成为欧洲哲学中第一位形而上学家。

② 赫拉克利特 (Heraklit, 公元前 544—前 483)，古希腊哲学家。他以"晦涩者"和"悲剧哲学家"而著称。他的学说"万物为动"说出了事物的矛盾对立（"斗争是万物之父"）。赫拉克利特认为火为宇宙的基本质料，人的灵魂之火是与宇宙之火相关的，有德性的灵魂最终将它们结合起来。

③ 阿那克萨戈拉 (Anaxagoras, 公元前 500—前 428)，古希腊哲学家。他在雅典因不敬神灵而遭到有政治目的的控告，被迫离开。他反对巴门尼德的一元论，认为物质必定是无限可分的。阿那克萨戈拉"心灵"说是希腊古典时代上升时期哲学研究的最重大的成就之一，为希腊精神赢得声誉。

④ 恩培多克勒 (Empedokles, 公元前 495—前 435)，古希腊哲学家。他以民主政治活动家身份活跃在希腊世界。他是医生、诗人，也是杰出的科学家，在天文、气象、医学、生物诸方面都有贡献。

⑤ 德谟克利特 (Demokrit, 公元前 460—前 370)，古希腊哲学家，是毕达哥拉斯派的追随者，原子论阐述者。他主要阐述了严格意义上的自然主义的希腊伦理学，认为幸福是人生的目的，真正的幸福在于心灵上的宁静。

⑥ 毕达哥拉斯学派 (Pythagoreer) 是在毕达哥拉斯思想和博学的影响下产生的，约有门徒 300 人，参与了希腊城邦的政治活动，其影响不断扩大，且获政治领导地位长达 20 多年之久。意大利和希腊不少地方都有毕达哥拉斯派的存在和活动，直到他们融入新柏拉图派为止。毕达哥拉斯派的宗教观念主要是主张灵魂不死、轮回和净化。

苏格拉底①。教育、爱情。 ⎫
柏拉图。普遍进攻。 ⎬ 反对教育的斗争
　　　　　　　　　　⎭

1870 年 9 月至 1871 年 1 月

5[37]

　　"人"就是"思想者"这种说法荒诞不经。

5[85]

　　大多数学者有着奢侈的求知欲。谁还想成为智者呢？谁还为了行为而去思考和研究呢？不可估量的饱学之士懒得去思考，他们越陷越深。人要想消瘦就必须走进沙漠 40 个星期。

5[92]

　　思考和存在绝非一回事。思考必定没有能力接近和抓住存在。

5[101]

　　阿里斯托芬②喜剧扼杀了古老的戏剧。从此这一古老的

---

① 苏格拉底（Sokrates，公元前 469—前 399），古希腊哲学家，希腊哲学中的重要人物。他开创了理性主义哲学的先河，被视为历史上最有智慧的人。他一生中基本上与政治没有太多直接的联系。因他在雅典公民中具有智慧的声誉，许多年轻人仰慕他，纷纷向他求教。他的哲学在于认识自我、美德即知识的教导，激励和推动了人们追求真知和批判不真不善、伪真伪善的强大力量。

② 阿里斯托芬（Aristophanes，公元前 445—前 386），希腊喜剧作家，有"喜剧之父"之称。他创作的喜剧有 40 部，只有 11 部作品保留下来。他的剧作多以政治嘲讽结合幻想为主，如在喜剧《云》中，苏格拉底被漫画化为一个"思想所"的头头，坐在一个悬空的吊篮里窥察天体，教青年学习诡辩，还收学费。

戏剧艺术消亡了。

1870 年底至 1871 年 4 月

7[46]

如果说，优美以人的梦幻为基础，那么崇高就以人的迷醉①为基础。海上风暴、沙漠、金字塔，这些是大自然特有的崇高吗？

美妙的一致何以产生？

意志的自由，即表达意志的自由何以产生？

过度的意志产生崇高的印象，那么过度的欲望呢？这是对意志不可估量的一种可怕的感受。

意志适量产生美。

美和光，崇高和湮没。

7[83]

普罗米修斯②——这个提坦人撕碎了狄俄尼索斯③，为

---

① 此处"迷醉"（Rausch）一词是狄俄尼索斯（酒神）的代名词。
② 普罗米修斯（Prometheus）为希腊神话半神半人，他施巧计，企图打破宙斯的统治。他从赫斐斯特（冶金之神）和雅典娜（智慧和技术女神）那里偷得技术与火，并送给他人。此举触怒宙斯。宙斯派人用铁链将他锁在高加索山崖上，让神鹰折磨他，以示惩罚。后来赫拉克勒斯将他解救出来，解除了他的痛苦。
③ 狄俄尼索斯（Dionysos）是宙斯之子。在尼采早期著作《悲剧的诞生》中，他浓墨重彩地描述了日神和酒神。狄俄尼索斯形象崇拜男性生殖器，以狂热的舞蹈甚至纵欲为宗教仪式。

此终生受难，一如他的造物，而且他还心怀未来世界宗教的情感反对宙斯。只有通过撕碎提坦人的作品，文明才有可能；只有通过掠夺，提坦人才能繁衍。普罗米修斯是将狄俄尼索斯撕得粉碎的人，同时也是普罗米修斯之流的父亲。

7[91]

没有可怕的深度便没有美丽的水面。

7[92]

1）希腊人的生活透明清晰、肯定，外表平淡，像澄澈的海水一样，它看似平浅，但底部实则很深。正是这一点形成了伟大的清晰性。

7[110]

我怀疑，事物和思维相互间是不相适应的。因为在逻辑学中，矛盾律占主导地位，也许它不适用于不同的、对立的事物。

7[113]

1）我真想把那些所谓"受过教育的人"赶出我的理想王国，诚如柏拉图赶走诗人一样。这是我的恐怖想法。

7[149]

如今，信仰自由和信仰责任都引起"善"的错觉，亦即"纯洁需求"的错觉，这里"善"是指纯粹的无利己主义的需求。利己主义现在是什么？是展现个体力量的快感。反命题是：抛弃个体时的快感。生活在众人之中，抛开个人、生活在群体中的快乐。感觉自身与事物显现合一才是目的，这就是爱。神圣的上帝大多是事物显现的最理想反映，就此而言，圣者和上帝乃为同身。美化现象是艺术家和圣者的目标，换言之，使现象成倍扩大。

7[154]

艺术如何产生？现象欢乐，现象痛苦——阿波罗①的和狄俄尼索斯的，这两者始终相互刺激而存在。

1870/1871 年冬至 1872 年秋

8[72]

语言的起源：声音是怎样与概念联系起来的呢？语言起源中的艺术暗示：图像和声音。声音用来承接图像。声音运用中的规律性显示出伟大的逻辑力和抽象力了吗？抑或不是？难道抽象法则本来就只是活生生直观的事物吗？譬如遗传学？

1871 年

9[13]

语言的象征意义是狄俄尼索斯被阿波罗具体化的残余物。

---

① 阿波罗（Apollo）作为降福之人，被尊为日神，他的形象是庄重典雅气派的青年英雄，是希腊文化的保护神，掌管音乐、预言和医药。此处"阿波罗的"是对个人存在和典型的个人追求的一种暗喻。

引　言

在席勒和歌德①那里，美学教育是伴随多于引导：一般情况下正相反！美学教育引导我们去创造，我们是受过教育的艺术家，依照榜样摸索，没有比瓦格纳②的出现更富有教育意义的时刻了。

在我们的时代，艺术现象完全被掩盖了，是被当作受教育来认识的。我认为瓦格纳是很有价值的。

与我们时代的美学家相比，希腊人更多地帮助我们区分狄俄尼索斯和阿波罗。

这两种艺术原则的关系就根本没有艺术原则。如今，缺乏这种认识便使得评说瓦格纳困难重重。整个自由世界为何对抗音乐精神，为何对抗这种精神哲学上的澄清。音乐扬弃

---

① 歌德（Johann Wolfgang von Goethe, 1749—1832），德国诗人、剧作家、小说家、文艺理论家，小说《少年维特之烦恼》使他一举成名。在尼采成熟期，歌德是尼采心目中完美人生最丰富的"典范"，被称为"是让我肃然起敬的最后一个德国人"。

② 瓦格纳（Richard Wagner, 1813—1883），德国作曲家。他创作的歌剧形式将音乐、戏剧、诗歌和表演集于一体，至今在德国享有很高的声誉。在尼采心目中，叔本华、海涅和瓦格纳是自歌德死后最重要的哲学家、作家和艺术家。瓦格纳吸引尼采的不仅仅是其天才气质，而且还有他非凡的音乐才能。瓦格纳的音乐剧《特里斯丹和绮瑟》不仅代表了叔本华那种永不停息的、盲目的、无情的意志冲动，而且也体现了古希腊酒神崇拜中的那种如痴如醉的迷狂。尼采在《悲剧的诞生》这部著作中将瓦格纳比作狄俄尼索斯，并预言一种新的艺术即瓦格纳的音乐将会代替阴暗浅薄自负的西方文化。但在与瓦格纳破裂后的著作中，这种隐喻不见了，他称瓦格纳只是"浪漫的"。

文明，如同阳光扬弃灯光一样。

即此之故，希腊世界也还是一个没有完全被认识的世界。我的道路乃是以音乐精神和严肃哲学为出发点，去找到入口处。

我觉得希腊人的生活方式是唯一的。我认为，瓦格纳使得德国人在恢复希腊人的生活方式方面迈出了最崇高的一步。

9[36]

《音乐和悲剧》内容简介

导 言

我们从瓦格纳身上看到美学已蒙受耻辱，它洞见不到原始现象，透露出立于它面前的都是些模仿的艺术典范。我以为，瓦格纳这个活生生的直观现象首先否定了我们迄今对希腊世界没有理解。相反，我们却发现那儿与瓦格纳现象有完全的相似性。

狄俄尼索斯艺术和阿波罗艺术的区别主要是：它们各自有不同的超验玄学。

主要问题：两种艺术欲望的相互关系是什么呢？

悲剧的诞生对此作了解释；悲剧是阿波罗世界吸纳了狄俄尼索斯的超验玄学的结果。

阴森神秘的时代：我们在这种艺术形式里看到人生的可能性，尽管只是对生活的认识。即悲剧人类的形态。

对德国人而言，这是"万物还原"的方式：文明激烈地对抗音乐精神。

希腊世界乃是惟一的、最深刻的生活可能。我们再度经历要么去印度，要么去希腊这种现象。这就是叔本华①和瓦格纳的相互关系。

为获得对音乐的这种认识，音乐必须通过巴赫②、贝多芬③、瓦格纳来重新发现自我，并从为文明的服务中解脱出来。无论希腊音乐成为什么样的音乐，亚里士多德④的悲剧引起情绪净化说⑤让我们得出了一个类比的结论：音乐对希腊人和对我们具有同样的效果，就是说，音乐不会堕落成讨好卖乖的艺术。

---

① 叔本华（Arthur Schopenhauer, 1788—1860）德国哲学家，悲观的唯意志论者。他的主要贡献是创作了《作为意志和表象的世界》，这本书对尼采影响很大。叔本华是第一个确立意志的形而上学本体地位的人，在他看来，现象界的背后既不是物自体，也不是绝对精神，而是一个巨大的意志，它是盲目而邪恶的，它是一切痛苦的源泉。叔本华是尼采哲学的起点，其意志说给了尼采乐观向上的结论。

② 巴赫（Johann Sebastian Bach, 1685—1750），德国作曲家、管风琴家，一生作品丰富，把巴罗克音乐风格推向顶峰，形成了理性与感情的融合，宗教音乐与世俗音乐并存的局面。

③ 贝多芬（Ludwig van Beethoven, 1770—1827），德国作曲家，虽然一生历尽坎坷，但他还是创作了大量交响曲、钢琴奏鸣曲以及歌剧等作品。在音乐创作上，贝多芬集西方古典派之大成，开浪漫派之先河，对后世西洋音乐的发展有深远影响。

④ 亚里士多德（Aristotele，公元前384—前322），古希腊哲学家，柏拉图的学生，雅典逍遥学派创始人，著作涉及当时所有知识领域，尤以《诗学》、《修辞学》等著称。

⑤ "情绪净化说"（Kathasis）中"净化"一词出自亚里士多德《诗学》，其中《论悲剧》提及"通过悲悯及恐惧而让这些情绪产生适当的净化"。

音乐势必只会无限增强，因为它要征服那个过于扩大了的认知世界。知识和音乐让我们预感到希腊世界会在德国土地上再生：——我们愿为希腊世界的再生而献身。

9[102]

在希腊人的意识里，艺术和宗教是一致的，只是不该想到"美的宗教"这一点。希腊宗教同艺术一样，在许多方面和美没有关系。

9[120]

希腊世界的特点是造型艺术，现代世界的特点是音乐，这些说法都不对。更准确地说，希腊世界把狄俄尼索斯艺术同阿波罗艺术完满地结合起来。

9[129]

我认为，假如我们不是艺术家，我们只会在田园牧歌般的氛围中去领略艺术。这就是我们现代人的命运：我们是作为有道德的人来欣赏艺术的。希腊世界已经一去不返。

1871 年春至 1872 年初

14[28]

前柏拉图哲学家

希腊人怎样研究起哲学来了？

研究什么样的哲学呢？

希腊古典时期（公元 5 世纪—6 世纪）同时也正好是前

柏拉图哲学家时期。这个时期的特点是，时代怎样接受自己的伟人。这些哲学家获得的原创观念都是那时所能达到的最崇高的、最纯洁的观念。这些人本身就是哲学形式的体现和不同生活方式的体现。试问：哲学家在古希腊人中有何特异处？自柏拉图以来对这个问题少有关键性的回答。因为这里有学者界，而哲学界又与学者界重合。

起初：神甫和歌唱家。德尔斐①神谕任命的智者成了真正的传授基本教义的人。

他们不直接向我们讲述古希腊精神，因为他们不讲道德等问题，但指出哲学产生于认知欲，而不是由罪恶和生活贫困刺激产生的。他们抓住永恒的问题，也把握住永恒的答案，他们控制住无数的个人。

作为有意识的思想家，他们很少在自己的行为中显示出无意识人的样子来。

1871 年 9 月至 10 月

17[3]

> 跳台上有条狗，
>
> 嘴里叼根香肠。

---

① 德尔斐 (Delphi)，古希腊最著名的宗教神殿之一，尤以阿波罗神殿和神谕宣示所闻名，如神谕"认识你自己"。

屋顶上有只母牛，

吃着香肠吸着烟。

1872 年夏至 1873 年初

19〔17〕

哲学家是自然界这座作坊的自我表现——哲学家和艺术家都在谈论自然界的工艺秘密。

哲学家和艺术家的领域超越时代历史的喧嚣，远离困境。

哲学家是时代车轮的止轮器。

哲学家出现在这极具危险的时代里——假如后来车轮转动越来越快——哲学家和艺术便替代正在消亡的神话。哲学家显出长长的身体暗影，因为同时代的人慢慢地将注意力投向他们。

一个意识到自己存在危机的民族正在造就天才。

19〔24〕

问题不是扼杀科学，而是掌握科学。要掌握科学家，无论是方法还是目标都完全取决于哲学观，别轻易忘记这一点。占统治地位的哲学也必须思考这个问题：即科学可发展到何种程度；科学必须确定值！

19〔25〕

证明科学野蛮化的后果。科学很容易自我迷失于"实用利益"中。

19[42]

希腊人是发现者、旅行者和殖民者。他们善于学习：他们拥有巨大的接受力。我们这个时代不应该相信自己的求知欲有多高，只有在希腊人那里一切都生机勃勃！我们这里只有认知！

19[58]

这个时代的语文学家已经证明，他们自己不配把我和我的书归为他们一类。在这种情况下，我无需保证把我的书交给他们；不管他们是否想学习点东西，我觉得都不该迎合他们。

但愿那个如今自称为"语文学"以及我打算称之为中性的东西，这一次也会忽视我的书，因为我的书具有阳刚之气，对阉人不合适。阉人更适合坐在织布机旁。

19[62]

哲学到底是艺术还是科学，这问题令人极度尴尬。

就其目的性和创造性而言，它是一种艺术。但它使用的方法是概念表述，又与科学相同。这是一种创作形式。这种形式没有被人接受，所以我们必须发明一个专门用语，并说明其特征。

对哲学家的天性描述。他通过著述认知，他通过认知著述。

我说哲学家不会长大是指：像其他科学一样，哲学也不会有长进，即便哲学家所研究的某些领域逐渐落入科学的范畴。赫拉克利特不会变老。这是一种经验界限之外的创作，是神秘的欲望的继续。这也主要寓意于图像之中。数学式的表述不属于哲学家的本质。

用创造神话的力量来征服知识。康德①这个人真怪——他是知识和信仰并存！哲学家和宗教创始人之间最亲密的联姻！

19[75]

在一切科学思维中，即便是推测，都能感觉到哲学思维的存在。哲学思维事先跳到一个容易的支撑点上：当吸引人的魔幻图像出现之后，理智便气喘吁吁，并寻找更好的支撑点。这是一次巨大空间的超速！这难道仅仅是快速飞行吗？不，这是幻想在飞翔振翅，就是从一种可能性到另一种可能性上的跳跃，而这些可能性此前曾经都被认为是肯定的。到处都是：从可能性到肯定性，再从肯定性回到可能性……

这种"可能性"是什么呢？犹如一种类似"这也许可能"的灵感。但这种灵感是如何产生的呢？间或是偶然的、

---

① 康德 (Immanuel Kant, 1724—1804)，德国哲学家。他把自己的哲学称作"批判的"唯心主义。康德最有影响的著作是其"三大批判"《纯粹理性批判》、《实践理性批判》、《判断力批判》。他所建立的以三大批判为代表的批判哲学在西方哲学界留下了一座不可磨灭的永恒的里程碑。他是启蒙主义的批判者，同时又是启蒙主义的继承人。

表面的东西：一种比较，某种类比的发现。这时出现了一种扩展。幻想存在于迅速的相似的观察之中，然后通过思考去检测概念，"相似性被因果性所替代"。

如今，"科学"思维和"哲学"思维难道只是因为剂量而不同吗？抑或是因为研究的领域不同？

19〔78〕

当人在思维的时候，必须通过想象明确自己要寻找的东西，然后通过思索才有可能作出判断。思索用下述方法判断，即在习惯的和屡试不爽的链条上进行权衡。

形象思维时，到底什么东西是符合"逻辑"的呢？

清醒者很少需要想象，且没有多少想象。

无论如何，想象是某种艺术性的东西，是从能使人突然回忆起某事的形象中产生的：这种形象突显回忆并强化回忆，思维就是一种突显。

头脑中是一连串的图像，比用于思维的多得多；理智迅速挑选相似的图像；被选中的图像又产生一系列图像；理智很快又挑选出其中的一幅来，等等。

有意识的思维只是一种想象的挑选，这是一条达到抽象的漫长道路。

第一，产生图像的力；第二，选出并突出相似的东西的力。

发高烧的病人对墙壁和墙纸的反映就是如此，只有健康的人才同时看清墙纸。

19[89]

哲学家是什么？能否以古希腊人为例来回答这个问题？

泰勒斯①：神话学家和哲学家。

阿那克西曼德：悲剧世界观；悲剧。

赫拉克利特：幻想；哲学家的艺术；艺术。

毕达哥拉斯：神秘学和哲学；宗教。

阿那克萨戈拉：目的论；精神和物质。

巴门尼德：芝诺②；逻辑；逻辑学。

恩培多克勒：爱憎；权利和爱之道德；道德。

德谟克利特：数和量，一切物理的展望；自然哲学。

毕达哥拉斯学派：教派本质。

苏格拉底：哲学家和文化；文明。

哲学家的产生以及未来文化的哲学家讲坛。

19[100]

假如赫拉克利特把他的语言同阿波罗和西比尔③进行比

---

① 泰勒斯（Thales，公元前 624—前 545），古希腊哲学家、数学家和天文学家。他居住于米利都，希腊七贤之一。他被亚里士多德称为自然科学的创始人，还被公认为是几何学的创始人，提出水是万物的本源。
② 芝诺（Zeno，公元前 335—前 264），古希腊哲学家，人称"季蒂昂的芝诺"，是斯多葛派哲学学派创始人。其哲学体系以伦理学为中心，认为人应顺从统治宇宙的理性。
③ 西比尔（Sibylle），古罗马帝国有名的神谕者，预言了耶稣的降临和康斯坦丁大帝的崛起等。

较，那是很有教益的。

19[114]

斯多葛派①对赫拉克利特的解释过于肤浅，且有误解。伊壁鸠鲁学派②也给严格的德谟克利特原则③私自加入了不严格的东西（可能性）。

世界最高的规律性在赫拉克利特看来却不是乐观主义。

19[117]

假如人们用重要的哲学知识衡量世界史，并对仇视这些知识的时代抛开不计，那么该世界史便是最短的了。我们只有在希腊人身上看到活力和创造力。希腊人填满了最大的时

---

① 斯多葛派 (Stoiker)，古希腊哲学流派中最晚的一个哲学流派，由季蒂昂的芝诺创立于雅典。斯多葛派的逻辑学、伦理学和物理学是通过一个普遍概念逻各斯统一起来的。这个概念最初来自赫拉克利特。在道德方面，斯多葛派强调严格的自然主义，认为至善即是合乎自然地生活。健康、财富，以及作为社会的动物而应有的社会的公益，都是"合乎自然的"，追求这些东西也是正确的。凡是与自然法则相协调的行动，不管成功与否，就是德，"纯粹的德就是幸福"。

② 伊壁鸠鲁学派 (Epikureer)，伊壁鸠鲁所创建，该学派类似于学园的社团。他们否定人生来就是社会的动物，因此各伊壁鸠鲁社团回避日常的社会，引导自己的信徒们过一种宁静而幸福的生活。

③ 德谟克利特原则 (Principien des Democrit)，德谟克利特认为，人的幸福与不幸居于灵魂之中，善与恶来自灵魂，求乐避苦是人的自然本性，求得快乐就是善，反之即是恶。但他所说的快乐不是低级的感官享乐，而是有节制的、精神的宁静和愉悦。他强调德行不仅是言辞，更重要的还是思想和行动，人们应该热心按照道德行事，而不要只空谈道德。德谟克利特按照他的幸福论原则，对智慧、勇敢、节制、正义，以及义务和良心等道德范畴作了与柏拉图截然不同的解释，为西方伦理学史作出了积极的贡献。

代空间，他们确实创造出了所有的典范。

他们是逻辑的发现者。

语言不是已显示出人有创造逻辑的能力吗？

诚然，这是最令人钦佩的运算和标志，但它不是一蹴而就的。相反，逻辑的结果要经过非常漫长的时间。这里应考虑到本能的产生：逻辑是非常缓慢地成长起来的。

几千年来人类的思想活动是用语言记载下来的。

19[127]

"精神"这一头脑的产物，竟被看作是超自然的，甚至加以神化。这有多愚蠢啊！

19[211]

我尝试把那些有价值的东西利用起来，并及时和严肃地引入到哲学研究中。这种尝试成功与否我心里明白，我更清楚这种尝试是应该被超越的。我只希望那些最好的哲学被人模仿并被人超越。

出于良好的动机，奉劝人们不要相信学术领域任何职业哲学家的指引，而去读一读柏拉图。

职业哲学家们首先应该放弃一切胡扯，使自己变得简朴和自然。

有落入虚伪者手里的危险。

19[222]

如今在德国没有哲理，所以在德国人中间提出——哲学家究竟是什么——这样的问题,是无法被人理解的。因此,某人不关心哲学家,倒是呼吁哲学家生活在他们中间,由此引起的诧异是旷日持久的,而且最后会由诧异转为恶意。德国人对此无法忍受,就像不能忍受招来的恶魔。

在德国人中诞生哲学家是极不适宜的。

19[249]

隐喻①意味着把在某一点上所看到的相似的东西当作同样的东西对待。

19[278]

希腊人民围绕着那个固定的点而成为结晶的,便是希腊语言。

希腊文化在那个固定的点上形成的结晶点,便是荷马②。

因此两者都是艺术品。

1873 年春

26[6]

形而上学是令人不可捉摸的海洋。

---

① 隐喻 (Metapher) 源自希腊词汇 metaphora,有"转移、转换"之意,亦即取两种不同事物,把其中一种事物说成"等于"另一种事物。
② 荷马 (Homer,公元前 9—前 8 世纪),相传为古希腊游吟诗人,创作了史诗《伊利亚特》和《奥德赛》,两者统称《荷马史诗》。

1873 年春至秋

27[77]

全部自然科学都在讨论感觉的规律。

感觉不是感官所起的作用，而是我们把感官本身当成了纯感觉。不是眼睛在看，而是我们在看；不是大脑在思维，而是我们在思维。眼睛和大脑对我们来说，全然只是作为感觉而存在的，绝对不再是其他的东西。如同其他物体一样，我们的肉体是我们之外的东西，就是说，我们感觉到它的存在，就像感觉其他事物一样。

1873 年夏至秋

29[42]

成功的神话完全适合人的卑劣行为。只要对一次成功作一番仔细考察，便可知哪些因素（愚蠢、恶劣、懒惰等）总在起作用，况且它们还不是最微弱的因素。据称成功的价值此前存在着的美好的可能性更大。真棒！然而综观历史上善与正义的实现，这恰恰是对善与正义的亵渎。用赫拉克利特的话来说，一部美好的世界史就是"一堆杂乱无章的垃圾"！强有力的东西总能获得成功。这是普遍法则：只要不是常常表现出那种愚蠢和恶劣就行！

29[96]

"历史学家的客观性"，这真是一派胡言。这句话的意思，就是对某一事件要从所有的动机和结果中去进行纯观察，而不去考虑影响，即保持某个纯智性过程，就像艺术家单纯描绘风景那样。一种"无功利的观察"，一种审美现象，没有任何意志的冲动。就是说，"客观性"系指历史学家内心的一种状态，亦即艺术家的静默观察。照此心境彰显事物真实本质，无异于一种偏见。或者有人说，那种心境状态把事物本身形式拍照一样反映出来了。有人说，这是一种纯被动的状态吗？不，相反：这本是验证艺术品的时期，是最高形式的构思瞬间：个人意志在昏睡。油画从美术上讲是真实的，但肯定还没成为历史的真实；这些都不是事实，而是它们的编织和联系，这种联系是编造进去的，偶尔也可能是真实的；假如它是假的，但始终还是"客观的"。

客观地思考历史乃是戏剧家静默的工作，对一切进行相互联系的思考，把一切个别现象编入整体。到处都有艺术的前提，其中包括计划，即相互联系。这一前提根本不是来自经验和历史，它与人们习惯理解的所有"客观性"背道而驰。人们把往事编织成网，编结成带，这就是艺术欲，不是真实欲。这种书写历史的完美形式就是纯艺术品，了无普通真理的火星。

允许人们艺术地观察一切吗？我希望对过去的东西首先作道德上的评估。也就是满腹狐疑地把艺术的东西和道德的东西混在一起，由此削弱道德的东西。

一般说来，客观性只是句空话，因为缺乏艺术上的潜力。演员的宁静效果取代了艺术家的宁静；激情和道德力量的缺失竟然披上优越感十足的冷静观察的外衣。更卑劣的情况是，平庸和那丝毫不会令人为之动容的所谓渊博智慧取代了艺术的无功利性。这是在寻找一切不能激动的东西。

什么地方讲崇高和罕见之物，那里的平庸和卑劣的动机就会令人反感，假如动机来自于历史学家的虚荣心的话（斯威夫特①说："如果缺乏理智，任何人虚荣心便占上风。"）

法官应该冷静吗？不，法官不该有偏袒，眼睛里不该有自身的利益和损失，他首先必须超然于党派。我看不懂的是，一个后辈为什么要做所有前辈的法官。大多数历史学家都委身于他们所研究的客观物之下！

现在假设一下，一个与过去的某一时刻毫无关系的人被召唤来，对这一时刻进行描述：语文学家和希腊人之间多半彼此不相干。人们也称这叫"客观性"。就是照相除了客体和感光板，还要有光，可是人们以为，客体和感光板足够了。在没有灿烂的阳光时，人们觉得书斋里有油灯的亮光也够了。

完全没有思想的人们总以为，他们以及他们的时代，

---

① 斯威夫特（Jonathan Swift, 1667—1745），英国作家，讽刺文学大师，曾任都柏林圣帕特里克大教堂主持牧师，主要作品有讽刺散文《一只澡盆的故事》、寓言小说《格列佛游记》等。

从全体民众的观点出发，都是有理的，就像任何宗教自以为是的那样。他们把"客观性"说成是用世俗眼光对过去观点的衡量，从世俗观点中寻找全部真理的准则。他们的工作就是把过去的东西转换成今日平庸的东西。他们反对那种不主张把大众观点当作准则的历史学：说这才是"客观性"！

你们只是用现代的最高的力量才可以解释过去的东西，只有以你们最高贵的德性作出最强的努力，才能猜出什么东西在过去的事物中是最值得知道的。同类相知！不然你们就自我迷失了，不然你们就要使过去的事物低就你们。你们不要相信一部历史著作，如果它不是出自罕见的英才之手；你们总会注意到：当英才说出一句普遍的话，其思想具有何等品位。一个人不可能既是伟大的历史学家，又是一个平庸之辈。别把我同工人混同起来：如梯也尔①的历史学门徒，有的法国人那么天真地说。大学者同时又很平庸——这是可能的！

由此得出：有行动的人需要历史，有经历的人书写历史！经历不比别人多一些、见识不比别人高一些的人，不可能对过去的历史作出什么解释。——过去的箴言永远是一个

----

① 梯也尔（Adolphe Thiers，1797—1877），法国政治家、历史学家，历任法兰西内政部长、外交大臣和首相，著有《法国革命史》、《执政史和帝国史》等。

神谕，只有看到未来、了解今日的你们，能解释神谕。现在有人解释德尔斐的作用，其主要根据就是这类神甫对过去的历史特别熟稔。现在应该知道：只有创建未来的人才有权裁判过去，这样的历史学家只是个先知者罢了。现实不好，只有一条线。

29〔108〕

假如说万物循环①（毕达哥拉斯学说）最大的收益是：人们必须了解历史、看清形势，以便仔细认识循环。可现在什么东西都没有循环。

29〔199〕

把哲学搞成纯科学（像特伦德伦伯格②一样）无异于打退堂鼓。

摘自 29〔202〕

荷尔德林③说："想得最深刻的人，爱最有生命的

---

① "万物循环"（alles wiederholt sich），毕达哥拉斯思想学说的一个概念。
② 特伦德伦伯格（Friedrich Adolf Trendelenburg，1802—1872），德国哲学家。1840 年他发表了《逻辑研究》，打破了黑格尔的传统，将形而上学推向了一个全新的方向。他用一部分站得住脚的理由（黑格尔唯心主义逻辑矛盾）去批判黑格尔的辩证法，因他自己主张唯心主义，试图用柏拉图主义重新为亚里士多德主义翻案，所以他根本解决不了自己提出的种种问题。
③ 荷尔德林（Friedrich Hölderlin，1770—1843），德国抒情诗人。受黑格尔思想及席勒的影响，他创作的作品兼有古典主义和浪漫主义成分。他的大部分诗歌浪漫地表达了与自然和美以及和谐的渴望，做家庭教师时他爱上了雇主的妻子，在他的作品《许佩里翁》中有描绘。

东西。"

29[208]

我无法想象叔本华在大学任教的情形：学生纷纷离他而去，他自己也在同行教授面前撒腿就跑。

29[213]

关于计划

哲学家的两个方面：他一面转向人类，而另一面我们看不见，因为他是为自己而存在的哲学家。首先我们看一看哲学家同其他人的关系。我们这个时代的结果：这种关系没有产生任何一点东西。为什么会如此呢？他们不是为自己而存在的哲学家。

"医生，治你自己的病吧！"我们不得不大声对他们说。

1873 年秋至 1873/74 年冬

30[19]

把"哲学"这个词用到德国学者和作家身上，最近我觉得不舒服，因为我觉得这不适合。我情愿人们避开这个词，今后最好——用德语说和说得有力些——只说思维经营。我倒想解释一下，我是怎样产生这个想法的。

30[30]

有一种艺术，它只通过人们给予的语词和名称就将事物分开：外来词常常使我们对十分熟悉的事物感到陌生。假如我说智慧和爱智慧，我就感觉到比我说哲学一词更熟悉、更有用。但是如己所说，恰恰是这种艺术不让各种事物靠得太近。许多丢人现眼的东西常常就存在于熟悉的言语中！因为标榜自己是智者或将成为智者，谁不会感到羞愧！但是标榜自己是哲学家呢？人人都想轻飘飘地把它挂在嘴边，如同每个有博士头衔的人一样轻飘飘，从不会想到自己内心那种为人师的傲慢的自白。比方说，哲学家这个外来词已被注入羞愧和谦虚的意味，或者说这是真的，但根本不存在爱智慧。外国名称如"博士"一词难道隐藏了内容缺乏、概念空洞？证明某一事物的存在是极其困难的，因为事物错综复杂，转换、隐蔽、稀释和减弱，而名称则还是始终不渝地在骗人。我们现在称之为哲学的东西真是爱智慧吗？如今究竟有没有智慧的真正朋友呢？让我们大胆地用爱智慧取代哲学一词吧：结果会表明这两个词语是否一致。

1874 年初

32[8]

如果歌德是一个换位的画家，席勒是一个换位的演说家，那么瓦格纳就是一个换位的演员了。他业余特别爱摆弄音乐。

32[73]

哲学家的教育

早点多出去旅行，以免使民族性失去棱角。

了解人，少看书。

不搞书斋文化。

简单地看待国家和义务。或者移居国外。

不能有书生气，不要综合性大学。

不要写哲学史；哲学家应该为自己寻找真理，而不是为了写书。

1874 年初至夏

34[13]

我离真正理解叔本华还很远。可是我通过叔本华学到了少许怎样更好地了解自己的本领，这就是我最要感谢他的地方。但是我总觉得，探索和揭示某个哲学家用严谨的语言所教授的或没有教授过的东西，并不像时下人们所认为的那么重要。这样的认识至少对某些人不合适，这些人寻找哲学是为了自己的生活，而不是为了丰富自己的头脑，况且我觉得这样的探索不太可能会有什么结果。

34[24]

生命的每时每刻都在昭示着我们什么，可是我们却不愿倾听。当我们独处静思的时候，我们害怕会有什么东西钻进自己的耳朵里，于是我们厌恶静默，并通过社交麻醉自己。人类总是尽力绕开痛苦，但更多是绕开已遭受过的痛苦的感受，以不断树立新目标的方式，企图忘却藏于痛苦背后的东西。当可怜者和受过痛苦的人为抗拒那个将自己抛到最严酷的生存岸边的命运时，便绕开那种来自自己痛苦中的深沉的审视目光，仿佛想要说，现在你是否比较容易地领悟了人生吧？可怜的人，你们太幸福啦！假如这些人表面上看来幸福，实际上却被不安和逃避自己的情绪弄得筋疲力尽，那他们根本没法去看清各种事物，比如国家、工作或财产那自然的和恶劣的本性——他们还能引起谁的羡慕呢！

1875 年 3 月

3[24]

羡慕虚荣乃是一种不由自主的倾向，做出自己是特殊个体的样子，其实并不是。就是说，当他做出独立的样子时，其实他是从属的。智慧却相反：它做出从属的样子，其实却是独立的。

3[56]

假如头脑迟钝，勤劳不会有多大收获。那些对荷马评头论足的语文学家都认为自己会有收获。当古代人——而不是我们——有兴趣时，古代人才会与我们对话。

1875 年春至秋

5[13]

想在美学中找到任何一点肯定的东西，这种愿望诱使人们去崇拜亚里士多德；我认为，事实逐渐证明亚里士多德对艺术一窍不通，而唯有雅典人睿智的谈话才是艺术。我们赞赏这些谈话在亚里士多德身上引起的反响。

5[22]

不要相信预兆和奇迹；只有所谓"天意"才需要那种东西。祈祷、禁欲、幻象都无济于事。如果说这一切就是宗教，那么对我来说也就不存在任何宗教了。

我的宗教——假如允许我这么说——就存在于为造就天才而做的工作中。教育乃是一切希望之所在，一切给人慰藉的东西就叫做艺术；教育乃是对创造物的爱，是超出自爱的厚爱；宗教乃是"超越我们的爱"；艺术作品乃是这种超越自身之爱的完美写照。

5[26]

否定人生不再如此容易做到：他可能是一个隐士或是一名僧侣——这是他们在否定什么哟！现在否定人生这个概念的内涵更深刻了：主要是认识上的否定，合理的意愿上的否定，而不再是全部的否定。

如今，谁想做好人、圣人，生活就困难重重：想做好人就不能像从前的圣人一样不公正地反对知识。他必须是个求知型的圣人，把爱和智慧结合在一起；他必须割断对众神、半神或天意的信仰，犹如以前的印度圣人与此毫无关系一样。而且，他必须健康，并保持健康，不然他会不相信自己。或许他根本不像个禁欲的圣人，而像个追求享受的人。

5[94]

随着基督的兴起，一种宗教处于占优势的地位。这种宗教符合古希腊人的状况：相信所有的巫术过程，相信血祭，迷信般地惧怕魔鬼刑事法庭，失去自信，心醉神迷的苦想和幻觉，人类自己成为善神与恶魔斗争的游戏场所。

5[111]

在我们最崇高的艺术和哲学之间，在真正被我们所认识到的古代之间是不存在矛盾的，它们相互支持又相互容忍，我的希望皆在于此。

5[190]

我还要表达一下自己的一些观点，对怀有这种观点的人而言，有些观点是卑劣的，即使是朋友以及熟人也会感到害怕和担心。我就是决意赴汤蹈火，那时我将更加属于我自己。——

1875 年夏

6[3]

我承认，苏格拉底离我很近，以致我几乎一直在同他斗争。

6[24]

中世纪的人越来越幽默；用两种尺度计算，内心钻牛角尖、阐释文字，这都是他们的幽默手段。这种由于等级和神学的压力迫使思想敏锐化是古代所不具备的。相反，希腊人在思想大自由下崇尚多种信仰，追求平淡无华。他们开始随心所欲地去信仰，又随心所欲地放弃。为此，他们缺乏兴趣去进行扭曲的洞察，由此产生出最令人喜爱的新时代幽默形式。希腊人少有幽默，所以有人扬弃了苏格拉底式的嘲讽。我看柏拉图在嘲讽方面常常有点笨头笨脑。

6[39]

言语是哲学家的诱惑者，使他们在语言网里挣扎。

1875 年

7[5]

在考察语文史时，引人注目的是，参与者中真正有才华的人寥寥无几。在最有名的人中，有几个人由于博学而毁掉了自己的理智；而在最懂行的人中，有些人除了咬文嚼字之外不知该如何使用他们的理智。这是可悲的事情，我以为没有哪一种科学如此缺乏天才。他们是精神麻痹者，只会在咬文嚼字中找到了自己的癖好。

我宁可写点值得看的东西，就像语文学家读他们的作家一样，不埋头盯住某一个作家。总之，即使最不起眼的创作也胜过对创作的空谈。

1875 年夏

8[5]

歌德首先是个叙事文学家，远远超过抒情诗人。把他看成是最伟大的抒情诗人就大谬不然了。

8[6]

像所有诗人那样，埃斯库罗斯①不信教。

10[7]

死亡在生命最强有力的脚步声中共鸣。

1876 年

16[22]

凡超越者即艺术家，凡补充者即诽谤者。

16[35]

腾出时间去思索；思绪必定源源不绝。

16[50]

阳光在水底下闪烁，显现的却是水面上的浪激浪涌：此

---

① 埃斯库罗斯 (Aeschylus，公元前 525—前 456)，古希腊悲剧诗人，也是古希腊最伟大的悲剧作家之一，有"悲剧之父"的美誉。他的作品以《奥瑞斯忒亚》三部曲最为著名，包括悲剧《阿伽门农》、《奠酒人》和《降福女神》。

处为陡峭的岩石。

16[52]

潜水取决于你们能憋多少气：如果憋的气多，你们才能看到底。

1876 年夏

17[2]

非逻辑的东西乃是人类存在的不可战胜的必然性，因此产生出许多好东西！它非常坚定地存在于语言、艺术、情绪、宗教里，存在于一切赋予生命以价值的东西里！想把人的天性转变成逻辑属性，这种人多么天真啊！天性和逻辑性相互接近的程度也许是有的，但是这里一切都消失了！随着时间的推移，人类重新需要对待事物的那种非逻辑的原始天性。于是，人的善良的天性萌动起来。

17[17]

国家的目的不应该是国家，而始终应是个人。

17[19]

基督教最精明的手腕是讲爱，也就是柏拉图式的爱。这个"爱"是多义的，包容的，也含有令人回忆的东西。最差的理解力也还感觉得出这个词的闪光点，因为老妇和最有理性的男人生命中最崇高和最无私的时刻都归因于这个爱。

17〔24〕

我带着遗憾回顾孩提和少年时代的岁月，一种自由感与日俱增，是由拘束到无拘无束的过渡。

17〔28〕

生育儿女的目的是造就出比我们更自由的人。没有什么思考比对性格遗传性的思考来得更重要了。

17〔52〕

人们如此扬弃对祖国的爱，扬弃政治，此乃一种凶兆。看样子，凡是被人赞美的东西都不是什么高尚的东西。

17〔53〕

由于现代社会激烈动荡，文化中的一切伟大成果日渐荡然无存，也逐步失去文化成果的应有之义。文明进入一种新的野蛮，人类真不应该被卷进这个惟一的"动荡"洪流之中。我寄希望于某种平衡，即：俄罗斯农民和亚洲人身上那种安逸悠闲的个性特点。总有一天，这种个性将会在较大程度上纠正人类性格。

17〔55〕

我设想，未来思想家身上有着欧美人那种孜孜不倦的精神，再加上成百倍被继承下来的亚洲人的那种安逸悠闲的性格，如此的结合会解开世界之谜。在此期间，自由思想者的使命乃是排除一切阻碍人类融合的种种束缚：宗教、国家、君主的天性、对财富和贫困的幻想，以及对健康和种族的偏见，等等。

17[77]

耶稣拯救了世界，这种说法真厚颜无耻。

17[78]

在生命过程中，越来越少地乞怜于形而上学的东西，这属于纯洁性。

17[87]

你不该为回归自我而受教育，相反，受教育是为了超越自我。

没有一个伟人指示自己，而是超越自己去指示别人。

1876 年 9 月

18[23]

67. 二流哲学家分为次要思想家和对立思想家。换句话说，第一种人是按照已有的基本蓝图为现存的建筑大厦建造一个侧翼（能干的建筑大师的美德就足以办到）。第二种人不断地反驳和抗拒，以致最后建立另外一种体系来抗拒现有的体系。其余哲学家们乃是思前想后的思想家，是自己所思所想都是别人已经想过的历史学家：只有少数几个哲学家例外，他们代表自己，自我成长，只有他们才配称为"思想家"。这种人每时每刻都在思考，像住在铁匠铺里，根本听不见打铁的声音。他们的情况与牛顿一样，毫无二致。（牛顿曾经被人问起是怎样发现牛顿定律的，他干脆地回答说："我靠的是时时刻刻的思考。"）

18[27]

90. 几乎每个优秀的作家都只写一本书。其他的东西只不过是其前言、事先的尝试、解释和补记而已。是的，某些十分优秀的作家从未写出自己的书来，譬如莱辛①。他的智慧的重要性远远超出他的任何一部文稿，超出他的任何一次创作尝试。

1876 年 10 月至 12 月

19[5]

5. 语言学家不相信有人比他们这些认真仔细的人，更能理解和解释悲剧。一般人误解索福克勒斯②的悲剧达百处之多，见到有伤风化的地方干脆一走了之。

阅读一个思想丰富的作家的作品，最终以为自己一切都读懂了，这样的人是幸福的。

---

① 莱辛 (Gotthold Ephraim Lessing, 1729—1781)，德国剧作家、文艺理论家。他的剧作包括悲剧和喜剧。莱辛是德国启蒙运动的思想家，主张创作具有民族内容与风格的作品，提出要以莎士比亚为榜样，创作反映现实的民族戏剧。

② 索福克勒斯 (Sophocles, 公元前 496—前 406)，古希腊三大悲剧作家之一。索福克勒斯的伊底帕斯三部曲：《伊底帕斯王》、《伊底帕斯在科伦纳斯》及《安蒂冈妮》最为著名。他的悲剧表现人与神发生矛盾冲突的命运，认为无保留地接受神的裁决是最高形式的道德完善。《安提戈涅》和《俄狄浦斯王》也是其著名的戏剧。

19[9]

14. 能与我们一起欢乐的人比与我们一起受难的人站得更高，和我们靠得更近。同乐结交"朋友"（同乐的人），同情则使人成为共患难者。——同情的伦理需要用更高的友谊伦理加以补充，使之完善。

19[30]

年轻人的声音过于响亮。

19[33]

51. 为了使葡萄和有才能的人成熟起来，既需要晴天，也需要雨天。

19[40]

65. "你要成为你自己"：这样的呼喊总是对少数人才是可行的，但在这些少数人中，只有最少的几个是不需要这种呼喊的。

19[107]

没有人对这种被捆绑起来的思想作出任何解释。人们满足于此。要求高级的文化，所以让某些东西不作解释地静静地搁在那里：

1876 年冬至 1877 年

20[14]

31. 人们必须朴实无华，以便使自己在平常的交往中不带任何内疚感回家。

1876 年底至 1877 年夏

21[14]

德意志人的本质是有预感的，直觉-非逻辑性，表明它是落后的，仍停留在中世纪——像所有的事物那样，这种本质也有某些长处。

21[15]

德意志的未来并非是德国人钱袋的未来。

21[43]

社会主义是建立在这样的决心基础上的：人人平等，公正地对待每个人。此乃最高尚的道德。

23[5]

亚里士多德认为，智者只从事重要的、美好的和神圣的事务。这是整个思维方向上的谬误，而正是这渺小的、微弱的、人之常情的、非逻辑的、谬误的东西被忽视了。只有通过仔细研究以上这些东西，人才能变得聪明起来。智者必须抛弃很多自负，不可动辄扬眉怒目表示反对，最终他才能获得快乐——败兴的快乐。

23[22]

几乎一切哲学家全在利用前人，又打击前人。这是不严肃的、不公正的。他们没有学会规规矩矩地阅读和解释。哲学家低估了真正理解别人高论的困难，又缺乏细心。叔本华就是这样，他既完全误解了康德，又完全误解了柏拉图。艺术家们的阅读习惯也不好，他们喜欢作比喻性的和类似给轮胎充气式的解释。

23[56]

对伊壁鸠鲁①的赞扬——智慧没超出伊壁鸠鲁一步，而是往往落后于他几千步。

23[63]

爱虚荣的主要因素乃是获得一种权力感。对权力的快乐不是因为我们受人赞扬而感到高兴。赞扬与斥责、爱与恨，对爱虚荣、争权力的人来说都是一样的。

胆怯（贬义词）和权力意志（褒义词）是我们对他人的意见十分重视的一种表达。

对权力的快乐——这种快乐来自于所经历过的无数依附和软弱的痛苦。假如没有这种经历，也就没有这种快乐了。

23[68]

有些人说话说不到点子上，把问题搞得一团糟。这种人还不如干脆不说。

---

① 伊壁鸠鲁（Epikur，公元前341—前271），古希腊哲学家，伊壁鸠鲁学说的创始人。公元前306年他在雅典建立一所哲学学校，除讲授物理学、逻辑学，还讲授伦理学。他认为，人的目标是幸福生活，理性排除一切痛苦，达到心灵宁静的目标。

23[81]

关于艺术起源问题，人们不要从美学状况和类似的事物出发，因为这些都是后来的结论，艺术家同样也是如此。相反，人像动物一样追求快乐，并从中去创造的东西。当人类寻找有用的东西，就是说，寻找不能立刻提供或者根本不能提供快乐的东西，但确保是无痛苦的东西，尤其是在为多数人的利益去寻找的时候，道德便出现了。美和艺术源于人们直接制造尽可能多的和各种各样的快乐。人类已经越过动物发情期的界限，这说明人类已处在发现快乐的轨道上。人类从动物身上继承了许多感官享受的东西（如色彩刺激孔雀开屏、鸟爱鸣），发明了不费力气的劳作、嬉戏、没有理性目的的活动、纵情幻想、虚构不可能的荒唐的东西，这些都使人快乐，因为这些行为是无意义和无目的的。手舞足蹈乃是艺术创造欲的一种胚胎，舞蹈是无目的性的运动；逃避无聊是一切艺术之母。人人都喜欢一切突如其来的东西，只要无害，如说笑话、发光的东西、声音强大（光、击鼓的声响）。因为紧张的情绪松弛了，由此产生激情又不伤害到什么。情绪自身被激发起来，哭泣、恐惧感（听到恐怖故事）、紧张的情绪；凡是一切引起激动的东西都是令人愉快的。与无聊相反，这种非快乐也就给人一种快乐的感受。

23[107]

人们必须在形而上学的昏昧环境中生活一段时间后才能

体验到：在早晨的清新中观察一切事物，呼吸新鲜空气，那是多么愉快的事。

23[154]

如果人们思考道德一词的较高功利性，以及普世教会的目的性，那么在生意买卖中的道德也多于按康德提出的这一要求而生活的道德："做你想做的、对你有好处的事吧"，或者也多于基督教转变中这一准则的道德："为了上帝，爱你的邻人吧"。康德的原则产生出小资产阶级对个人道德的重视，与普世教会的目的对立，但他对普世教会的目的懵然不知呢。要求去爱，其意义根本是微不足道的，尤其是这种间接方式的爱，即这种基督教邻人之爱。基督教的历史证明了这一点：与食人间烟火的佛教道德的后果多么不同，基督教之爱完全充斥暴力和流血。"为了上帝，我爱同代侪辈！"这究竟是什么意思呢？这好比有人说："为了正义，我爱所有的警察，"或如一个女孩所说："我爱叔本华，是因为祖父喜欢他。"祖父认识叔本华吗？

23[156]

（摘自前言）

在我一年一年地懂得寻找真理是多么的艰难以后，我对真理已被发现这种信念产生了怀疑，因为这种信念是真理的主要绊脚石。如果有些人如此强烈地相信自己的信念，把各种供品奉献给它，甚至不顾自己的名誉、身体和生命为它服务，那么他们只要将一半力量用于调查，看看他们有何种道理坚信它，走何种道路接近它，那么，人类历史看来是多么平和啊！又会存在多少被认识的事物啊！所有残酷场面，所有对异教徒的种种迫害，也就不会因以下两种原因发生了：一是异端裁判所首先审判一下自己，并抛弃以为自己是在维护绝对真理的骄横；二是异教徒对那些理由不充足的原则，例如对所有宗教信仰者和异教徒的原则进行彻底的研究之后，不再认同这些原则。

这一次，我面临的也许是人类最重要的话题：不是通过教育而产生的、强大起来的东西是好还是坏？特别是不可信的东西成为统治思想以后，应该首先大张旗鼓地来讨论这个话题。这里，我特别想告诫充满热情的渴望信仰的年轻人，不要急于把我的学说当作人生的准则，而是当作需要仔细思索的论点。假如它们还不足以抵御人们种种怀疑和理由的话，人类就应急于实际采用这些论点。再说，我的智慧不是从天而降的，因为我不是"天才"，没有凭直觉透过表象去洞察事物的能力。叔本华或许是一个警示性的例子，他在所有观点上都以"天才"自诩，其实全无道理。

23[159]

我想对阅读我早期著作的读者着重声明一点：我已经放弃早期著作中占主要地位的形而上学艺术观。这些艺术观很受人欢迎，但站不住脚。谁过早地公开自己的观点，谁就通常在不久之后被迫公开反对自己。

23[163]

当人类的话语一出现，人们就相信，如灵魂、上帝、意志、命运等东西必须符合它们。

1878 年春至夏

27[23]

不分青红皂白地喜欢或不喜欢瓦格纳的艺术，都是不公正的。

28[36]

播下他的谬误的种子。

1878 年夏

29[2]

没有谁比瓦格纳更懂得把自己的错误解释成为美德了。这里暴露出有艺术家意识的瓦格纳是多么狡猾。所有艺术家都有这种意识，女人也一样。

29[45]

为什么不可以玩形而上学游戏呢？为什么不可以把巨大的创作力量用到这方面来呢？

29[49]

为什么不让形而上学和宗教作为成年人的游戏呢？

30[51]

那时，我以为世界是从美学观点出发的一出戏，世界的诗人认为它也是一出戏。但作为道德现象，这世界却是骗局。所以，我得出的结论是，世界仅仅作为美学现象才能自圆其说。

30[52]

当我倾听古希腊哲人发出的全部声音时，我以为我所听到的是我已成习惯从希腊艺术，特别是从希腊悲剧中所听到的声音。但现在我还没有十分的把握，说究竟有多少声音是源于希腊人，又有多少声音是源于我这个渴望艺术之人的耳朵。

30[93]

前言。智者对艺术的态度。希腊人比我们更文雅，他们是有审美能力的智者。

不仅饥饿是必要的（只要饥饿不是太厉害）——痴迷者说"爱"：——而且口味也是必要的。不错，胃口的前提是食欲，不然我们觉得无味。批评乃是对美好东西的兴趣，认识到坏东西也就增大了兴趣。假如没有快乐，哪儿来那么多批评家？就这一点而言，即使坏东西也有用，因为有人要求消灭它，同时也激发了乐趣。这也叫兴趣优化。

30[100]

叔本华在附录之二第 630 页中指出："有的人的生存强

度至少比他人的高出 10 倍——10 倍之多。"智者则是最实际的人。

30[126]

我们的思想应散发馥郁的芳香，犹如夏日傍晚的庄稼地。

30[127]

吹掉金粉。

30[135]

瓦格纳私下与人对话时常会亲口承认：凡他想做的，他就公开去做。因为何处还能比这里更能显现人格的伟大呢：为了说真话他也能不偏袒自己。

1878 年秋

32[8]

人的本质中绝大部分对我们来说尚是未知的。尽管如此，我们爱自己，并凭借一点记忆去谈论完全熟悉的东西。我们头脑里有个"自我"幻象，它反复支配着我们。它应该有个发展的结果，这就叫个人文化行为——我们想要产生一致性（但我们认为一致性只能有待发现！）。

32[19]

五针松在倾听，并且还在加深南方静谧和正午安宁的印象。

36[2]

还是多此一举。—— 人们知道科学和民族情感是一对矛盾。政治领域的伪造货币者有时也想否认这一看法。终于！这一天终将到来，那时人们认识到，一切高尚的文化现在还用民族的围墙将自己围起来，这只能使它自身受损。过去不总是如此。但是车轮已经转动，并继续转下去。

1879 年 7 月

41[24]

昏昏欲睡和满足就像节日里小城深巷中的阳光一样。

41[31]

结论：让我们成为那种人吧，我们现在还不是的那种人吧，即成为身边琐事的好邻居。

41[47]

众神也许还是孩子，把人类当作自己的玩具。他们无知而残酷，无恶意地破坏。假如他们年龄大些的话——

众神也许毫不关心我们，就像我们不关心蚂蚁堆穴一样，尽管——

1879 年 7 月至 8 月

42[27]

平衡。意志自由感产生于天平指针的摆动和停顿，动机的平衡亦如是。

42[52]

数千年过去了，在艺术作品的世界里没有进步可言。但在道德世界里是有进步的，因为这种进步存在于认识和科学之中。

42[68]

我是无神论者，在普尔塔①我从未作过饭前祷告。我也从未让老师培养我做礼拜监督员。真棒！

1880 年初

1[5]

说到善良和友好，欧洲没有达到高点：这证明它在这方面与基督教是背道而驰的。

1[77]

因为科学的特性有时会刺痛人，所以就诅咒科学，这也许就像聪明人去诅咒火，因为孩子或者蚊子曾被大火烧伤过。事实上，如今只有蚊子和孩子被科学烧伤——我说的是痴迷者。

---

① 普尔塔 (Pforta)，尼采少年时读书的学校名。这所由西多会修道院创办的学校水平很高，所教的课程有宗教、希伯来文、希腊文和拉丁文，学校体现着德意志民族特有的严谨、简朴和勤劳。诺瓦利斯、施莱格尔兄弟以及哲学家费希特都曾就读这所学校。

1[81]

艺术家的艺术有朝一日必将完全升格为人的节庆需求。不求闻达、默默创作的艺术家必将销声匿迹，继而出现在对快乐和节庆富于创意的人群中，而且站在第一行列。

1[93]

胆怯毒害心灵。

1[118]

我们在每个人面前会满怀一百个顾及和体谅；但我不明白，有人写作为什么就不能做到百分之百的坦诚呢？这真是休养生息呀！

1880 年春

2[31]

我们是通过盘旋在我们头上的那些话语而得到思想的。

3[19]

33. 我们现今在对哲学的态度上有个新东西，即信服——过去还从未有过——这说明我们没有找到真理。所有从前的人全都"有过真理"，即使是怀疑论者。

3[31]

68. 德国曾三次影响过法国。在三世纪，德国带去了野蛮的习俗和无知。到了蒙田①时代，德国带去了复生的第二个中世纪和宗教战争。本世纪，德国带去了德国哲学、浪漫主义精神和啤酒。

3[66]

125. 我们如今称之为非道德的一切东西，曾在过去某时某地是道德的。有什么能保证其名声不会再一次改变呢？

3[73]

134. 遗憾的是，耶稣没有活得更久，否则也许他会成为自己学说的第一个叛徒，也许那时他学会了欢笑，不会经常哭哭啼啼了。

3[103]

168. 我无法解释，犹太人是怎样从世上所有民族的身上把道德的崇高性在理论和实践上发挥到了极致。惟独他们成功地树立起了巴勒斯坦拿撒勒城的一个耶稣，惟独他们树立起了一个神圣的上帝，惟独他们编造了原罪，再加上先知、救世主——这些都是他们的发明。

3[118]

187. 诗人让认知的欲望去玩耍，音乐家却让它休息，这

---

① 蒙田 (Michel de Montaigne, 1533—1592)，法国哲学家、作家。蒙田的《随笔录》(3卷) 另辟蹊径，不断变幻视角地把握客观事物，并对道德哲学和人生哲学加以分析，因此在西方文学史上占有重要地位。

两种情况确实可以并存吗？假如我们完全投身于音乐，我们头脑里就不存在话语了——这倒轻松好多。一旦我们重新听到话语，并得出结论，也就是说，一旦我们理解歌词，我们对音乐的感受就是很表面的了。我们现在把乐感与概念结合起来，将它等同于情感，并在象征性的理解中训练。那是非常令人愉悦的！但是，随着我们思想平静的那种奇特而深沉之魔力的消失、随着抹去我们清醒思维的那种五彩缤纷的朦胧的消失，我们的愉悦也消失了。自然，一旦人们不再理解这些话语，一切就复归正常。好在这是一条屡试不爽的规律。正当的做法总是优先采用拙劣的歌词，因为它们不会引起人们对它的兴趣，人们不愿意理会它们。歌剧也要让眼睛忙碌不已，因为大多数人的眼睛比耳朵管用，歌剧的音乐要想表达得多，就要以眼睛为准，一旦有点新东西可看，音乐就要吹出有特点的喇叭声来，并以此为满足。——这就是野蛮的开始。

3[124]

195. 柏拉图必定经历过：他的思想学说受到一个比他更聪慧、更全面的才子的反驳。反驳他的人不久前曾经是他的门生。只要思想家把自己的知识看作自己的成果，只要心存那种可笑的父辈虚荣心，这种反驳便是哲人头上的一顶荆冠——有多少人不得不戴上这顶荆冠！反之，真理之友，亦即被骗的敌人或独立之友，在被反驳时会大声疾呼：我摆脱了一次大危险，我差点被自己的绳索给勒死。人们该祝福像叔本华那样怒气冲天但又霸气十足的人，因为他万万没有猜到，他在哲学上的胜利是多么短暂，其哲学上的闪光部分那么快就被认定是幻觉。

3[125]

196. 一旦书本知识让人相信了，那么天地间就多了一样东西；假如某个真理被发现，这种东西的数量就会减少，一系列所谓的星辰就黯淡无光了。当然这种情况不会马上出现！就像人们谈论星辰一样：当星辰早已坠落，其光芒才到我们身边。在谬误遭到反驳之后，它还继续射出光芒。若顾念人生短暂，那么一个谬误就足以使许多代人沐浴在它的光芒之中。当其光芒最终消亡时，它早已成为过客，不可能经历由它造成的极度痛苦，即看见那颗星辰陨落。

3[128]

201. 欧洲曾经让东方道德过度繁荣，就像犹太人想象并感受到的那样。如果人们沉湎于如此道德，并把道德神化，把非人性的东西植入道德中，那么人类不会成为最有思想的、最幸福的民族。他们过分拘泥，俯首听命，他们熟知东方人的鄙视，其目的是坚定自己的信仰；他们对待自己的信仰，就像亚洲人对待自己的君王一样，卑躬屈膝，顺从驯服，充满恐惧，了无独立的欲望。这样，他们就有了一种不安的、贪求的、自认为无害的幻想。这幻想就是产生高雅和道德自责的温床，也是那种野蛮的英雄主义的温床。这种英雄主义宣告自己献身于上帝，也宣告鄙视自己。基督教因为具有犹太人的个性特点而把犹太人不好的东西传给了欧洲人，即把内心不安感视为人之常情。因此欧洲人逃避自我，因此才有这种骇人听闻的行为，欧洲人都是盲目行事的。还有，基督教成功地让纯东方人的另类，即隐居的和尚道士作为"更崇高人生"的代表在欧洲大行其道。由此错误地批评其他的生活方式，扼杀欧洲的希腊精神。雅典人虽然觉得自己是最不安分守己的希腊人，但他们在我们身边是多么的安分守己！对自己、对其他美好事物显得多么充实！他们知道没有人凌驾于他们之上，他们也无需轻视自己。

3［129］

　202. 什么是幻想？幻想是粗糙的不纯的理性——它在比较和归纳时错误百出，速度不稳，被情绪任意支配。这种野蛮而又美丽如画的理性是虚假知识之母，也是"顿悟"（是思想之光和真理之光的混淆）之母；理性和幻想均有孕育力，但幻想容易繁殖，生殖出许多怪胎和笨蛋。理性是一种吃一堑长一智的幻想，这是因为眼力、听力、回忆能力不断增长的缘故。

3［137］

　210. 基督教产生于犹太教，而不是源于其他宗教。但它根植于罗马世界的土壤里，结出既有犹太特征又有罗马特征的果实。这个被钉在十字架上的基督教在天主教那里找到了罗马因素占上风的形式；而在新教中却是犹太因素占上风。这并不是因为作为新教思想传承者的日耳曼人与犹太人有什么亲缘关系，而是因为日耳曼人比南欧天主教居民离罗马人更远。

3[158]

243. 我们当今的教育的确有些令人痛心，是充满异味之碗，碗中杂乱无章地漂浮着竟是无味的碎片：基督教的碎片，知识的碎片，艺术的碎片，连狗都吃不饱的碎片。但所提出的治理这种教育的手段几乎同样令人痛心，这些手段便是基督教的狂热、科学的狂热、艺术的狂热，而提出这些治理手段的人也是站不住脚的，这仿佛是想通过罪恶来治愈缺陷。目前的教育看来真是令人痛心的，因为在它前方地平线上出现了一项伟大的使命，即对一切价值进行重估。为此，在把全部东西放到天平上衡量之前，先需要这个天平——我指的是最高智慧的最大公正性，狂热是这种公正性的死敌，现时的"全面教育"是它的醉态和领舞者。

3[161]

247. 不管什么样的社会文明阶段、社会状况和知识程度，对个人来说，获得一种人生幸福总是可能的。这一点身边的宗教和道德都想告诉并劝导人们。幸福感以及幸福和痛苦的水火不容，是否随着知识的增长、社会状况的改善和生活变得更方便而真的增强，这是值得怀疑的。因为在增强时，先前借以产生幸福感的力量不断消失或变弱。生活无忧和寿命延长——我们这个现代世界将其视为自己的成就而大加利用——也许是通过幸福感的减少换取的，而不是通过幸福感的增强。据此，为了个人幸福而去促进文化，这是一件大可置疑、也许是一件愚蠢的事情！但假如我们有朝一日身在福中，我们就只能促进文化！我们对自己重新高度自信，对自己的力量感到欣慰，不再害怕他人并要求与他人接近，友好地同他们竞争，拥有过多的财富、工具、孩子、侍从，这些我们都想要。总之，任何一种幸福感都驱使我们走上更高文明的轨道，并继续前进。困境阻碍我们前进，使我们转为守势、怀疑、对道德迷信，使我们过于严肃。文化是无数个人幸福渐进的后果，而不是他们的意图！就文化而言，个人的个性化越强，他的幸福就越具创造性，即使幸福的时间和幸福的强度短于和弱于处在文化低级阶段的幸福。假如人们想拒绝幸福之人对文化的促进，以便使普遍的幸福保持在高的水准，这就好比是，为了蚕的幸福而禁止蚕吐丝那般愚蠢。假如不能从幸福中做出有利于文化的事情来，那么人们对幸福的期许又是什么呢？——假如人们想把必需的表现压制住的话，那么无论是高级的还是低级的幸福都无法得到。由此得出结论：文化是幸福的表现。

1880 年夏

4[29]

"我的先生"这种称呼表明，"谦恭屈从"怎样被用来迎合众人，每个人怎样被人想到他首先是自豪和具有统治欲的。

4[33]

什么人类智慧啊！什么"天才"啊！创造出一部《浮士德》①，一种叔本华的哲学，一部英雄交响曲②，这些也并不是那么重要呀！

4[49]

我觉得，瓦格纳身上佩戴着太多的假钻石。

4[59]

当路德③的僧侣生活失败并感到自己成不了圣人之后，便大发雷霆，而且复仇心切，自以为是，就像他从前注重实

---

① 歌德于 1808 年完成了长篇巨著《浮士德》第一部分的创作，1832 年，他逝世前不久完成了《浮士德》第二部的创作。该作品描写了主人公浮士德一生不断追求、不断探索人生理想的历程。

② 这里是指贝多芬于 1804 年以"英雄"为题的第三交响曲，简称《英雄交响曲》。这部作品是贝多芬最著名的代表作之一，堪称浪漫派的创世作品。

③ 路德 (Martin Luther, 1483—1546)，德意志宗教改革家，原是奥古斯丁教团修士，讲解《圣经》的教授，1517 年公布《有关赦罪的 95 条论纲》。人们对论纲的争论引发了一场宗教改革运动，并在奥格斯堡国会导致德意志宗教和政治的分裂。尼采对路德的宗教改革采取了两分法评价，好坏兼而有之。

际生活，成为农民和铁匠一样。

4[77]

　　起先，道德根本不考虑个人的幸福，更多的是害怕幸福，想方设法抑制个人幸福（希腊人的"标准"）。道德想要的是超越个人时代、联合几代人的东西，而且是从群体的立场出发：个人对于集体、"国家"、人类等等而言是替罪羊。"我们只有作为整体才能保存下去"，这是最基本的信念。老人和王侯就是这么想的，他们想留给后代一个完好无损的群体。这里"美德"不是什么值得表彰的东西，而是被要求的、勿需赞扬的规则（如军事组织那样）。首先是在希腊发明个人表彰，而在亚洲只有王爷和立法者，无个体可言。尽管存在群体及其章程，但个人道德还是从苏格拉底开始了。

4[149]

　　人们谈论最肯定的是专门学科：每个概念都限定得很精确。而最不肯定的是道德，每个人对每个词语的感受不同，视情绪而定。这里教育被忽视了，全部话语都暧昧模糊，范围时大时小。

4[168]

　　因为道德是偏见的总和，所以道德会遭到某种偏见的扬弃。

4[173]

　　如今，我们何不用泻药来对付宗教狂热的倾向呢！

4[175]

权力感吗？禁欲也是达到权力感的手段（与上帝结合，与死者交往等等）。让世界死绝已是目空一切。

4[184]

人类在所有时代里都致力于获得权力感，他们为此创造出的手段几乎就是一部文明史。如今许多手段已经不行了，或者不可取了。

4[188]

上帝的无个性精神是希腊式的。犹太人有其民族的上帝，这是联盟的上帝，富有个性。基督教徒动摇不定，但比犹太人还犹太人。

4[194]

悲观主义或乐观主义，是根据软弱感（恐惧感）或权力感占上风的情况而产生的。

4[285]

任何时候我都是全身心地进行写作，我不知道什么是"纯粹的精神"问题。

4[295]

与世界之谜解答者和制度构建者相比，科学代表着更高尚的美德，即：中庸、公正、节制、温和、耐心、勇敢、简朴、沉默，等等。

4[299]

假如我们是怀着权力感采取行动的话，我们称这样的行为是符合道德的，并感觉到意志自由。怀着软弱感行事，则被视为无理智。因此，与其相随的情绪在决定着什么是"善"或"恶"的道德范畴。为此不断努力寻找引起这种情绪的办法。此为一种人性的状态！

"因权力行恶比因软弱行善更有价值"。换句话说，对权力感的评价比对任何功利和声誉的评价更高。

4[309]

"排尿意念"即：第一有一种压力和强迫性；第二是一种摆脱压迫感的手段；第三是一种习惯动作，想到排尿就动手用它。强迫和压力本身与排尿没有关系，因为压力不说"我想要"，而只说"我难受"。

4[317]

科学人员身上存在着士兵的美德和爽朗，但这种人不负最后责任。他们既严于律己又严于待人，为了善的缘故不期望表扬。他们是十足的男子汉，偏爱冒险，为了求知，敢于拿生命作赌注；他们嫉恨说大话，待人心地善良，又有点傻乎乎。

5[13]

人自身本该有行为标准了——可时至今日还在相信那种无比的愚蠢！良知啊！良知竟是对各种言行的好感和恶感的

总和，全是被模仿的感觉，是我们在父母和老师身上遇见的那种感觉！

5[20]

假如有谁绕路经过遥远的民族和星辰，最后讲述与自己有关的东西，就没有什么比这更让我感兴趣的东西了。

5[45]

语言自身承载着极大的偏见，并保持偏见。譬如，一个词语所表示的东西也许是一个过程：意愿、渴望、欲念——多么复杂的东西！这三个词中的痛苦（危急状况下的压力所致）被置于"向何处去"的过程中，而痛苦与此根本毫无关联，这是一个来自联想的习惯错误。"我如此需要你"。不！实际是我有难处，我指的是，你能排除这个困难（包括一种信念）"我爱你"，不！实际是我心中存在的某种渴望被爱的状态，我指的是，你会使这个状态得到缓解。这些第四格宾语啊！在这一切情语语词中都包含一种信念，譬如意愿、仇恨等等。痛苦和见解都与缓解有关——这是事实。说到目的同样也是如此。热恋便是一种狂热的执拗的见解，就是说，只有这个人才能减轻我的痛苦，这就是给人愉快和不愉快的信念，包括本身占有并足以有力抗拒任何失望，也就是真相。

5[47]

假如某人对自己的行为总感到吃惊（如极富激情的人那

样），就是说对自己缺乏事先估计，于是他便怀疑自己的自由。这时，人们常说是精灵的影响，于是，我们的某些想象和行为就有了规律性，它促使我们相信这里是自由的，能估计的、预知的！换句话说，从全知的上帝那里派出无所不能的力量——这里犯了一个常见的思维错误。智力上预知的权力感，与事先被知的东西是没有逻辑关联的；作为先知，我们想象自己是创造奇迹的人。事实是，"在某种情况下我们习惯于做这件事"，错觉是指"某种情况，即我现在想要做这件事"。"想要"是一种先入之见。事情总要发生的，并且是通过我们发生的。我事先知道会产生什么后果，并且看重发生的事情。即便如此，事情的发生不受我们的自由的支配，且经常与我们表面认识相反。然后，我们惊讶地说："我想做的，我却办不到"。我们仅盯着我们的本质看，也盯着我们的智力本质，一切意识只是滑过表面。

1880 年秋

6[61]

渴望权力是向上发展过程的标志，而渴望沉醉是向下演变的标志。老年人的欢乐是深刻地沉醉于事物、观念和人物，而奋发向上的人才是统治者——病者早就有了老年人的偏爱。

6[130]

理智是我们的欲望工具，仅此而已。理智从不会自由自在，它在各种欲望的斗争中变得锋利起来，由此使个别欲望的行动变得细腻起来。在我们最大的正义和诚实之中有权力意志，有追求我们个人无差错的意志，而怀疑只在涉及各种权威时才有。我们不想被人欺骗，也不想被我们自己的欲望所欺骗！那么究竟是什么东西不想被欺骗呢？肯定是欲望喽！

6[152]

把我们自己当作原因是荒谬的——我们对原因和效果知道些什么呢？

6[154]

"你不该杀生"——可是，我们不停地在扼杀他人的思想和成果。我们有必要不断地让自身的一些东西死去，以便让其他的东西活下来。像人生与不断的死亡并肩地走在一起一样：人类必须经常蜕皮。

6[163]

道德的进步是存在于利他的欲望战胜个人的欲望、大众的判断胜过个人的判断吗？这是现在的普遍说法。与此相反，我看到个人在成长，面对别的个体，他代表自己的正当利益（平等的公正性，只要他承认和促进作为如此的其他个体）；我发现判断变得越来越个性化了，而大众判断变得越来越平庸和千篇一律。我看到利他的欲望在那些动物（这是肯定自己欲望的族类）粗暴的利己主义身上反映得最强烈。利他的欲望是对个性认可的一种障碍，它要把别人变成同我们一样的人。我看到国家和社会有阻碍个性化的倾向，他们要造就同样的人。但是，普通的和相同的人之所以被渴望得到，原因就是弱者害怕强者，宁可用普遍弱化代替个性发展。我看到，当今道德在美化这一普遍的弱化，犹如基督教想把强者和有思想的人变成弱者，并使其人人等同一样。利他的道德倾向是人类温情脉脉的浆糊和软沙。普遍判断的倾向是情感的共性，是情感的贫困和虚弱。此乃人类末日的倾向。"绝对真理"是搞平均主义的工具，它吞噬一切充满个性的形态。

6[196]

学会沉默，学会离开。凡是某个矛盾成了生活的一部分并使我们的本质窒息的地方，都应离开。

6[240]

赞扬语文学：语文学作为研究诚实的手段。古代消亡的原因就在于诚实的沦丧。

6[257]

我们必须做到，以智性的厌恶态度去感受上帝和基督教圣者理想中不可能、不自然、全然是幻想的东西。榜样不应当是幻想的东西！

6[263]

积极主动的需求把我们同印度人的智慧分隔开来。

6[305]

人们用肉眼很仔细观察沸水运动，但还是丝毫不能理解沸腾的动因。当我们明白了剧烈活动的想象之网，——这些想象我们是完全意识到的——我们也丝毫不能理解人的行为动因。这些全是让人猜测是隐蔽之火的作用力，而要对隐蔽之火下个定义，那是荒唐而可笑的。

6[328]

在法国，机智喜欢装出天才的样子。在德国，天才喜欢显出机智的神态。

6[356]

怀疑主义！是的，但这是试验的怀疑主义，不是失望的惰性。

6[361]

我们愉快和不快的感觉系统生出分支，变得精细起来，我们的思想活动亦然。后者长期以为，它是完全有意识的，它知晓愉快和不快事物的原因。幼稚的人还认为，我们明白我们意欲作为的原因。其实，我们在行动之前，本来只能想象出可以对我们的行为做出解释的种种可能性，这还要看我们的认识水平的高低；但什么东西促使我们产生行为，我们通过行为本身也不知道。是的，永远都不知道！无论在行为前还是在行动后，我们都按照我们设想的人的动因这个常规来解释我们的行为。这个解释有可能是合理的，但解释中不存在真正促使我们行为的东西。给自己设定一个目的，也就是说给欲望提出一个思维形象，而该思维形象也要思索欲望。这是完全没有的事儿！思维形象由言语组成，它是最不确定的东西，它本身根本没有一条促使运动的杠杆。只有通过联想，通过思维和欲望机制之间的、逻辑上讲不通和荒谬的联系（比如思维和欲望也许会在严厉地发布命令者的形象里邂逅），思维（例如命令）才会"产生"行为。其实，这是并列现象。在目的概念和行为之间根本不存在因果关系，这里存在天大的欺骗，好像事情就是这个样子似的！

6[362]

我们用言语思维！人们知道什么是言语，多么相信思维能直接引起行动！这全是些小错误，但是我们的欲望却和这错误的领域靠得很近。任何欲望都有一系列五颜六色的随意东西与之相适应，它们被称为"言语"，结果是，一个词语便常常是一种信号而不是动因（比如喇叭声让火车头停下来）。我们的认识越是严格，我们对言语的限制越严，镜中图像就都是该图像的复制品！向认清因果的过渡是根本不可能的。我们的认识是一种描述，或多或少是不精确的，先后和并列倒很清楚，是一种图像的记忆（一种永恒的统一），好像是结合在一起的。

6[370]

考虑到围猎是几千年来的主要活动，因此我们的科学欲望也不是别的，就像男孩总在打猎一样。

6[384]

我尽管词斟句酌地考虑想说什么，然后带着全部意识去说，可是最终所说的东西丰富了成百倍，加进了别的东西（例如声调、停顿、伴随着的手势），原来所考虑的东西只是其中的一小部分。那么，原来未被考虑过的东西，即即兴的东西又是什么呢？

6[407]

戴假面具的人，即所谓有性格的人，他们不羞于亮出自己的面具。

6[429]

凡是对我们重要的关系，都与镜子里的图像有关系，不是真实的关系。与镜子里图像的距离是光学的距离，也不是真实的距离。那种"没有镜子便没有世界"的说法是胡说八道。但是所有的关系，即使很精确，都是对人的描写，而不是对世界的描写，因为这是最高的光学原理，我们不可能离开这个光学原理。这不是表象，不是假象，而是文字符号，用以表达不熟悉的东西。文字符号对我们来说十分清楚，是为我们而做的，是人类对事物的态度；对我们来说，事物是被文字符号包藏起来的。

6[430]

　苍蝇不能穿过玻璃。

6[431]

　我们看镜子看到的只是它反映的世界。

6[440]

　复制（想象）对我们来说要比感知容易些，只要感知就行了。为什么我们总是认为，即使在单纯感知（例如运动）时，我们的幻想就在帮助我们进行虚构，使我们省去对许多个别感知的努力。人们往往忽视这种行为，当其他事物对我们施加影响时，我们不是容忍，而是相反，立即以我们的力量去对抗其影响。事物触动我们的心弦，而我们却由此奏出乐曲。

6[444]

　我们大家以为，在嫉妒、仇恨等情感中，我们已知道什么是嫉妒和仇恨。——错了！思维同样如此：我们以为知道什么是思维。我们见到某些我们完全陌生的疾病症状就说，这就是某种疾病。我们衡量所有的道德状态，根据的是我们彼时的主观感觉，并称它们是符合道德的，但这种感觉是不精确的，十分粗略的。现在我们明白了，我们根据目的完全误解了意愿。就是说，我们也有可能误解所有的道德情感，也有可能错误地解释症状，即按社会的偏见进行解释，而这种社会权衡的是利与弊。

6[448]

你们视这些事物为思想，但是你们的思想并不是你们的体验，而是他人体验的一种回响。这种情形就像每当有车辆从旁边驶过时，你们的房间就震动一样。但我坐在车子里常觉得自己就是车子。

1880 年底

7[2]

只有在漆黑的黑暗中，我们才是完全的自我。成名致使我们被他人及其对我们的要求所包围。必须把名声扔进大海。

7[12]

有个职务是好事：人们把职务放在本人和他人的中间，这样才有自己的安宁和巧妙的藏身之地，能说能做人人期待我们的理所应当之事。早到的名声也可以如此利用起来，其前提是：在名声的背后，我们无拘无束地又在同自己嬉戏和取笑自己——别人是听不见的。

7[14]

德国人一会儿热衷于外国的东西，一会儿又复仇性地追求独创性（回顾往昔时为自己的羞耻心复仇）。十分优秀的德国人是富有创造性的，他们成了居间调停者，工作具有欧洲风范（比如莫扎特和那些历史学家等）。为了证明德国人的独创性不是天生的，而是功名心所致，德国人说，独创性在于完全的、巨大的不相同性。但希腊人不这么想东方人，罗马人也不这么想希腊人，法国人也不这么想罗马人和文艺复兴——于是他们都具有了独创性（起初他们可不是这样！起初他们天真未凿！）

7[15]

全部哲学——难道要证明它比一种欲望，比如成熟的水果、未变酸的面包、水、孤独，还有万物有序最适合于我的口味、最有助于我的健康的欲望更重要吗？其实哲学是寻求适合众人口味的特殊饮食的一种直觉，哲学仅是一抹和煦的阳光！在这阳光里，我接近自己特有的、无索无求的崇高性了，抑或只是植物繁茂、百花争艳之湖岸岩石上空一只蝴蝶孤寂的迷醉？无心过问这也许仅为一天光阴的生命，也无心过问夜间于我带翅的病体太寒？

7[26]

虽说基督教是同情人的宗教，可它在欧洲针对动物的残暴性是从何而来的呢？原因是，它不只是残酷对待人类的宗教。

7[38]

所谓"事物"是一种简单化，现在人想要理解自身，那么他首先需要语言；当人类说出自身如此众多的东西，最后就把人当作这些东西的总和来理解。

7[39]

我每天感到惊奇：我都不认识我自己了！

7[45]

"某某事幸亏有我!"这句话是真实激情的写照,是忘乎所以看问题的极致。

7[72]

我寻遍了那些典范人物,发现在他们中间没有我的理想人物。

7[83]

"多数人的幸福高于个人的幸福",这一原则足以使人类回到最低级的动物性上,因为该原则的反面("个人价值大于大众价值")提升了人类。

7[91]

我对独立性充满激情,我为它牺牲一切——也许因为我的心灵最不具独立性,我受千万条细小绳索捆绑的痛苦,多于他人受枷锁桎梏的痛苦。

7[94]

德国人懒懒散散,因而喜欢为自己树立榜样。有了榜样就省得动脑筋。

7[100]

美国人生活上的丑陋着实令人惊异(布勒特·哈特①小

---

① 哈特(Bret Harte, 1836—1902),美国西部文学代表作家,以描写加利福尼亚的矿工、赌徒、娼妓而负有盛名。他的代表作品是短篇小说《咆哮营的幸运儿及其他短篇》(1870)。

说都对此有过描述），但是他们能够发出笑声，对一切采取天真随意的态度。即便是流氓行为也做得有模有样，面对撒野、开枪和冒险也不惊慌。

7[111]

下个世纪的标志：第一、俄国人进入文明。这是一个伟大的目标，艺术毗邻野蛮而觉醒。青年人慷慨大方，幻想的疯狂以及真正的意志力；第二、社会主义分子。同样有真实的欲望和意志力。联想。个人影响力闻所未闻。这里，贫困的智者的理想是可能实现的。激昂的阴谋策划者、幻想者以及伟大人物都找到自己的同类。——力量年轻化和野蛮时代来临了；第三、宗教力量依然强大，足以导致一种类似菩萨的、超越宗教教派差异的无神论宗教。科学并不反对新理想，但这不会是博爱！一种新人必将出现。——我本人离这种新人很远，也根本不想成为新人！但新人是很可能出现的。

社会主义者和其他人大量牺牲个人，导致产生一个概括性的表达，曰：慷慨！商人冷峻的智慧将在对智慧和值得尊敬之物的绝对轻视中得到反应，结果蠢事迭出。

7[126]

这样走路是很危险的！我不能像夜游者——他饶有兴趣地在屋顶上游荡，神圣地要求别人不要直接说出他的名字来——那样向自己求助。"某某事多亏有我！"这就是我愿意听到的惟一安慰人的声音。

7〔133〕

别人说你坏话时千万不要克制自己！发誓这样做吧！

7〔141〕

我憎恶荣誉，它带来的只是女人之爱、声望、财富和幸福。我不想做个聪敏、中庸和智慧的人！孤独、桀骜不驯……

7〔146〕

人必须懂得放弃自己的事。

7〔164〕

把最好的精力和时光用在你们最好的地方吧！比这更好的东西是强求不到的！

7〔186〕

自尊者和独立者被人同情就会感到万分委屈。"与其被人同情倒不如被人憎恨"。

7〔229〕

我喜欢美国人的笑声，像马克·吐温①那一类粗野水手

---

① 马克·吐温（Mark Twain，1835—1910），美国小说家、幽默家。早期作品多为轻松幽默的诗歌散文，后来逐渐演变为对人类虚荣、伪善以及残忍行为的揭露和讽刺。他的著名小说《汤姆·索耶历险记》和《哈克贝里·芬历险记》生动描绘了密西西比的边境生活。海明威曾说过："一切当代美国文学都起源于马克·吐温一本名叫《哈克贝里·芬历险记》的书"。

的笑声。德国没有什么事情让我笑过。

7[248]

我说"你们"这个词太多了吗？但是事物对我说话，我回应事物，它们宠坏了我。

7[258]

人们应当学会说话。可是，如果你一年不说话，连废话也说得少了。

7[279]

在德国，狭隘的、奴役的思想充斥一切，上到最受人尊重的艺术家和学者，下至最小的城乡小报——更兼对一切自立的人士和民族，玩弄毫无思想的厚颜无耻的伎俩。凡此种种，令我无法忍受。还有，人们匆忙而畏惧地赞成当下，怀疑未来，又互相责备，似乎是在用浮华的表面享受，以消心中之愁。

7[280]

的确有这样的人，他们认为，凡是他们称之为德国的东西，就应该受到敬重。这表明民族愚蠢和无耻到了极致。

1880 年—1881 年冬

8[45]

追求舒适和安逸这种该诅咒的倾向注定德国人的思想平庸，使他们失去参与决定一切大事的能力，如幸福问题。假如有人惊扰他们，他们的情绪就会变得恶劣至极，胸襟狭隘得无以复加，怀着平庸者的那种气短的报复欲，必定要随时去刺痛别人。

8[60]

就我而言，我不了解这种人：他想成为一个符合好声音所要求的那种人；在他不知道这里的好声音向他发号施令之前，他就不敢爱、不敢恨、不敢判断。我肯定是不懂美好的社会论调的！我瞧不起那种从众的人！他们向前注视，目的只是想知道别人对自己的行为说什么！他们总想着别人，不是利于别人，而是怕在别人面前变得可笑——假如他变得可笑了，别人就在他身上找乐子了！多么可怕呀！——可我们为什么就不能提供笑料呢！假如我们周围的人心情愉快了，我们自己也有好处呀！——"可是，他们大笑时就不再尊重我啦！"——可他们为什么要怕你们呢？假如我身上可笑的地方足够使我失去尊严，我会痛心疾首的！而这种事情就发生在爱慕虚荣者身上，在他们犯了标签式的错误之后想毁掉自己。

8[76]

抛弃一切人性的、社会的、道德的桎梏，直至我们能够像孩子那样雀跃跳舞。

8[98]

科学带来许多益处。如今人们怀疑宗教及与其类似的东西，想完全听命于科学。错了！科学并不能指挥，并不能指明道路。相反，人们只有知道自己意欲何往，科学才能派上用场。普遍相信这一神话：凡是对人类最有用、最不可或缺的东西，就是被认知的知识，——知识同样可能弊大于利——最高形式的道德在极度光明之下也许是不可能的。

9[14]

僧侣以贫穷、贞洁和顺从脱离俗世，尤其是以顺从这个美德，但从根本上讲是以上述三种美德——他们放弃了权力意志：他们不仅从"世界"里溜走，而且更主要是从一种文化里溜走。这种文化在权力感中觅得幸福。他们退回到更古老的文化阶段上，此阶段的文化试图以精神陶醉与希望完好地保护贫困者、弱者、孤独者、未娶妻者和无子女者。

9[17]

"许多朝霞还未发出光芒。"——（印度教）《梨俱吠陀》。

1880 年春至 1881 年春

10[D67]

客体和主体——有缺憾的矛盾体。它们不是思维的出发点！我们让语言迷惑自己。

10〔E92〕

瓦格纳是我们时代首个从众艺术的统一中去追求崇高目标的人。他在这方面已开始进行试验。

10〔E95〕

就我们对所能认识的世界而言,世界是我们自己的神经活动,仅此而已。

1881 年春至秋

摘自: 11〔2〕

我们不能让生命从我们自己的手中溜走,不因为追求一个"目标"而溜走——而是要收获我们全部季节的果实。

11〔6〕

从本质上看,女人是被人赡养的,不用干活,她们的生活方式也许可以立即变成哲学意义上的一种存在!但是人们看到她们站在摆满华丽衣物和织物的橱窗前面!

11〔7〕

主要观念!不是大自然欺骗我们,欺骗个体,也不是大自然由于被我们蒙骗而去促进实现其目的,而是个人按照自己的错误标准编造出一切事物的存在;我们想以此认为自己是对的,结果"大自然"反倒不得不以骗子身份出现。事实上就不存在个人真理,而只有纯粹的个人谬误——个人本身就是谬误。我们所想的一切本身就是我们不知道的他物,我们首先把意图、欺骗和道德置入大自然中。但我把自负的个体和真实的"生命体系"——我们每个人都是这个生命体系中的一员——区别开来，但人们把这两种东西混在一起了。而"个体"只是意识感觉、判断和谬误的总和，是被综合思考和编造出来的一种信念，是真实的生命体系中一个或多个环节，一个没有立足点的"单元"。我们是一棵大树上的幼芽——从树的利益出发，我们知道自己会变成什么呢！但我们有意识，好像我们想要、应该成为万物似的，这是"自我"和一切"非自我"的幻想。算了吧，别再以如此个人的幻想去感受啦！逐步去学会抛弃臆想的个体吧！揭开个人的谬误吧！看清个人主义是个谬误吧！当然也不要把利他主义作为对立面去理解！这也许是对其他臆想的个体之爱吧！不！超出"自我"，克服"你自己"！从宇宙的高度去感受吧！

11[12]

在意识中，先于有目的的行为的东西是很不确定的，例如咀嚼前不清楚咀嚼的形象。假如我从科学角度更仔细地考察一下，那么这种东西不会对行为本身构成影响。我们事先对其一无所知的无数单个运动还是发生了。再比如舌头的聪明远远高出我们意识的聪明。我否认我们的意志会产生这些运动；运动产生了，可我们并不知道——我们也只能通过（触觉、听觉、色觉）标志以及在个别细节上和瞬间中来把握运动的过程，它的本质以及它的连续性的过程，我们同样是不清楚的。也许幻想在对抗真实的过程和本质，这是一个虚构。我们已习惯这种虚构，并把它当作本质来对待。

摘自：11[13]

我猜想，我们只看见自己所熟悉的事物，我们的眼睛在观察万物形象中得到不断的训练：形象的绝大部分不是感官印象，而是幻想的产物。只有细小的动机和原因来自感官，随后将其杜撰出来。要用幻想取代"无意识"，这一切不是无意识的结论，毋宁说是率性而为的、致使幻想产生的那些机遇。（比方说，当浮雕替代品突然变成给观众看的浮雕时。）

11[37]

第一，我们不知道行为的动机；第二，我们不知道我们所做出的行为；第三，我们不知道行为会有什么结果。但我们相信在这三种情况的反面，即臆想的动机、臆想的行为和臆想的结果。它们已属于我们已知的人类史，它们也将以这三种谬误的总和影响着人类未知的历史。

在任何情况下均不存在一个必须做的行为，而是存在人的许多理想，不管它"自身"是有益还是有害，理想是人对少量知识或多或少的虚构——我否认绝对的美德，因为我不知道人类绝对的目标是什么。人必须了解健康状况，目的是看出疾病——但健康本身是一种想象，即根据现有情况产生于我们心中的想象。斯宾塞①说："过渡状况充满无法适应的痛苦"。恰恰是这种痛苦才是最有益的！

11〔39〕

就像疾病缠身一样，自己牵累自己——于是我发现了有才能的人。

11〔79〕

美和丑等等是比较陈旧的判断。一旦判断需要绝对真理，这种审美判断就突变成道德要求。

一旦我们否认绝对真理，我们就必须放弃一切绝对要求，回到审美判断上来。其任务是：创造一系列平等的美学价值评估。就个人而言，每次价值评估就是最后的事实和事物的标准。

把道德还原于美学！！！

11〔120〕

为科学我需要全部胆量。

11〔124〕

假如欲望变得更理智点，欲望会有一个新的名称、新的魅力和新的评价。人们常用旧时的欲望同它进行对照，当成

① 斯宾塞（Herbert Spencer，1820—1903），英国哲学家、社会学家。他于达尔文发表《物种起源》之前就提出了进化的中心思想，著有论及哲学和科学等多方面的著作，其中《第一原理》和《伦理学原理》是其最重要的哲学著作。被称为"社会达尔文主义之父"。

它的矛盾体（譬如残酷）。某些欲望，比如性欲通过理智能变得高雅（博爱、崇拜马利亚和圣者、醉心于艺术；柏拉图认为爱知识和爱哲学是性欲的升华），而且还保存着它那古老的直接效果。

11[131]

一个运动的产生，第一是通过直接刺激，譬如青蛙大脑半球被切除之后就不会产生自动的活动；第二是通过对运动的想象，通过我们内心的过程形象。这是最高的表面形象——当人们想象咀嚼这个动作时，对咀嚼又知道什么呢！——但人眼和大脑中的过程形象，无数次地听从由刺激而引起的过程，最后产生联系。这种联系又是如此牢靠，以至出现反过程：一旦那种形象出现，相应的运动也就产生，那种形象是引发性的刺激。

为使刺激确实起到引发性的作用，刺激必须比一直存在的反刺激强大。譬如说不得不取消懒散、安逸的乐趣。过程形象的作用不总是引发刺激，原因是存在一个实在的更强大的反刺激，我们在这里称之为"想要但不能"——反刺激不常在我们的意识里，但我们觉察到有一种反作用力，它使形象刺激变得无力，尽管形象刺激是那么明显。这里是一场战斗，尽管我们不知道谁在战斗。当反刺激变弱时，导致行动的意志便产生了——我们一直发觉有阻力，而这种被解释错了的阻力，在意愿实现时便产生一种附带的胜利情感。由于解释错误，我们就有了相信自由意志的源头。所谓"我们"不是使想象获胜的我们——想象取胜了，是因为反刺激变弱了。但是机械动作与我们的为所欲为毫不相干——我们根本就不知道它！我们怎么只会"想要"它呢！譬如伸出手臂对人的意识来说是什么呢！！

11[138]

我们的记忆是建立在相同看待和相同认识一切的基础上的，也就是说，建立在观察不精确的基础上的。记忆本来就是最粗略的，几乎一切东西都被它视为相同。作为我们的引发性刺激的想象的作用来源于：我们把许多想象总是当成相同的东西去想象和感受，也就是说，是建立在粗略的记忆基础之上的，此记忆视万物相同；也是建立在幻想基础之上的，由于惰性，此想象把实际上的不同的东西看成相同的。对脚的动作的想象就完全不同于旋即发生的脚的动作！

11[141]

相同事物的轮回

(草稿)

1. 基本谬误的合并。

2. 激情的合并。

3. 知识和正在消亡的知识的合并。（认知的激情）

4. 无罪者。个人是试验品。生活的简便、屈辱和弱化——这是一种过渡。

5. 新重点：相同事物的永恒轮回。我们的知识、谬误、习惯、生活方式对未来的一切无比重要。如何对待余生，我们是在根本无知的状态下度过一生绝大部分光阴吗？我们讲授一种学说——最有力的手段是把学说同我们自身合并，我们的极乐是讲授这伟大学说的教师。

　　　　　　　　　1881 年 8 月初写于锡尔斯-玛丽亚①,

　　　　　　　　　海拔 60 000 英尺，凌驾于万物之上！

　　关于第四点，漠视的哲学。从前最刺激的东西如今其效果完全不同，仅仅被看作游戏和有游戏作用的东西（激情和工作），原则上把它当成一种不真实的生命加以摈弃，可在美学上却被当作形式和刺激来欣赏和保护。我们像孩子一般对待以前构成生存严肃性的东西，应把我们追求严肃的东西理解为不断变化的，我们不承认自己是个体，尽可能用多数人的眼光看世界。我们生活在欲望和忙忙碌碌之中，目的是使自己清醒，有时听任生活的摆布，目的是在此之后平静生活，某些时候超然于生活。保持这些作为一切认识基础的欲望，但要知道它们什么时候会成为认知的对手。总之，等待认识和真实能合二为一到何种程度——等待人变化到何种程度，假如人最终只是为了认识世界而生存的话。——这就是认知激情的结论：对认知激情的存在而言，没有任何手段能

---

　　① 锡尔斯-玛丽亚 (Sils-Maria)，瑞士的一个小镇。

保持它作为认知的源泉和力量。认知激情从斗争中获取持久之力。——关于这种生活，从总体看与舒适的生活又有什么不同呢？在智者眼里，这是一种儿戏，它拥有掌控这种和那种状况的强权，倘若这种生活不可能维持下去，那么它还有掌控死神的强权。——如今，最沉重的认知已来临，使各种生存变得疑虑重重：必须证明快乐的绝对过剩，否则就必须选择毁灭自身当作毁灭人性的手段。仅这一点：我们就必须把历史——我们的历史和所有人类的历史——置于天平上称量。不！这段人类历史将和必将会永远循环，这点我们不要再考虑了，我们对此不可能施加任何影响，不管我们的同情心因此更重，也不管我们甚至反抗这种生存。为了不致被此事掀翻在地，我们的同情心不可过大。漠视和享受的观点必须深入到我们的心坎，即便未来人类的痛苦与我们无关。我们是否还想活下去，但问题是：怎么活呢？

要考虑的是，我有过不同的崇高的思想状态。它们是不同章节及其材料的基础，是每个章节中的表述、报告、激情的调节器。如此使获得我理想的复制品，仿佛用的是加法，然后向上提升自己！

11[142]

我说话就像接受上帝启示顿悟者一样吗？那样的话，就请你们蔑视我，别听我的。你们还需要上帝吗？你们如此让人提供廉价的嗟来之食，你们的理性难道不恶心吗？

11[143]

"如果一切是必要的,我能掌握自己的行为吗?"观念和信仰是个重点,它同其他重点一道压在你身上,比其他的重点还重。你说,食物、地点、空气、社会在改变和决定着你吗?如今,你的观点作用更大,因为这些观点决定了你的食物、地点、空气、社会。假如你把思想中的观念合并在一起,这观念就会改变你。不论你做任何事情,都有一个问题,即:"这是我无数次想做的吗?"此乃最大的重点。

11[144]

假如我们还在相信罪恶,这也许太可怕了。相反,不管我们无数次重做什么事,这倒不是什么罪过。假如万物永远轮回的观念没有征服你,这不是罪孽。反之,也不是功劳。——我们对所有先辈的看法比他们对自己的看法要宽容,我们感到悲伤的是他们合并了的谬误,而不是他们的恶行。

1. 最强有力的认识。

2. 各种见解和谬误改变人并给人以欲望——或者说,合并了的谬误。

3. 必要性和无辜。

4. 生存之游戏。

11[148]

力的世界不会忍受弱化,这是因为,否则它会在无限时间中变弱和走向毁灭。力的世界也不会忍受停滞,这是因为，否则它就会被赶上，而且生命的时钟也会停滞。所以，力的世界绝不会进入平衡状态，绝不会有一刻停滞，它的力和运动每时每刻都一样大小。不管这个世界能达到何种状态，它必须达到那种状态，而且不止一次，是无数次。这一瞬间就是这样：曾有过一次和多次，并将同样轮回，一切力如现时一样分布精确，瞬间的情况同样如此，瞬间诞生出瞬间，随着瞬间又生出现时的孩子。人啊！你的整个生命像沙漏一样一再地倒置，一再地流光——期间有个伟大的时分，直至所有条件——你就是在这些条件中、在世界循环中变成你自己——重新聚集。然后，你又发现每次痛苦、每次快乐、每个朋友、每个敌人、每个希望、每个谬误、每根草茎、每缕阳光，即万物的整个联系。这个轮回永放光芒，你是轮回中的一粟。人类生存的每次轮回都有这一时刻：一种最强有力的思想首先出现在一个人身上，然后出现在许多人身上，接着出现在所有人身上。这就是万物永远轮回的思想——对人类来说每次都是正午时刻。

11〔159〕

在我们生命中印上永恒之图像吧！这个观念比所有的宗教内容丰富得多。宗教蔑视这种生命，认为它是短暂的，教人盯着另一种不确定的生命。

11〔161〕

不要盼望那种遥远又陌生的极乐、赐福和赦免，而要这样活着：活得使我们还想再活一次，想永远如此活着！——我们的使命每时每刻在走近我们。

11[163]

像同时代人嘲笑从前的宗教幻想一样，我也嘲笑政治幻想。这种政治幻想首先是世俗化、信仰现实世界，忘记"彼岸"和"后世"。政治幻想之目的乃是使短暂的个体得到舒适，所以社会主义成了它的果实。就是说，短暂的个体想通过公有化得到幸福。他们没理由像人们期盼永恒灵魂、永恒变化和将来变得更好那样去等待。我的学说告诉你：你怎么希望就怎么活，再生乃是使命——你无论如何都将成为这样的人！奋斗给予你最崇高的情感，你就去奋斗；安宁给予你最崇高的情感，你就安宁；适应、追随、服从给予你最崇高的感情，你就听从。但愿一个人意识到：什么给予你最崇高的感情，你就要不惜任何手段获取！这关乎永恒！

11[170]

对于艺术品中的艺术，我想要讲授一种更崇高的艺术，这就是杜撰庆典的艺术。

11[175]

基督教反对古代文化的行为多么卑鄙，它把古代文化说成了魔鬼！这种诽谤性的恶语中伤无耻到了极点！

11[181]

第一、假如一个人每年赚有 200 到 300 个塔勒①，不管他在选择人生职业时是做官、经商还是当兵；第二、假如他收入如此丰厚还要谋取一个费时的公职（包括当学者）；那么这种人就不再受到我的尊重。怎么说呢！他们是有理智的人吗？想结婚却失去婚姻生活的意义！

11[195]

正午和永恒

指导新生活

查拉图斯特拉②生于乌尔米湖畔③，30 岁时离别故乡，来到亚利安省，在深山中离群索居十年，完成了这部阿维斯陀古经④。

11[196]

认识的太阳在正午时分再次出现：永恒之蛇蜷卧在阳

---

① 塔勒（Thaler），15 世纪末以来主要铸造和流通于德意志等中欧地区的一系列大型银币的总称。
② 查拉图斯特拉（Zarathustra，约公元前 7—前 6 世纪），波斯琐罗亚斯德教的创建人。尼采伪托查拉图斯特拉的大名写成这本书，书中所说的大道理跟查拉图斯特拉没有关系，其实是尼采一家之言。尼采说：《查拉图斯特拉如是说》"这部作品的基本构想是永远回归思想"。
③ 乌尔米湖（See Urmi），位于伊朗西北部，接近土耳其。尼采的《查拉图斯特拉如是说》中主人公查拉图斯特拉即来源于此。
④ 阿维斯陀古经（Zend-Avesta），琐罗亚斯德教经典，其教义为神学上的一元论和哲学上的二元论。

光下——这是你们的时刻，正午的兄弟们啊！

11[203]

让我们验证一下，反复循环这个观念至今的作用怎样（比如年份或周期性疾病，醒着，睡眠等等）。即便循环重复现象只是一种可能性，就是这可能性的观念也会使我们震惊，使我们改变的不光是感受或某些期盼！永坠地狱的可能性多么起作用啊！

11[206]

万物轮回：天狼星、蜘蛛和你的观念都是这样；而你的万物轮回这个观念也是这样。

11[234]

好极了，采用力学足以满足我们的需要（机器、桥梁等等）。这需要的确是很大的，"小的误差"不在考虑之内。

11[250]

别后悔！以善行变恶事为好事！

11[266]

人不吃肉是因为不想吃掉人的灵魂，这只不过是厌恶食人肉的行为而已，印度人和毕达哥拉斯就是这样。不要同情动物！为杀生而痛苦是完全没必要的。考虑到动物的可能的自然死亡，人杀死动物一般来说是减轻动物世界的命运，更何况是动物不能预见死亡。——谁不想靠"活物"活着，但愿他也饶了植物吧！基督教圣者的同情是对心中有鬼之人的同情，不是对"活人"的同情。

11〔283〕

　　耶稣是大利己主义者。

11〔296〕

　　谁仇视或者轻视异族血统，那他还够不上一个个体人，而是人的一种原生质形态。

11〔312〕

　　凡是不相信宇宙循环过程的人，就必定信仰专横的上帝——我的观察就是以此为条件的，它与迄今为止所有有神论的观点不同！

11〔318〕

　　你们认为：你们到再生还有很长时间的安宁——但你们不要弄错，在意识的最后瞬间与新生命出现之间是"没有空闲"的！这个过程疾如闪电，即使活着的人类万亿年之后去测算也无法测算出来。一旦理智逝去，时间永恒和连续性将一致协调。

11〔339〕

　　你们现在都准备好了吗？想必你们亲身经历过各种不同程度的怀疑，怀着快乐的心情在冰冷的河水里洗浴过——否则你们没有权力享有这个思想；我十分情愿防止轻信和狂热！我要预先保护我的思想！我这思想应该是最自由、最爽朗、最崇高之人的宗教——是金灿灿的冰层和纯洁的天空中的一片可爱的草地!

1881 年秋

12[24]

我们创造的这个世界,啊!我们是多么爱她呀!

这个被科学所发现的世界,她对我们是多么陌生啊!

12[45]

我们的道德品质有多少不同的年龄啊!

12[68]

爱默生①

从未有一本像写爱默生的书那样使我有宾至如归之
感——它和我太贴近了,我不可以夸奖它。

12[71]

饮酒使人回到已被克服的文明阶段上,一切食物总是在
昭示往昔——我们就是从它变来的。

12[72]

不!我不想比现在的我衰老。也许那个时刻还会来临,到
那时连雄鹰也不得不胆怯地仰视我(就像仰视圣约翰那样)。

———————————

① 爱默生 (Ralph Waldo Emerson, 1803—1882),美国思想家、文学家,诗
人。他的主要成就在于他的哲理味浓郁的散文。他没有自己完整独立的
哲学思想体系,超验主义思想也非他所创,但他的思想具有一定连贯
性,并反映在他的"超灵说"中。

12[74]

　　有人说所有事情和每个事件都是意志行为的结果，而且这已得到解释，勿需再解释——野蛮人和叔本华可谓不谋而合，他们都相信这个。从前，这种信念控制住了人类，而这是纯粹返祖现象，在欧洲中部19世纪出现过和被推崇过。相反，意志不参与任何事情的发生——尽管表面看来是参与的——几乎得到证实！（针对极小的事情，意志可能参与！）

12[77]

　　上帝死了——是谁杀死了他？杀死这个至圣至强者的那种心情，个别人肯定以后还会有——如今还为时尚早！还太微弱！这是谋杀中的谋杀！我们是以谋杀者的身份觉醒的！这样的谋杀者怎么自慰呢？怎么洗刷自己呢？难道他不应该使自己成为至圣至强的诗人吗？

12[80]

　　这个人特异的地方在于，他看到大家看不到的事物。

12[128]

　　你今天反驳你昨天教导别人的东西——是昨天而不是今天赞成这样做，查拉图斯特拉如是说。

12[172]

　　当那个印度人决意排尿时，恨不得用尿淹没整座季斯纳坚城。

13[17]

哲学家的谬误与我何干！

14[8]

整个世界确实与我们有关，我们的需求、欲望、快乐、希望、颜色、血统、幻想、祈祷和咒骂都根植于这个世界之中——这整个世界是我们人类创造的——我们忘记了这一点，以至后来臆想出一个创造一切的造物主，抑或我们被"从何而来？"这样的问题苦苦折磨着。如果说语言是一个民族的古老诗歌，那么整个可感受的直观世界就是人类的原始诗作。连动物已经在这里开始创造了，这一点我们一下子就继承下来了，就好像这是现实本身一样。

15[20]

爱命运首先是必要的事，况且，你能做到如此完美！"爱那些必要的事物吧！"——"amor fati"①，这就是我的道德，我献给它美好的祝愿，将它高举，使它超越其可怕的来源，呈送到你的身旁。

15[49]

迄今为止，上帝为每个出现的有生命之物负责——人们没法猜到上帝对它有何打算；当每个有生命之物被烙上痛苦和

---

① amor fati（"热爱命运"、"命运之爱"），斯多葛派用语。尼采借用这个语词来表达自己的永恒循环思想。人不应该希冀事情会换一种样子，它不在前也不在后，而在永恒的全体之中。

衰弱的印记之后，人们就猜想，这个有生命之物应该被"生活"和"俗世"的欢乐治愈，比其他生命更快地治愈，并打上了希望和宽恕的印记。一旦人们不再信仰上帝和彼岸对人的决定作用，人就会对所有物负责。有生命之物是从痛苦中诞生的，并事先注定对生命是无欢乐的。"你不该杀生"——这理应是事物的一种秩序，在那里有个上帝主宰生杀大权。

15[54]

你感觉到，你也许不久将告别人生——这种感受的晚霞映照在你的幸福中。请注意这个明证：这意味着你爱生命，你爱你自己，你爱的是迄今为止所遇到的和造就你的生命——这意味着你追求生命的永恒。non alia sed haec vita sempiterna！（"不管什么方式，但生命不灭"）。

但你也要明白呀！非永恒性一再唱起它的短歌。当听到歌中第一段歌词时，由于渴望永恒使人几乎死亡，想到这歌声会永远逝去。

1881 年 12 月至 1882 年 1 月

16[2]

人们把医生和疾病忘掉时才能康复。

16[8]

伊壁鸠鲁学派对神的想象最有价值。不受制约的东西怎么可能与受制约的东西有关系呢？不受制约的东西怎么可能是它的原因、它的法规、它的公正性、它的爱和它的天意呢？"假如有神存在，他们也不为我们劳神费心。"这是全部宗教哲学惟一真实的原则。

16〔13〕

假如你曾戴过锁链，你对锁链碰击声会有一对敏锐的耳朵。

16〔14〕

想要名声的人必须在成名之后学会过平平淡淡的生活。

16〔15〕

前进！一旦我想在此停下，那也许是因为我认为我迷了路——停滞不前没有好处，只会有头晕目眩的可能，这是可怕的。前进吧！

1882 年初摘录爱默生《随笔》

17〔4〕

我想亲身经历这全部的历史，占有一切强权，不屈服于国王和任何大人物。

17〔7〕

有谁能够画出自己不变为树的树！

17〔15〕

诗人和英雄都不可小视孩子的言语和手势。孩子的天性伴随着天生的能量，他极少重视自己的痛苦，沉溺于以上帝的名义乞求做个高尚的接受恩赐的人。

17[21]

在天才的任何作品中，我们都重新发现了自己的被摈斥了的思想。这些思想以某种陌生的高贵姿态回到我们的身旁。

1882 年 2 月至 3 月

18[5]

爱默生对我说出了心里话：在诗人、哲学家以及圣者看来，万物是朋友、是奉献，一切发生的事情都是有用的，每天都是神圣的，每个人都是有神性的。

1882 年 7 月至 8 月

1[9]

死后的生命。——有理由信仰"死后的生命"的人就必须在活着的时候学会忍受自己的"死亡"。

1[11]

理想。——眼睛看到一切，惟独看不到自己。因此，即便我们已经实现了理想，但我们总还是看到我们的理想在自己的前面。

1[54]

我们反对他人比反对自己更加真诚。

1[65]

我是一个故意唱反调的人，是上帝的起诉人。

1[77]

　有信仰的人是信教者的死对头。

1882 年夏至秋

2[27]

　一切写作中都存在着无耻。

2[45]

　智者的危险在于，他热爱非理性。

摘自：3[1]

在海上

格言集

尼　采

　去大海是我的向往，
　我笃信自己的选择。
　我的热那亚航船啊，
　驶向敞开的蔚蓝海洋。
　一切于我是那么新奇，
　时空在远方闪放光芒。
　祝福你，我的航船，
　祝福你，我的舵手，
　愿你们永远劈波斩浪！

168. 再过 100 年，报纸上的一切话语都会发出臭味。

240. "这事我已经做了"，我的记忆力这么说；"这事不可能是我干的"，我的自豪感这么说，且语气强硬。最终记忆力作了让步。

275. 一个人性感和性爱的程度和方式，一直升华到他精神的最后高度。

293. 爱生命几乎是爱长寿的反面。一切的爱都想到眼前和永恒——但从未想到"长久"。

303. "你不了解女人，你有时谈论女人怎么会言之有理呢？"对女人来说，没有一件事是不可能的。

311. 想要去爱别人，显示出自累和对自身的厌恶；但想要被人爱，则显示出自己的要求和自私自利。爱别人的人把自己赠送掉；想被别人爱的人，是想得到他人的赠予。

313. 男子的成熟是：重新找回认真，即自己儿时玩耍时的那股认真劲儿。

"Ella guardava suso, ed io in lei"——但丁[1]说。

但我在她心中。

343. 人独自抗拒地心引力的方向：他想不断向上。——

---

[1] "Ella guardava suso ed io in lei"，但丁语，其意思是：她望着天堂，但你望着她。但丁（Dante，1265—1321），意大利诗人，文艺复兴运动的先驱，作品具有人文主义思想萌芽，早年参加反对封建贵族和教皇的斗争，后被判终身放逐。代表作有抒情诗集《新尘》、史诗《神曲》等等。

但总是掉下来。

374. 根本就不存在道德现象；只有用道德来解释某些现象（一种错误的解释！）

430. 假如一个人总是做"学生"，他就不会很好地报答老师。

431. 这就好比一棵树：树越想往上长越要光亮，树根越是朝反方向拼命伸展，向里面、向下，朝暗处，朝深处，朝宽处——如人所云，朝"恶"处。

3[3]

菲诺港①

正午之友和永恒之友啊，

我坐在这里等候——是等候？一无所有，

是善恶的彼岸和光的对岸

不再渴望光明的善恶彼岸，

也不再渴望彼岸的黑暗。

1882 年 11 月至 1883 年 2 月

4[44]

他试图倒立时，就快乐得像头大象。

_____

① 菲诺港 (Portofino)，意大利热那亚的一座小城，风景秀丽，是旅游度假胜地。

你没有勇气失去自己和走向毁灭，那么你就永远不会新生。今天是我们的翅膀、颜色、衣服和力量的那些东西，明日都将化为灰烬。

婚姻对既不能爱也没有友谊的人来说——就大多数人而言——是合理的；也许对既能爱又善于交谊的极少数人来说，也是合理的。

摘自：4[58]

"你"比"我"老，并也还继续活在我内心。

"我"——这是一种辅助性的假设，目的是对世界进行思考——完全就像材料和原子。

摘自：4[71]

科学之人的命运就像搓绳子的人那样：绳子搓得越长，但他本人得越多往后退。

摘自：4[76]

你们应该保持内心混乱，因为来者要从混乱中脱胎而出！

4[81]

我不想再有这样的生命。我是怎样忍受了这种生命啊？创造。什么东西使我一直注视呢？注视着肯定生命的超人。我曾试图肯定自己——啊！

4[122]

　　　　我曾坐在这儿等待——

　　　　善与恶的彼岸：

一会儿享受光明，

一会儿享受阴暗：

这全部只是游戏。

这整个大海，整个正午，

这整个没有目标的时代。

4[141]

瓦格纳将成为孤独之人，他不知骄横狂妄为何物，在这方面他走得最远。

4[145]

整个大海，整个正午，

整个没有目标的时代。

孩子，玩具，

突然一变成二，

查拉图斯特拉从我身旁走开。

4[162]

这个最后的人——不断地轻咳，享受自己的快乐。

4[168]

这些人想玩掷色子，那些人想玩数字游戏，还有些人总想看波浪和波浪之舞——他们都称之为科学，边说边大汗淋漓。

但这是想玩自己的游戏的孩子。真的，这是美好的幼稚行为，发出点笑声是无损于这游戏的。

4[181]

对我们来说，猴子是令人痛苦的羞耻物——对于超人来说，我们也是羞耻物。

4[184]

你们刚刚诞生便开始走向死亡。

4[187]

无论我到什么地方，我的狗总跟着我。它的名字叫"自我"。

4[198]

目标：突然间找到超人。为此目标我忍受一切！三体合一！

正因为有如此众多的事情发生，才有最宁静的外部生命！

摘自：4[204]

（这最后的人：一类中国人。）

4[208]

我教你们做超人：你们必须教会对自己极大的轻视。

4[213]

虚构情况

人给自己定下目标的时候到了。为了达到这个最崇高的目标，人要足够富有和狂放。

我告诉你们：为了能催生一个星辰之舞，你们内心还要拥有天体的混乱和撞击。

但有朝一日，人类会变得极度贫乏；有朝一日，人类因极度蔑视而缺乏动力和活力。

4[224]

我活着是为了认知：我要认知，以便超人活着。

我们为超人做试验！

4[240]

你身体内的理性多于你理性中的理性。同样，你称之为你的智慧的东西也是如此，——谁知道你身体为何恰恰需要的这种智慧。

4[254]

曾经有超人吗？这是我们的文化价值。

4[266]

反对背后世界论者①。

你的生命是一次试验，是你实验的丰碑。

艺术家的作用并非优化生命，艺术家本人大多成了他作品的牺牲品。

精神的忏悔者

---

① "背后世界论者"（Hinterweltler）出自《查拉图斯特拉如是说》。这个词语为尼采自创。

创造者

4[277]

最可爱的女人，其味苦涩。

摘自：5[1]

1. 是生命意志吗？在那儿我看到的总是权力意志，只是权力意志。

5. 想再变成孩子，也得消除内心的青年时代。

15. 在一切写出的作品中，我只喜欢某个人用血写成的东西。我爱看这样的书。人们不必为写作人的内心冲动感到羞耻，情绪是太不理性的东西。

26. 一个人如有幸处在朦胧之中，他就应该利用黑暗提供的自由，尤其是暗处"好密谈"。

54. 人必须等到自己口渴，并让自己渴得要命，否则绝不会发现自己渴的根源——它绝不会是别人的渴的根源！

68. 一切好事都是恶事转变而来的，每个神都有一个为父的魔鬼。

69. "我需要做什么才能快乐？"这点我不知道。但我告诉你：你快乐起来吧，去做你乐于做的事吧。

89. 当有人手执箭弓和箭矢时，大家才能保持沉默，不然就会议论纷纷和争吵不休。

96. 你们说：甚至能把战争圣化的就是好事？我说：战争使每件事情圣化！

169. 你们要保持清新的、冷静的和粗粝的灵魂! 你们要远离激情旺盛的人的温暖空气,远离多愁善感的人的沉闷空气!

211. 不行动,不干涉,不创造,不破坏——这些都是我的恶行。认知者也是没有欲念的人。

267. 知道没有比同女人睡觉更好的事,世上大有人在。他们懂得什么是幸福吗!

人们被无形的绳索牢牢捆住。

5[19]

我向你们发誓,我的弟兄们,忠于大地吧,不要相信那些跟你们侈谈超脱尘世希望的人! 他们是调制毒药者,是蔑视生命者。不管他们有意或无意,他们是行将死亡者、毒害自己的人。

从前亵渎上帝乃是最大的恶行,如今可是上帝死了,这样的亵渎也随之消亡。现在最可怕的事情乃是亵渎大地,敬重不可知的事物高于大地的意义。

1883 年春至夏

7[64]

我的理论是:人的任何行为都是充分发展人的精神生活。

感官活动就是人的行动:为了对某事物能够有所感受,

主动力必须发挥作用，这种主动力接受刺激，让其产生作用，并与这样的刺激适应和修正。

事实上，总是不断产生一些绝对的新事物。"原因和效果"只不过是"手段和目的"的普遍化而已，也就是更加普遍的逻辑作用，事实上没有任何东西适合这种作用。不存在最终现象，除非某物已产生出它的始与终。

在精神发展中也不断产生新事物。感受和想象的东西绝对不可能相互派生。这是思想和感觉！

7[106]

不能失去距离感情绪！

7[133]

我们人的肉体要比我们所熟悉的全部人与人的关系和共同本质更高级、更精确、更复杂、更完美和更道德。说它的工具和服务功能很渺小，这算得了什么蹩脚的论据来反对它！至于谈到美，肉体的功绩最大，和这个不只是外表上的，而且是活生生的美相比，我们的艺术品只是墙壁上的影子而已。

7[192]

在美的东西面前保持宁静是一种深沉的期待，是想要听到最美妙、最遥远的声音——我们的行为举止仿佛像个聚精会神在听和看的人，因为美在对我们讲述某些东西，所以我们要保持宁静，不去想我们平常所想的东西。宁静是种安逸，是种耐心，宁静就是一种准备，岂有他哉！如此就叫静观。

但是，安静中有种欢乐感吗？紧张消除了吗？显然，这时我们的力量在均匀地释放。例如我们使自己适应在高高的柱廊下面行走，使我们的灵魂通过寂静和崇高如此活动，模仿我们所看到的东西，就像一次高贵的社交，给我们提供做高贵的手势的灵感那样。

7[269]

我们行为中的意图比我们事先想到的要少得多（估计是目的造成的爱虚荣）。《爱默生》，第 99 页。

1883 年夏

8[20]

我为自己写作。在这个写烂了的时代里写作有何意义？意义不大，因为除了学者没人懂得阅读，就连学者也……

8[24]

人们在哲学中寻找世界图景，哲学使我们产生最大的自由感；就是说，我们最强的欲望感觉到了有行动的自由。我的情况也是这样！

8[25]

由不受制约的东西引申出受制约的东西，这样的形而上学是瞎胡扯。

思维的本质是，把不受制约的东西强加给受制约的东西，就像把"自我"强加给众多的过程一样，这都是臆想。

因为思维要按照它自己设定的标准来衡量世界，即根据它臆造的"不受制约之物"、"目的与手段"、"事物"、"实体"、逻辑规律、数量和形态来衡量世界。

假如思维不首先把世界变成"事物"，变成同自己一样的东西，那么就没有什么可以称得上是认识的这种东西了。

由于有了思维，才有了不真实性。

思维是不可能派生的，同样情感也是如此，但是这还远远不能证明原始性或者"自在性"！而只能确定我们不能另觅途径，因为我们除了思维和感觉以外一无所有。

1883 年 5 月至 6 月

9[27]

狄俄尼索斯精神是使我了解古希腊的捷径。

9[37]

每当我戴上清晰的眼镜时，我便感到惊奇：人有多么丑恶，生活在他们中间怎么受得了。

1883 年 6 月至 7 月

10[37]

还未有过超人。我看见过两个赤裸裸的人：一个是最伟大的人，另一个是最渺小的人。我还发现这两个人都太人性了！

10[47]

查拉图斯特拉坐在一个教堂的废墟上（第四场）。

最软弱的人必须成为最坚强的人——并因此走向毁灭。

宽大待人，为了超人的缘故要坚强起来。

矛盾。

表面上软弱。

查拉图斯特拉向他们预言：轮回说是种象征。

查拉图斯特拉忘记自身，并教导轮回说源于超人，超人坚持轮回说，并用它惩罚他人。

当查拉图斯特拉从幻想中返回时，他死于轮回说。

1883 年夏

摘自：12[1]

12. 人最常有被车撞死的危险，恰恰是在他躲避车辆的时候。

47. 假如你的作品张口说话，那你自己应当闭嘴。

57. 房屋盖好后就应当拆除脚手架。

63. 每句话都是先入之见。

76. 人为什么看不见事物？因为人为自己设置了障碍，把事物遮住了。

85. 你应当把乞丐赶走，因为无论给予或不给予，你都会生气。

86. 学者：如今，人们不仅把精神斗士——很不幸——也把精神编织者称之为学者。

118. 为了看得准，撇开自己是必要的。

160. 事物：事物仅仅是人的界限。

169. 他不会搞错也不会蹒跚，这才显示出大师的气质。

176. 改善风格意味着改善思想——别无其他！

12[7]

他们想用最小的色子玩掷色子游戏，或者想看不易看到的舞蹈：存在中的侏儒，快乐的小不点儿，他们称此为科学，一边说一边冒汗。

但我认为这是孩子们想玩的游戏。假如他们在游戏中发出笑声，那我赞成这样的游戏叫"快乐的科学"。

12[17]

当我创造出超人之后，我就在他身上披上一层成长的大面纱，并让正午的阳光停留在他的身上。

12[30]

让我们停留在意志情感上吧！我们所意识到的"意志"是什么呢？此时此刻，我们认识到意志只是一种假设。假设可能是真实的，也可能是不真实的。

我们所意识到的"意志"不再存在。换句话说，我们给意志加进了某些意识到的现象，就像给"物质"加进了东西一样。

摘自：13[1]

在孤寂的山上我的粗野的智慧怀孕了；它在粗石上面产下它的幼狮和最小的崽子。

如今，它在严酷的沙漠里疯狂地奔跑，寻找着、寻找着柔和的草地——我的老而粗野的智慧！

我的朋友们，它想在你们内心的柔和的草地上——在你们的友爱上面安顿它的最钟爱的小狮子！可我呢？

我嘲笑你们的自由意志，也嘲笑你们的非自由意志。你们称之为意志的东西，在我看来就是狂妄——不存在意志。

一切都是美在吸引着我，与你们人类分道扬镳。一切都是美在吸引着我，与众神分手。于是我在广阔无垠的海上抛下铁锚，然后说："这才是超人居住的岛屿！"

像拍掉面粉口袋上的粉尘一样，你们这些学者一点也不情愿拍掉自己身上的灰尘！可是有谁猜到，你们的灰尘来自谷物和夏季田野上金黄的波浪呢？

伟人何时才是自己的信徒和爱人呢？当他走到伟大这一边，他一定是自觉自愿地往这边走的！

摘自 13[3]

我们戴着的最佳面具是我们自己的脸。

13[26]

还未出现过超人!

1883 年夏至秋

15[29]

任何思想犹如熔化的岩石，在自己的周围盖起城堡，被"法则"窒息。

1883 年秋

16[14]

为克服迄今为止的种种理想化的人物（哲学家、艺术家、圣人），需要一部起源史。

我在爱圣人的人的位置上树立起一个极度虔敬的历史人物，他充满爱心和恰如其分地感受着文化每个阶段。

我在天才的位置上树立起一个超越自身的人，一个脱离人自身的人（艺术上的反对为艺术而艺术的新概念）。

我在哲学家的位置上树立起一个自由精神者，他是道德的拯救者，他还活在许多理想人物之上，他胜过学者、研究者、批评家，他不会成为基督徒。尽管如此，他探明了生命非逻辑的特征。

作为教育家的叔本华写道："假如我们现在出生或将来出世，把自己放在哲学家、艺术家和圣人的崇高行列之中，我们也会有一个全新的爱与恨的目标——有朝一日我们会有自己的使命。"

> 谬误（空想）的价值
>
> 遗忘的价值
>
> 最终是恶的价值
>
> 敌对的价值

16[16]

沼泽地上空的鬼火。

摘自：17[16]

我是无神的查拉图斯特拉，谁比我更不信神？

摘自：17[21]

快乐乃是事先悄悄地享受死亡。

17[40]

你们看任何有机过程是多么巨大，多么对立统一。

重新跃入对立面之中，寻找陶醉的和解瞬间。

最渊博的人也可能迷失自我。

最智慧的人一头栽入愚蠢的大海。

最必不可少的人一头栽入偶然事件。

转变中的存在者。

想要的拥有者

总是日益接近，又总是逃离。

人啊！一切皆是游戏。

17[46]

他们想学会游戏，且还根本没学会真诚。

人也许会飞——但你必须首先像天使那样起舞。

美德不会突然转变！对每个人而言，道路是不同的！但不是每个人都能达到最高处！但每个人可能是其他人的一座桥梁，一种学说！

摘自：17[48]

干你们想干的事——前提是你们能想，而不是被别人的愿望所左右。

摘自：17[51]

快乐不愿被人寻找，而愿被人找到。人不该去寻找已有的东西。

摘自：17[55]

我很快乐，因为我不跟在女人身后——人说女人是快乐。

17[58]

你们首先得提防那个"半心半意的意志"，你们决心慵懒无为，你们决心行动。谁想成为闪电就必须是长云。

你们必须学习长久沉默，没有人会看穿你们。但这并不是因为你们的水浑浊，你们的样子内向，而是因为你们的城府太深。

摘自：17[80]

假如我没有梯子，我就爬到自己的头上。

18[34]

一切都在说话，一切都在瞎扯。今天对于时间的牙齿还是坚硬的东西，到了明天却被嚼烂，含在千百人的嘴里。

一切都在说话，一切都在装聋作哑。人们摇铃宣扬他们的智慧，市场上的小商贩却用铜钱的叮当声压倒他们宣扬智慧的声音。

一切都在说话，但没有人愿意专心听。水都流向大海，每条小溪只听见自己的流水声。

一切都在说话，但没有人愿意去理解。一切都落进水里，但没有什么落在深深的井底。

一切都在说话，一切判断都公正。不公正被跟踪——紧紧追踪，却没有好好逮住。

一切都在说话，听说不再有什么做得更好，一切都在咯咯啼叫，但没人愿意下蛋。

哦，我的弟兄们！你们从我这里没有学到宁静和孤寂！

一切都在说话，却没有人知道说话。一切都在奔跑，却不再有人学习走路。

一切都在说话，却不再有人听我歌唱；哦，听说你们向我学习宁静！向我学习孤寂的痛苦！

18［47］

我有一点求生的勇气：这使我身上有了一把小钥匙——通向虚无的小钥匙。

我有一点求虚无的勇气—— 这使我知道一切都是虚无……

我的自我这丁点儿力量是对宇宙力量的嘲笑！

我想要什么？ —— 使勇气成为失败者的小钥匙。

给予少数人勇气，使他们把反对众人的意志贯彻下去。

去创作和创造出比迄今人类更高尚的东西来。

完全没有责任地航行到存在之中，传授欢乐。这欢乐说："为了这个瞬间，我要再来一次。"

18［56］

被超越的人乃是超人之父。

于是我不知疲倦地教导：人是必须被超越的，因为你瞧，我知道，人是可以被超越的——我瞧着他——超人。

1883 年底

摘自：22［1］

你们必须学会长久沉默；没有人会看到你们的内心深处。

最好的沉默者不是把自己的面孔遮掩住，把水搅混，以致人们看不清底细。

相反，最好的沉默者是明白之人，诚实之人，看得透的人。他们深邃，以至于最透明见底的水也能将他们显露。

在他们那里，沉默不是以沉默的方式显露的。

目的是除掉任何事物和行为神化的光环，因为假如事物和行为的内心和良知中没有神圣，那么神圣又是什么呢？

我要你别拿"为了"和"因为"、"目的是"这些字眼去做事，而是为了事物本身和对它的爱做事。

反对僵化的智者，摆脱他们的灵魂，对灵魂来说一切都成为游戏。

1883 年冬至 1884 年冬

24[11]

"我想要走"；但是第一，我必须走，想要只是绝不引起行动的附带，是事先的某种图像；第二，这图像和所发生的事情比较是完全粗略和非确定的。它既抽象又完全一般，结果无数真实的东西掩藏于其中。因此图像不可能是行动的原因——应该消除目的。

1884 年春

摘自：25[7]

1.

我的朋友们，我是永恒轮回说的教师。

这就是：我教导你们一切事物永远回归，也包括你们在内——你们已存在过无数次了，一切事物跟你们一起存在过；我教导你们，有一个生成之大年悠长、非凡。这年就像沙漏一样，流完之后就倒转，结果这些年都相同，大小都一样。

如果你现在想死，我会对你说："瞧！你死了，现在你消亡了，消逝了。在你消亡的地方一无所剩，就剩下自称的'你'，因为灵魂像肉体一样也死了。可是你被扯在其中的诸因之力是回归的，它将把你再创造出来：你本身是尘埃中的微粒，就属于决定万物回归诸因之一。有一天你再生，将不是回到一个新的或是更美好的或是与现在相似的人生，而是将永远回到与现在一样的同一个人生，就像你现在的存在，大小都一样。"

25[150]

笑者遭到了厄运。这个学说在大地上，即在这个地球上，在这个大年里还没有被教导过。

25[156]

耶稣要人们相信他，就把所有反对者打入地狱。耶稣偏爱穷人、蠢人、病人、女人，包括娼妓和无赖，还有孩子们。他在他们中间心情愉快。这种感觉是针对一切美的、富裕的、强大的东西，仇视欢笑的人。心灵中最大的一个反差是：善良曾是所有人中最恶之人，心理上没有任何公正性，却有在疯狂中、在谦卑中找到细微精美的快乐的自负。

25[177]

必须根据欧洲人在殖民化时期同外国的关系对欧洲人的性格作出评价：欧洲人极其残酷。

25[202]

像男女结合一样形成对立，才能繁殖第三者——这是产生天才作品的过程。

25[234]

在欧洲的犹太人是最古老的、最纯的人种，因此犹太女人的美是最崇高的美。

25[248]

"德国，德国高于一切。"在过去的口号中，这也许是最无聊的口号。为什么就是德国呢？我要问：假如德国不情愿、不代表、不表现比其他迄今为止的力量更具有价值的东西？！德意志只是个大国而已，在世界上做出过更多的愚蠢无聊的事情。

25[251]

为了"德国，德国高于一切"原则，或为了德意志帝国而欢欣鼓舞，我们愚蠢得不能再愚蠢了。

25[260]

自由之路很难。

25[286]

在各民族中给予德意志人以较高的等级，因为《查拉图斯特拉如是说》是用德语写的。

25〔304〕

　　"没有什么是真实的，一切皆许可"。

25〔338〕

　　听说基督教那个有名的创始人当着彼拉多①的面说：
"我就是真理"。"罗马是全部时代最有教养的地方。"罗
马人的回答为罗马赢得了好名声。

25〔351〕

　　"避免极端"一说不是面向平庸之辈，而是面向力量充
盈的人。

　　"衰老"和"老练"只是高度中的某一梯级，"金色大
自然"比这高级。

　　"你该"是斯多葛派门生的无条件服从，也是基督教和
阿拉伯人教团的和康德哲学的无条件服从（不论是上级还是
概念都一样）。

　　"我要"（这是英雄）比"你该"高级："我是"（这是
希腊诸神）比"我要"高级。

　　野蛮的众神不说适度快乐——他们既不俭朴简单，也不
节制。

------

① 彼拉多（Pontius Pilatus, 26—36），罗马帝国朱迪亚地区的执政官，主持
　审判耶稣基督。在少数人的压力下，他下令把耶稣钉死在十字架上，就
　此闻名。

摘自：25[383]

必须让基督教寿终正寝了——它过去、现在一直是对尘世和世俗生活最大的亵渎。

25[428]

原则是：凡是使人在与动物的斗争中获得胜利的东西，同时也给人类自身的发展带来困难、危险和疾病。人是还未确定的动物。

25[449]

暂时的真理

如今，某个思想家若提出一个完整的认识体系的话，这有点幼稚或者根本就是一种欺骗——我们精明老练了许多，以至于在我们内心不能不对这种完整的可能性产生至深的怀疑。如果我们在方法前提的总体上，即对"暂时的真理"能达成一致就够了——我们想要按照"暂时的真理"的主导思想进行工作，就像海上航行的舵手一样，要把握一定的方向。

25[450]

对人的发展最有利的东西乃是权力意志——几千年来，欧洲人不正是受到骗人的、捏造的基督教迷惑吗？

25[451]

哲学是对智慧的爱，再向上就爱最幸福的、最强大的智者，智者维护一切转变并一再要求转变。

——不是去爱人或去爱众神；或不是去爱真理，而是去爱某种状态，某一种精神和感官上完美的感觉：这是一种肯定和赞成。它来自对创造力的一种潮水般的感觉。这是伟大的荣誉。

真正的爱！

25[470]

当"你不应撒谎"这种道德被摈弃之后，"真理的意义"就必须得到另一个法庭的承认，作为维持人类的手段，作为权力的意志。

同样，我们对美好东西的热爱也是创造性的意志。两种意义并存，真实的意义是获取强力的手段，目的是按照我们的心愿造就事物。造就和改造事物的乐趣是原始的乐趣！我们只能认识这个由我们自己创造出来的世界。

1884 年夏至秋

26[3]

伟大的哲学家很少有大作为。康德、黑格尔、叔本华、斯宾诺莎①究竟是些什么人呀！他们多么贫乏，多么片面！于是人们才理解：为什么某个艺术家的想象能力要高于这些

---

① 斯宾诺莎（Baruch Spinoza, 1632—1677），荷兰哲学家，唯理论的代表之一。他从"实体"即自然出发，提出"自因说"，认为只有凭借理性认识才能得到可靠的知识，著有《神学政治学》、《伦理学》等。

哲学家。是伟大的希腊人的智慧给了我教益。更应该崇敬赫拉克利特、恩培多克勒、巴门尼德、阿那克萨戈拉和德谟克利特，他们是更完美的人。基督教的错误在于，它败坏了许多如帕斯卡①和以前的艾克哈特②这样完美之人，最后甚至还败坏了艺术家的称谓，把胆怯伪善的脏水泼到拉斐尔③头上，最后那个被神化了的基督也成了情绪变化无常、狂热的小僧侣。拉斐尔不敢把这个小僧侣画成裸体，而歌德的情况却好得多。

26[17]

我们从意志上只能看到能认识的东西——这是说，我们想要认识自己，其前提是必须在想要方面有些智慧。

26[22]

我以前对瓦格纳的评说都是错的。1876 年我就察觉到

---

① 帕斯卡 (Blaise Pascal, 1623—1662)，法国哲学家、数学家和神学家。帕斯卡在主要针对耶稣会的《18 封致外省人的信》中，从心理学和神学的角度考察了人的存在的基本问题。他的《箴言录》是一本为基督教辩护的书，其观点认为，理性的真正作用在于使人类归附上帝，达到人性所渴求的真理和至善。

② 艾克哈特 (Meister Eckhart, 1260—1327)，德国神秘主义哲学家、神学家，在神学主张上帝与万物融合，人为万物之灵，人性是神性的闪光。其思想是德国新教、浪漫主义、唯心主义、存在主义的先驱，著有《德语讲道集》。

③ 拉斐尔 (Santi Raffael, 1483—1520)，意大利文艺复兴盛期画家、建筑师，一生创作了不少作品，其中《大公爵的圣母》、《教皇利奥十世》、《雅典学派》等主要作品不仅使其当代人倾倒，并且延续了四百年之久，成为后世古典主义者认为不可企及的典范。

"瓦格纳身上一切都是非真实的；凡是真实的东西，要么被掩盖起来，要么被粉饰一通。无论从好的还是从坏的意义上说，他都是个戏子。"

26〔25〕

这个时代的优点是：没有什么是真实的，一切皆许可。

26〔43〕

一切哲学体系被超越了；希腊人比以往任何时候都耀眼生辉，尤其是苏格拉底之前的古希腊人。

26〔44〕

时间倒转：我们相信外部世界是作用于我们的原因，但我们以前却把真实的和无意识发生的作用首先转换为外部世界，即把我们面前的外部世界看作是我们的作品，如今它回过头来又作用于我们。它在完成前需要时间，但这时间很短暂。

26〔62〕

行为的本质是不可辨认的。凡是我们称为"动机"的东西，没有什么在动——这是一种假象，把有先后发生的事情解释为杂乱无章的事情。

26〔96〕

老康德的学究气和愚蠢的小市民气，这个柯尼斯堡中国人最怪异的、但倒是一个有责任心的男子汉和一个普鲁士公职人员的庸俗无聊，且内心有叔本华式的放纵和无家乡感。

而叔本华倒是对像柯策布①那样的富有同情心的老实人感兴趣，像伏尔泰②那样懂得同情动物。

26[119]

观点：所有评价都涉及一定的视角：保存个人、维护城镇、保存人种、维护国家；保存教会、信仰和文化。

——由于遗忘仅存在一种远景式估价，一切自相矛盾的评价蜂拥而至，结果在一个人的心目中就出现自相矛盾的动力。这就说明人已经生病，与动物相反，那里一切现存的本能完全足够完成特定的任务。

——但这充满矛盾的人在其本质上具有认识的伟大手段：为理解善恶彼岸之评价，他拥有许多的赞成和反对——他主张合理性。

最智慧的人也许是最富于矛盾的人，可以说，他的触觉器官针对所有的人种，介于其中是其伟大和谐中的重要瞬间，也就是在我们心中隐藏着崇高的偶然性！

——一种宇宙运动。

---

① 柯策布（August von Kotzebue，1761—1819），德国剧作家。他的许多剧作曾流行于德国和英国，他是沙皇亚历山大一世的政治情报提供者，最终被德国人暗杀。

② 伏尔泰（Franois Marie Arouet Voltaire，1694—1778），法国政治家、剧作家、历史学家和哲学家，启蒙运动主要人物之一。他的哲学巨著《哲学词典》代表了他的形而上学、宗教、政治和伦理学的观点。他反对基督教，并激烈批判教士，痛恨国王的专制和贵族的特权，推崇商人阶层和公平税制，大力支持科学和艺术。

26〔159〕

叔本华对此说得够强烈和够轻松的，光是用脑袋做哲学家是怎么也不够的。

26〔188〕

我环顾四周，发现迄今为止，一切认识上的危险没有比道德伪善更糟糕的了；换句话说，为了不让怀疑产生，任何伪善的东西都叫作道德。

26〔193〕

说世界是神圣的游戏，是善恶的彼岸——赫拉克利特和吠檀多哲学①是我的先驱。

26〔204〕

创造力（将对立物连在一起，综合）。

26〔208〕

假如我们想要强健，要内心足够快乐，那么有关我们的千万个谜只会引起我们的兴趣，不会给我们带来烦恼。

26〔227〕

"科学"（像人们今天所做的那样）是对全部现象创造出一个共同的语言符号的尝试，目的是更容易测算，结果是能够掌握自然。这种符号语言把观察到的全部"规则"统筹

---

① 按照传统观点，吠檀多（Vedantaphilosophie）是古代六派印度哲学之一，但实际上是指很多不同学派的，且含义广泛的一个术语。吠檀多哲学理论是以《奥义书》的学说为基础的，尤其是其一元论形式。

在一起，但对什么都没有解释，只是一种最简短的（缩小了的）事态描述。

26[247]

美国人消费太快了。也许只是表面上的未来世界强国。

26[248]

莱布尼兹①比康德更有趣，典型的德国人：好心情，语言高贵，狡黠，随机应变，（基督教和机械论世界观的）中介人，十分大胆，藏于面具之下，有礼有节地纠缠不休，表面十分谦虚。

26[252]

每个民族都有自己伪善的一面。

26[254]

自由意志和非自由意志问题属于哲学入门问题。就我而言，不存在意志。说有必要信仰意志，目的是"想要"——这是胡扯。

26[274]

同辈人回到权力意志上来吧！（就是说，权力意志也必须存在于非机体的已被采纳的物质之中！）在原生质相互避

---

① 莱布尼兹（Gottfried Wilhelm Leipnitz, 1646—1716），德国哲学家、数学家、历史学家和法学家。莱布尼兹试图把中世纪神学思想与现代自然科学思想融合起来。正是由于他从事各种各样的学术活动，担任各种职务，他没有留下哲学巨著。他的两部哲学著作《单子论》、《神证论》都没有对他的哲学思想作出完满的论述。

让的情况下，形式也就形成了，重心立即被分为两部分。从每个部分出发出现一个相互关联的、互相扭在一起的力，因为要撕碎中间部分。结果是：权力关系的均衡便是世代起源。也许一切继续发展都和这种存在的权力等价值联系在一起的。

26[278]

道德想要使我们（时而也使自身）相信幸福是道德创造的。事实是，道德是幸福的人创造出来的。

26[286]

我像个笨手笨脚的小女人，怀孕期好长，以致与我相关的东西很少，甚至连"孩子"都没有。

26[308]

顺便提一下：人类是否肯定并且想要延续这个感官世界，这是十分清楚的。

击败了康德。

继续发现古代。

所有探究哲学的真正目的是神秘直觉。

26[317]

关于哲学和认识，我得学会用更加东方人的思维方式去思索，统观欧洲采用西方人的思考方式。

26[319]

其实，欧洲人自以为能对如今地球上的高尚的人进行描述。

26[340]

　　还有哲学家吗？其实，在我们的生活中有许多哲理性的东西，特别是在那些有知识的人那里。但真正的哲学家同真正的贵族一样也是寥寥无几。为什么呢？

26[390]

　　我12岁时就有三体合一这个奇怪的念头，即：上帝之父、上帝之子、上帝之魔鬼。我的结论是，上帝自我思维，创造了神性的第二人。为了使自己能够思维，他不得不想出一个对立面，或者说弄出一个对立面。——由此我开始搞起哲学来。

26[405]

　　荷尔德林和莱奥帕尔迪①这类人：为了嘲笑他们的毁灭，我变得够强硬了。人们对此想错了。如此顽固的柏拉图主义者始终缺乏天真率性，其结局很糟。人总得有一点粗野的性格，不然遇到最简单的事实就矛盾重重，以可笑烦人方式走向毁灭。比方说，事实是这样的，男人身边必须时时有女人，就像他时时有必要进食一样。最后是那些耶稣教徒们猜出了莱奥帕尔迪……

------

　　① 莱奥帕尔迪（Giacomo Leopardi，1798—1837），意大利诗人、哲学家，以抒情诗著称，所写名篇有政治性情书《致意大利》、《但丁纪念碑》等。

26[412]

如今康德的名声已被抬高到了某种不适当的地步，因为在一个重批判的年代里，许多批评家在康德身上重新找到了基本道德①：当他们站在康德面前宣誓效忠时，他们便互相称赞。但所有只会批判的人都是二等水平，有分寸地反对伟大的综合者，而黑格尔那种十足的虚荣心接近这种人，所以他在国外一直还被人当作德国最伟大的思想家。

叔本华的名声同样依赖于时代：德国 50 年代，那个恼人烦心的、毫无希望的、秋深叶落的时代抬高了他的思维方式。如今，叔本华在法国"繁荣"了起来。他的名声被吹捧得过头了。叔本华身上的神秘感和模糊性比康德还厉害，他在诱骗德国年轻人。另一方面，他又为教育不良的青年带来了某些知识，并使他们产生兴趣；他也援引好书中的语句，他的痛苦同样不亚于弗里德利希大帝和俾斯麦②。外国人对我们最伟大的思想家特别看重（甚至歌德）。一个欧洲人想要说，他是受到最好教育的德国人中的一个。对不起，假如允许我重复十次的话：一个优秀的德国人就不再是德国

---

① "基本道德"是指：由古希腊哲学家苏格拉底、柏拉图、斯多葛学派提出的四种基本道德：勇敢、正义、审慎和智慧（或敬神）。

② 俾斯麦（Otto von Bismark Schönhausen，1815—1898），普鲁士宰相兼外交大臣，被称为"铁血宰相"。历史上，俾斯麦上任后击败奥地利统一德国，还击败法国称霸欧洲大陆。他对德意志帝国的建立作出了重要贡献。

人了。

费希特①，谢林②，黑格尔③，费尔巴哈④，施特劳斯⑤——这些人身上散发着一股神学家和教父的气味。叔本华比较自由，人们呼吸着较好的空气，甚而闻到柏拉图的气味。康德矫揉造作，迟钝笨拙，因为人们注意到，希腊人还根本没被发现出来。荷马和柏拉图的声音不适合这些耳朵。

26[445]

施莱尔马赫⑥：德国哲学家。

26[451]

人必须具备表达强烈的钦佩的能力，怀着爱心钻进许多

---

① 费希特（Johann Gottlieb Fichte，1762—1814），德国哲学家，深受康德的影响。他花了多年时间写成和修订成的《知识学》一书表明他脱离了康德体系，并预示了黑格尔和后来某些存在主义的绝对唯心主义。他认为真正的知识只能是"自我"（ego）的创造活动，强调"自我"的能动性。

② 谢林（Friedrich Wilhelm Joseph von Schelling，1775—1854），德国哲学家、德国古典唯心主义代表人物，但人们一般把他看成主要的浪漫主义哲学家。谢林的主要著作《先验唯心主义体系》强调意识本身是知识的唯一直接对象。只有在艺术中，心灵才能完意识到自身。晚期他转向天主教神学，成为封建普鲁士反动的哲学代表人物。他著有《对自然哲学的看法》、《先验唯心主义》、《哲学与宗教》等。

③ 黑格尔（Georg Wilhelm Friedrich Hegel，1770—1881），德国唯心主义哲学家，著有《精神现象学》、《哲学全书》、《法哲学原理》等。

④ 费尔巴哈（Ludwig Feuerbach，1804—1872），德国哲学家。其著作批判了黑格尔唯心主义和当时的基督教神学。他最著名的作品是《基督教的本质》。费尔巴哈认为不是上帝创造了人，而是人创造了上帝。

⑤ 施特劳斯（David Friedrich Strauß，1808—1874），德国神学家、哲学家、青年黑格尔学派成员。他认为基督教福音就是神话，著有《耶稣传》等。

⑥ 施莱尔马赫（Friedrich Daniel Ernst Schleiermacher，1768—1834），德国神学家、哲学家、浪漫主义代表，他的上帝观念具有泛神论性，他的宗教思想不是基于认知而是基于感觉。

事物深处，不然成不了哲学家。那些冷冰冰的灰色眼睛看不出事物的价值是什么；冷冰冰的灰色的思想者不知道事物的重量。但不用说，人必须有一种反力，飞向高高的远方，以至于能看到自己身体下面深处令他最欣赏的物体，而且靠近那些也许被人鄙视的东西。我曾尝试过，不让德国伟大的政治运动、瓦格纳艺术、叔本华哲学使我背弃自己的主要事业。但我感到困难重重，有时为此大病一场。

26[452]

我无意说服别人去信奉哲学，因为哲学家是稀有植物，这样说是必要的，也许也是合乎人们的意愿。没有再比说教般的赞颂哲学更使我反感的了，就像塞内加①和西塞罗②那样。哲学同美德少有干系。允许我冒昧地说，科学家同哲学家也有着本质的区别。——我希望哲学家这个纯真的概念不致全盘毁在德国。在德国，不伦不类的人如此之多，他

---

① 塞内加（Lucius Annaeus Seneca，公元前4—65），古罗马哲学家、作家、政治家。他属于斯多葛学派，但也受过毕达哥拉斯、伊壁鸠鲁和犬儒学派的影响，曾任尼禄皇帝的导师及顾问，于62年因躲避政治斗争而引退，但仍于65年被尼禄逼迫自杀。他的哲学著作是一种笔调华丽又"犀利的"散文诗，故意摆脱专门性和系统性。塞内加把哲学主要看作是一种道德教诲、心灵的治疗。他的著述更多的是进行劝诫而不是阐述。

② 西塞罗（Cicero，公元前106—前43），罗马政治家、演说家、修辞学和哲学问题的著作家。从哲学上讲，西塞罗是折中主义者，自称是学园派怀疑主义。他的著作是希腊化时期的认识论、神学、伦理学和政治思想的主要资料来源。

们都喜欢把自己的失败行径隐藏在哲学家的盛名之下。

26[464]

假如说康德有意想把哲学归结为"科学",这就是德国式的庸俗：或许这种意愿会有许多值得重视的东西，但一定还有更多引人发笑的地方。假如法国的"实证主义者"，或"现实哲学家"以及"科学哲学家"以哲学工作者、学者名义在现在的德国大学里从事哲学事业，是完全合理的。同样地，他们不能超越自身，并按照自己的想象把自己打扮成"哲学家"，当属正常现象。

27[1]

我对"意志自由和非自由"问题的思考促使我去解决这个问题。人们完全不可能想出一个彻底的和终结性的办法来，即用已获得的观点去解决这个问题：根本就不存在意志，既没有自由意志，也没有非自由意志。

27[3]

一切生理过程都是力的释放问题。当生理过程达到感觉器官时，自身就引起某种提升和强化，对压抑、负担这种强制性状态的测量，这就叫"自由感"。

27[10]

非凡之人从不幸中学习到，价值判断者所具备的值得尊重的价值是何等之少。假如有人伤害他们的虚荣性，他们便喋喋不休，犹如一个苛刻的狭隘的畜牲。

27[12]

世上没有什么比斯多葛派更强硬的了。人类因缺乏敏感性而分离开来。人类内部必须有对抗，即脆弱的感受和反力——不会因大量流血而死亡，相反，每次不幸都能清晰地"转好"。

27[16]

我教导说：人有高低之分，某人可能为他的存在辩护千万年，也就是说，在无数不完整的、不健全的人中也有一种丰满的、宏富的、完美的人。

27[26]

欲望的多样化——我们必须有个主人，但他不在意识里——意识是个器官，就像胃一样。

27[34]

我们也是根据信号构成的行为起源来作结论的。这些起源就是我们的先于行为的情绪、榜样、目的等。

行为根据目的而产生，这是常事。但目的不是原因，而是作用于同一过程的效用，这过程决定了原本的行为。

27[38]

一切生命都建立在谬误之上——谬误是怎么成为可能的呢？

27[40]

舒适、安全、恐惧、懒惰、胆怯企图夺走生命中危险的个性，并想把一切"组织"起来——这就是经济科学的虚伪性。

假如在不安全的环境中危险性很大的话，植物人生长得最为强盛，但多数人自当走向毁灭。

在知识世界，我们的地位是非常不确定的，每个较高级的人都觉得自己是冒险家。

27[46]

至今所有比较重要的角色都是恶人。

27[59]

人和动物不同，人在自己体内培植了大量的彼此对立的欲望和冲动。由于这个综合体，人成了大地的主人。——道德，在这个多种欲望横流的世界中乃是带有地域局限的等级制的用语，以至人不因欲望的冲突而毁灭。因此，欲望成为主导，去削弱它的对立面，使之精确，将其变为替主要欲望活动提供刺激的冲动。

也许最高级的人欲望也最繁多，力度也相对最大，但这承受得住。事实上：在植物人兴旺发达的地方，人们会发现互相激烈对抗运动着的本能（如莎士比亚），但是有节制的。

27[74]

我认为，一切形而上学的、宗教的思维方式都是人对更高级的、超人的、未来的欲望不满足的结果。——人只想逃向彼岸，而不为将来建树。这乃是较高级人的一个误解，他们在人的丑恶形象中受灾受难。

27[77]

我有意唤起人们极度怀疑我，因为我只谈经历过的事情，不光展示头脑的过程。

1884 年秋

28[4]

> 沙漠生长了，唉，谁会走向沙漠！
>
> 沙漠扒尸的迫切。
>
> 源泉和棕榈是否在这里筑巢——
>
> 沙漠的龙牙在嚼呀、啃呀
>
> 因为沙是牙对牙，贪吃的痛苦
>
> 在这儿把石块垒起
>
> 永远地磨呀擦呀
>
> 下颌从不疲倦——
>
> 贪吃的饥饿磨细上下的牙
>
> 这沙漠的龙牙——
>
> 沙便是牙齿，是龙的牙种
>
> 不断地磨细、又磨细——从不疲倦——
>
> 沙是咬着自己孩子的母亲
>
> 在她的皮肤上插着一把会飞的刀子——

28[11]

阿图尔·叔本华

他的教诲已经结束，

他的经历将会留住：

只要看他一眼！

他不是哪个人的臣仆！

28[27]

6. 诗人——创造者的痛苦

啊！如今我是你们的铺路人

你们想要什么？想要赎金吗？

我的骄傲这么猜测——你们想要的多，说得少：

我的另一个骄傲猜测。

我喜欢猜测：这样我容易疲惫

我往哪里逃？

我静静地躺下，

伸展开四肢，

如同半个死人，别人温暖其双脚

——甲虫害怕我的沉默

——我在等待，

我叫这一切是善，

叶、草、幸福、祝福和雨水

28[49]

致斯宾诺莎

我把爱倾注在"万物归一"上，

出于理解爱你、神圣的——

脱掉脚上的鞋！三呼神圣的国土！——

在这爱之下，可怕地闪烁着仇恨之火：

——犹太之恨吞噬犹太上帝！——

——隐居者，我认出你了吗？

28[55]

隐居者说

拥有思想？好吧！——思想就是我的财产。

但要思考，——我喜欢忘掉！

谁去思考——谁就着了魔。

我决不想效劳。

28[63]

哥伦布

女性朋友！哥伦布说，别再相信
任何热那亚人！
他始终盯着蓝色的海洋——
遥远的东西太把他吸引！

如今我看重的是最陌生的东西
热那亚——在沉沦，在消失——
心呀，要冷酷！双手把握方向舵！
我的眼前是大海——是陆地？——是陆地吗？

我渴望去那里——我继续
相信自己，相信自己的把握。
宽阔无垠的大海，
我的热那亚之船驶向蓝色的海洋
一切于我皆新、更新，
时空在远方闪烁——
最美的怪物对我微笑：
它就是永恒

1884 年秋至 1885 年初

29[55]

我是一个摆弄文字的人：文字有什么错！我有什么错！

30[13]

《悲剧的诞生》

1872 年初，德国出了一本书，书名有点陌生，叫《由音乐精神引起的悲剧的诞生》。引起读者惊奇的不光是书名。人们了解到作者是个年轻的哲学家，还知道语文学界的人反对他，他们甚至也许受到了语文大师和牧牛人的煽动吧……

这是一本自我欣赏的独立的书，书中记载了神秘灵魂的符号，没有……意图。

这是一本充满朝气和不乖巧的书，沉重、充盈，书中对立的智慧几乎互相冲撞……

这本书有着一种对感官起作用的智慧。

有人带着某种恐惧感（前提是皮肤过敏者），承认书中讲的犹如亲身体验过的这个充满狄俄尼索斯事物的恐怖世界，就像经过伟大的接近和接触之后，从一个最陌生的国家里回归——没有把一切说出来，但也没把一切隐藏起来：把自己藏在学者身份的帽檐下，但藏得不够巧妙。

瓦格纳从预言家的本能深处出发——这种本能同他的欠

缺的、偶然的教育相对抗——猜测自己遇上了一个怪人，这个怪人掌握着德国以及德国之外的文化的命运。

1884/1885 年冬

31〔6〕

天才见到查拉图斯特拉如同见到自己的思想体现者。

31〔20〕

查拉图斯特拉像早晨的太阳从山间站起来：他强健地、炽热地走过来——走向伟大的正午，走向他意志渴望之物，然后向下走向毁灭。

31〔30〕

正午和永恒

尼 采

第一部分：查拉图斯特拉的企图

摘自：32〔8〕

34——"没有什么是真实的！一切皆许可！"我犯下了一切罪行：这是最危险的思想，最危险的女人。

摘自：32〔11〕

关于较高级的人

"你们不会像孩子那样"——不！不！不！我三呼"不"！这已经过去，我们也根本不想进天堂。

我们已成为男子汉，因此我们想要大地之疆域。

1885 年 4 月至 6 月

34[3]

年轻时我有过不幸：一个十分不明不白的人阻碍了我。当我看清他的本质时，发现他是个伟大的戏子。他对任何事物缺乏真实性（就是对音乐也是如此）。我十分讨厌他，并由此得了一场病。最后我认为所有知名的人都是戏子，不然他们不会出名。我称之为"艺术家"的人，其主要特点恰恰在于演戏的力量。

34[4]

我转弯抹角地说出了我对"狄俄尼索斯精神"的感受！仅仅也是为了产生效果，为了几代语文学家开辟一个新的工作领域，多么学者气，多么单调，讲授得还远远不够！因为通往古代的入口被完美无缺地封住了；自负要超过希腊人的人，比如歌德和温克尔曼①，他们连希腊人的味儿都没闻出来。看来，希腊世界比当今学者希望的那种纠缠不休的研究要隐蔽和陌生百倍。假如这里有什么被发现的话，那一定只有相同之相同的东西。况且，这种经历只是来自涌动的源泉——它们也产生那种新的大的泉眼，只是去重新认识已逝的世界中相同的东西。

---

① 温克尔曼（Johann Joachim Winckelmann，1717—1768），德国考古学家、艺术史家，其代表作有《希腊绘画雕塑沉思录》。

34〔15〕

古代人大声朗读。

34〔17〕

狄俄尼索斯。以学者身份胆怯地谈一桩事情是多么不幸啊，我作为"经历者"就可以谈。这与必须创作的人、与"美学"又有什么相干呢？人应该做自己的事情，让好奇的人见鬼去吧！

34〔37〕

康德头脑精明，但思想迁腐。

34〔38〕

人们应该原谅我这种狂妄的说法，因为我对女性的看法比女性解放运动者更崇高、深刻、科学：我更加了解女性的实力在哪儿。因此我对她们说："你们不明白自己所做之事。"现在她们要致力于解放自己的本能！

34〔46〕

假如说我内心有点统一性存在的话，那这种统一性肯定不存在于有意识的自我和感觉、想要、思维中，而是在其他地方：这种统一性存在于我的整个机体所具有的维持、适应、排斥和监督这些聪明事上，而其中有意识的自我只不过是某种工具。——感受、意愿、思维到处显示着最终现象，我根本不知道其原因：最终现象接踵而来，好像一个接一个，也许仅仅是表象。其实，这样的原因也许应该是相互连在一起的，我觉得，最后的原因是逻辑或心理联系的印象。我否认精神或者灵魂现象是来自另一种精神或灵魂现象的直接原因，尽管它如此显现。原因的真实世界把我们包藏了起来，因为这个世界极其复杂。理智和感官首先是一架简单化机器，我们的生命系在其中的这个世界乃是把原因虚假化的、变小的和逻辑化的世界。我们"认识"的程度在于我们能够满足自己的需求。

研究肉体得出不可言说的复杂性概念。

假如说我们的理智还没有固定形式，那么生命也就不为生命了。但是由此丝毫不能证明，一切逻辑事实是真理。
34[54]

相反的时间秩序

"外部世界"作用于我们，因为作用向大脑发出信号，在那儿进行整理、成形，再回到原因上来，然后将原因成像，这时才化为事实出现在我们的意识之中。这也就是说，现象世界先是作为原因出现在我们面前，而且是在"它"产生了作用，这个作用被加工处理之后。换句话说，我们不断地把事实的秩序翻转过来。当"我"看到时，它已经是其他东西了，这就像人感到的疼痛时那样。
34[58]

数字是我们轻易摆弄世界的伟大手段。只要我们能数数字，也就是说，恒常的东西可以认识，那就是我们的理解。

34〔70〕

休谟①提出理性说（用康德的话说），是为了对理性思维的合理性是什么给他一个说法和答复：事物的性质，由此也有必要设置一些其他东西，因为原因概念说到了它们。他不无矛盾地证明，理性是不可能先验的，从概念出发想象出如此联系等等。——但愚蠢的是去探问理由合理性的种种原因，他想要检验的正是他做的。

34〔73〕

我们同康德、柏拉图、莱布尼兹之间的分水岭是，我们也只是在精神上信仰转变，彻头彻尾历史化。这是伟大的转变。拉马克②和黑格尔、达尔文只不过是一种影响；赫拉克利特和恩培多克勒的思维方式又重新诞生。康德也没有克服"纯粹精神"这个具体矛盾，但我们呢……

34〔75〕

奇怪的是，斯多葛派和几乎所有的哲学家都没有远见。另外，社会主义分子又愚蠢，他们总是代表了那些"乌合之众"的需要。

---

① 休谟（David Hume, 1711—1776），苏格兰哲学家、历史学家。他认为知识中不可能存在确定性，声称所有的理性材料都来自经验，其主要作品是《人性论》。
② 拉马克（Jean Baptiste Lamarck, 1744—1829），法国生物学家。他最先提出生物进化理论，后被称为拉马克学说，创用 biology 一词。

34[146]

在某种条件下，活泼机灵的植物——"人"①成长得最强壮。对于这种人来说，假如一个新的政治权利还未形成思想，这样的权力出现还不成为一桩不寻常的事情，因为人几乎没有时间作进一步观察。

请别误解我，我想通过这本书说明，德意志帝国的产生为什么对我来说无所谓，因为我在欧洲民主问题上只看到一点进步，并没有看到新鲜的东西。民主倒是国家、人种退化、失败者占优势的衰败形式：这点我曾经说过一次。

34[164]

欧洲民主制度只是在极小部分激发了力量，它首先激发出来的是懒惰、疲塌、无力。

34[177]

我讨厌：一、社会主义，因为它完全天真地梦想着"真、善、美"和权利平等这种群畜的无稽之谈；无政府主义也想只以残暴的方式获得同样的理想。二、议会制和新闻业，因为这是煽惑群畜当家作主的工具。

34[224]

哦！见鬼，这不停的鼓噪！德国人又在吹嘘其著名的

---

① 尼采几处都用到植物"人"（die Pflanze Mensch）一词。德语中 Pflanze 还有"古怪的人、变坏的人，以及生活懒散的人"的意思。这里取其带有贬义色彩的口语用词的意思。

"德意志美德"，而历史对它却毫无所知。几个反犹太主义分子最糟糕地在鼓噪这些东西，更兼有些东西早已掉进拜罗伊特大师①的泥沼了。

34〔228〕

我是当今德国人中品位差的人：过分强调德意志道德的特点，即反驳自身的历史和对历史感到耻辱。

34〔232〕

年轻时我遇上了危险的神，我不想再告诉任何人，当时是什么东西进入了我的灵魂，——无论是善的东西还是恶的东西。随着时间的推移我学会了沉默，就像人们必须为了恰当的沉默学会说话那样。人必须有前景和背景，无论是对其他人还是对自己，因为前景对一个人来说很有必要，目的是从自身中得到休养和给他人与我们共同生活的机会。

34〔237〕

从根本上讲，反犹太主义分子和其他人都是骗人的恶棍，他们需要大话，欺骗自己比欺骗世人更为厉害。

34〔252〕

认识到：经验可能通过真实的事情得以产生，即有作用力的方面和我们创造力的方面来使发生的事情简单化，以至

---

① "拜罗伊特大师"暗指瓦格纳。瓦格纳生活在德国南部城市拜罗伊特，创建了德国轻歌剧。

于看上去产生相似和相同的事物来。认识乃是对许多和无数相同的、相似的、可数的事物的一种伪造。就是说，生命只有借助于如此伪造的机器才有可能。思维乃是一种虚假的改造，感觉也是一种虚假的改造，意愿也是一种虚假的改造：同化之力——其前提是有一种意志，使我们等同起来，存在于万物之中。

34〔253〕

真理乃是某种谬误。没有真理，某种生物也许就无法生存。最终是生命的价值决定一切。人是十分平庸的，品行规矩……

1885年5月至7月

35〔13〕

欧洲最终成了一个女人。寓言告诉我们说，这种女人也许让某种动物拖走了。从前希腊时代，它叫金牛座①。不，今天它叫动物。

35〔18〕   (50)

人们是否有权把一切伟人都看成恶人呢？不必以个人的

---

① 金牛座神话故事是十二个星座中唯一描绘爱情的故事。据说前希腊时代，某国一位美丽的公主被天神宙斯看中，于是宙斯变为一头牛，来到公主喜欢跟牛相处的地方。公主因倾慕牛群中的那只牛，于是接受了宙斯的爱，两人一起回到天上生活。而宙斯为纪念那表白爱情的地方，就以公主的名字欧罗巴作为那块土地的名字。那土地便是今天的欧洲大陆。

情况来举例。他们常常会玩高超的捉迷藏游戏，以至他们举止高雅，仪表堂堂。但出于残酷的原因，他们时常一本正经地崇尚美德，严于律己。但从远处来看，诸如此类的现象常使人上当。有些人误解了自己；伟大的使命常向伟大的本质发出挑战，例如正义感。重要的是：伟人也许具备伟大的美德，但紧接着就是美德的反面。我认为，正是由于对立的存在和对立的情感才会产生伟人。这就叫绷紧弦的弓。

35[24]

1. 今天，"哲学家"还可能产生吗？被认知的范围是不是太大？非确定性因素是不是大到使哲学家不能通观全局，而且使得他每次过于严谨？抑或他的最好时光已经逝去，为时太晚？或者他受到了损伤，人变得粗糙和退化，以至他的价值判断没有任何意义？——另一种情况是，哲学家成了"半吊子"，头上长满了无数的小触角，没有了激情，失去对自己的珍重，连细腻的美好的良知都荡然无存。够了！他干不成大事，他不再发号施令了。假如他想这样，他必须做个伟大的戏子，哲学上的卡廖斯特罗①。

2. 今天，过哲学人的生活、成为智者，对我们来说意味着什么呢？从糟糕透顶的游戏中完好地脱出身来，这难道不

---

① 卡廖斯特罗（Count Alessandrodi Cagliostro，1743—1795），意大利江湖骗子，以魔术师和冒险家身份流窜于欧洲各大城市，并兜售假药，靠算命行骗。

是一种办法吗？一种逃遁吗？有谁就这样简朴地、置身事外地活着，这或许为自己指明了一条认识上最好的道路呢？为能够对自身价值也有发言权，难道他们非得以上百次生活经历做尝试吗？够了！我们认为，按照迄今的概念，人必须完全"非哲学地"活一次，千万不能以胆怯的循规蹈矩者的身份从经历的重大问题出发进行判断。人有着最广泛经历，把经历过的事情精简成普遍的结论。难道他不是最具权威的人吗？——人们长时期地把智者同有科学知识的人，甚至更长时间地同出类拔萃的宗教人混淆起来。

35[25]

问题：许多伟人也许不再可能有问题？例如圣人。也许还有哲人，甚至天才？人与人之间不同寻常的距离感也许已经减弱？至少是这种距离感已经减弱，其效果是，少了生硬的行为和礼仪。由于这种情况，人也不再能像使自己上升到从前那样的高度。——我们需要对人的伟大给出新的定义；我们有这种能力，我们中大多数人已经与高贵的品质一刀两断了。天呀！这个讲民主的世界使每个人变成特殊之人。于是当今高贵就是广博，这种特殊性削弱人的意志。由此，如今意志强大就是高贵。它培养群畜，由此，如今独立和自立被看作高贵。最全面的人独往独来，没有了群畜本能，意志坚定，这种意志促使他变化多端，永不知足地潜入生命深处。——我们必须在最不熟悉的地方寻找人的高贵品质。对崇尚力量的时代来说，那种性格温顺、放弃、勤思的人是非常特殊的人，是了不起的例外。这种人内心坚定，富有教养，从半野蛮的动物变成了一个苏格拉底式的人。伊壁鸠鲁的冷淡态度几乎像一种神化在起作用。我们得出的是相反的理想，而且首先我们必须为自己摧毁一切旧的理想。

35[35]

　　我同形而上学者之间最大的区别是：我不承认他们那种说法，即"我思故我在"。倒不如说，自我是思维的框架，像"事物"、"物质"、"个人"、"目的"和"数字"那样，统统具有同等级别，都只是起调节作用的幻想，在其帮助下，某种恒定性、"可认识性"将被设置到这个转变的世界里。信仰语法，言语信仰中的主语、宾语，信仰有行为的言语，至今奴役了形而上学者。我说，放弃信仰吧，是思维先设定了自我。但至今人们像"民众"那样，相信"我思"中总有某种直接的、一定的东西存在，而且还认为这个"自我"就是思想的已有原因。照此类推，我们对其他一切因果关系的情况都"理解"了。现在，不管那种假定是多么的习以为常、多么不可或缺，但它无非是臆造出来的。它可以成为生活条件，尽管如此，它是虚假的。

35[51]

　　在一个转变的、一切受制约的世界里，接受不受制约、物质、存在和事物等等，都可能是一种谬误。但谬误是怎么成为可能的呢？

1885 年 6 月至 7 月

36[5]

　　欧洲女人，撇开她们的正事（生"孩子"），在许多好事上大有用处。与维也纳女子愉快地跳舞，和法国女郎可以闲聊，同意大利女人可以装腔作势，对德国女人可以——呵责。犹太女人最可爱的地方是喋喋不休：拉埃尔就是这方面的典范，歌德的派头，自鸣得意。俄国女人一般见多识广，偶尔出些点子。英国女人容易脸红，最具女人味，楚楚动人，几乎说不出什么原因，像天使。简言之，若想以英国功利主义者为楷模，既固执又顽强地证明——人人都这么以为——女人的实用性特点，可以说个没完。

36[8]

道　德

　　自古以来，人类对自己的躯体毫无所知，满足于用几句客套话告知身体状况，于是便对人的价值、行为价值作出判断。因为人类自己坚信自身某些表面的、次要的符号，没有感觉到自己是多么的无知和陌生。至于对其他人所作的判断：这个最小心和最公正的人判断起来是多么迅速和"肯定"啊！

36[31]

　　我们的物理学家用"力"这个常胜的概念创造了上帝和

世界。对此还需要补充一点：必须把一个内在的世界赋予这个概念之中，我称之为"权力意志"。就是说，永不知足地要求显示权力，或者说，作为创造性的本能来运用、行使这种力等等。物理学家无法摆脱自己的"远距离效应"原则，同样也难以摆脱排斥力（或吸引力）的局限。这些东西毫无用处：人们必须把一切运动、一切"现象"、一切"法则"统统理解为内心活动的征兆，最终应当使用人的类比法。动物所具有的一切欲望也可能来自权力意志，有机生命的一切作用也来自此同一源泉。

36[35]

要以躯体为准绳。——假如"灵魂"是一种神秘的和吸引人的思想，哲学家当然有理由反对同这种思想分开。现在则相反，他们学着把它换一换位置，这也许更加有吸引力了，更加神秘莫测。这就是人的躯体，一切有机生成的最遥远和最近的过去将会重新活跃起来，变得有血有肉，仿佛一条无边无际、悄然无声的水流，流遍到全身，再流出来。躯体乃是比陈旧的"灵魂"更令人惊异的思想。

36[39]

假如有什么东西给当前的德国人带来荣誉的话，那便是他们无法再忍受席勒那些光彩夺目的伟大言辞，什么伟大之父——

36[41]

德国人思想狭隘、可怜，他们端坐在角落里，时而乐趣融融，时而嫉妒他人，"小市民气"根深蒂固。这使人想起柯策布①，用"短浅的目光"②看待一切崇高的事物，用画家语言的话来说——多么痛苦啊！——

36[57]

亚洲人比欧洲人伟大百倍。

37[3]

我忘了说，这种哲学家心情愉快，喜欢在晴朗天空下坐着：——他们需要其他的手段去忍受生活的甘苦，因为他们所受的痛苦与众不同（即他们对人的蔑视所承受的痛苦如同他们对人类之爱的程度一样深）。——这种大地上最受苦的动物给自己发明了笑。

37[6]

人们也在隐居者写的书里听到了点空谷回音，一点低语声，看到了他孤独时胆怯地环顾身边的情形，因为他那最强烈的言语、大声的疾呼本身听起来就像一种新的更危险的沉默、隐瞒。

37[9]

对一切民族战争、新的"帝国"和其他重大之事，我一

---

① 柯策布（August Friedrich Ferdinand von Kotzebue；1761—1819），德国剧作家、小说家。多产，尤以写作感伤的流行剧闻名。
② "短浅的目光"源自德语"Froschperspektive"（蛙的视角，"目光短浅"）。

概不看。至于我本人——因为我看到，这个统一的欧洲在缓慢地、犹豫不决地做着准备。本世纪所有知识更全面和更深沉的人，都在准备进行新一轮的综合，并试图先来认识未来的"欧洲人"，作为其灵魂的真正的全部工作；只有当他们处于虚弱的时刻，或者人变得衰老之时，他们才回落到"祖国"的民族狭隘性中——随之成了"爱国者"。我想到了拿破仑①、歌德、贝多芬、司汤达②、海涅③、叔本华，也许还包括瓦格纳在内。只好用"也许"来评说这个不明不白的德意志人。是什么促使这些精神者要求新的统一，或者说，带着新的需求的新的统一。对这个"也许"更好的注解就是经济上的伟大事实，即欧洲是些小国家，我说的是现在的国家和"帝国"。当交往和贸易拼命追求最后的地域疆界，追求世界交往和世界贸易时，这些小国急需在短时间里改变经济。

---

① 拿破仑一世 (Napoleon Bonaparte, 1769—1821)，于 1799 年推翻法国政府"五人执政内阁"统治，成为法国最高统治者，1804 年称帝，后通过多次战争，占领除俄国和巴尔干以外的整个欧洲。1812 年后，因在俄国失利，拿破仑退位，并被流放到厄尔巴岛，囚禁三年后又重新掌权，但在滑铁卢被击败，再次流放，囚禁在圣赫勒拿岛。

② 司汤达 (Stendhal，本名亨利·贝尔，Henri Beyle, 1783—1842)，法国作家。受法国启蒙主义思想的影响，司汤达年少时对法国大革命心怀敬意，崇拜拿破仑，视其为"超人"。18 世纪唯物主义者的思想以及他去欧洲各地的经历，使他开始用批判的眼光审视他自己所处的时代，并创作小说如《红与黑》和《巴马修道院》等。他被称为 19 世纪伟大的现实主义小说家。

③ 海涅 (Heinrich Heine, 1797—1856)，德国诗人，曾漫游德国、英国、意大利，后移居巴黎，著有散文游记和政治诗歌，如《德国，一个冬天的童话》等。

（光资金就可以强迫欧洲在某一天形成一个统一的权力）。
为了带着美好希望进入这场争夺治理世界的斗争中——这场
斗争的对象是谁，这是很清楚的——欧洲也许有必要严肃地
与英国达成"谅解"：欧洲需要英国的殖民地去迎接那场斗
争，就像现时的德国为扮演新调解人和掮客的角色，需要荷
兰的殖民地一样。因为，没有人再相信，英国自己有能力继
续扮演她过去的角色，再来个五十年。把现代人排除在治理
之外，这是根本不可能的事，为如此无聊的东西不必进行这
样的角色交换。——今天，人们必须首先是战士，作为商人
不至于失去自己的贷款。够了！像在其他事情上那样，下个
世纪在此事情上，可以发现拿破仑的脚印，新时代最早的人
和最先行动的人的脚印。

下世纪的任务是：实施"公开性"和议会制，建立没有
目的性的机构。

37〔12〕

在主要问题上，我赞同艺术家的地方要多于赞同迄今为
止的所有哲学家的地方：他们没有失去生命留下的伟大足
迹，他们热爱"这个世界"中的事物，他们热爱这些事物的
感官却追求非感性化。我认为这是一种误解，或者是一种病
态，或者是一种并非单纯的虚伪或自欺，成了一种疗法。我
希望自己能与不在清教徒良心恐惧症下过活的人一块生活，
是的，我们要感谢感官察觉到的细微地方，感谢它的充盈和

力量。对于感官提供给我们的精神佳品，我们要给予感谢。教士和形而上学诋毁了感性的名声，这与我们何干！我们不需要这种诽谤了：这是成功者的标志，假如像歌德这样的人总是带着快乐的心情来对待"世界事物"。这样，他就坚持了人的这个伟大的见解，人成了生命的神化者，假如人学会了神化自己的话。但是，有人指责我，你在说些什么呢？如今，在艺术家中间难道没有最可恶的悲观者吗？比方说，你对瓦格纳怎么看？他不是个悲观主义者吗？——我用手轻轻地搔着耳朵：（你们说得对，我一时忘记了点什么。）

37[17]

人们不会把女人想得过于高贵，但也不用想得太坏。在这件事情上，人们应该非常小心为好。女人自己没有能力向男人讲述"永恒的女性问题"。也许她们离得太近，再说，一切解释——至少迄今为止——都是男人的事情、男人的天赋。对女人写女人的东西，人们有权保留怀疑，因为即使是女人写的东西，最终是不是女人味十足，即"打扮自己"？人类是否给予了女人深刻的头脑呢？给予了女人心肠——合理性呢？但没有深刻、没有合理性。假如女人评价"女人"，那有什么用处？即便是带着爱和赞扬来自爱、来自美的话，行为不公正、做事平庸的危险肯定不会减少。但愿有些女人有足够的理由去思考，男人是不会用赞扬去迎合和爱女人的。总体来说，我认为，至今"女人"最被女人看轻了——根本不是男人看轻她们!

38〔8〕

意志。——在每次的想要行动中,许多感情的东西统一起来了:有离开状态的感情,有补充状态的感情。这种"离开和补充"的感性本身,其中有持续感,最后还伴随有肌肉感,我们的手脚未动,通过一种习惯,便开始了我们"想要"的游戏。由此,同这种感受和作为意志的多种的感受被承认一样,第二点还是思维:任何意志行为都是思维在指挥,人们不应该相信这些想要的念头自己会消逝,就好像事后只剩下想要似的。第三点,意志不仅是一系列的感受和思维,而且还首先是情绪,指挥的情绪。凡是被称为意志自由的东西,从根本上来看,它就服从者来说,是一种优势性情感:"我是自由的,它必须服从。"——任何意识中都有这种意志,且它更是注意力中的张力、敏锐的目光,最终看到的只是(数字)1,那个最终的尊重"现在有必要这样做,别无其他",心里确信要服从,好像这一切都是命令者的情况。一个想要的人内心总在对他人发号施令,某事要服从,或者他认为某事要服从。不过现在请你注意,在这个如此复杂的事物"意志"中,民众对此有发言权:其最本质的东西是什么。在这种情况下,只要我们是命令者同时又是服从者,作为服从者且认识对抗感、紧迫感、压迫感、运动感,当意志行为发生后,这些情感都习惯马上就开始,只要我们习惯用"自我"这个综合概念词对二元性置之不理，蒙骗过去，还有一连串错误的结论，以致一连串虚假的意志尊重跟随在那个想要的后面：——结果想要者怀着良好的信仰认为，自己的意志是驱使全部行动的真实和丰盈的动力。因为在绝大多数情况下，只有想要被人要求，那里命令的效果是服从，行动允许被人期待，所以外在印象进入感情，似乎效果是必然的。够了，想要者怀着一定程度的自信，认为意志和行为总是统一的——想要者把成功实施意志算作意志本身，并且他享受权利感的增长，是权利感带来了一切命令。

"自由意志"是指想要者心中一种十分复杂的状态。他在发布命令的同时作为执行者，享受着优势战胜对抗的某种凯旋，但这种胜利在判断，说意志本身克服了反抗，即它把作为成功实施工具的快乐情感，愿意服务的意志和内在意志作为发号施令者的快乐情感，吸收进来。——这张由情感、状态和虚假的设想编织在一起的网，被民众用一个词如同一件东西加以表示，这就是意志，正如我在这里所描述的那样，原因是它突然、"一下子"出现了，成了很平常、"很熟悉"的经历。——人们应该相信意志还从未被人描述过吗？相信民众愚蠢的偏见，至今为止，还名正言顺地未受检验地存在于哲学中吗？相信所谓的"想要"在哲学家那儿没有不同的看法，因为大家以为，自己有直接的把握，这是基本事实，这里绝对没有它的位置吗？相信全部逻辑学家还在教导"思维、情感、想要"三位一体的学说，就好像"想要"不包括情感和思维？——根据这一切，叔本华最大的错误是，他把意志当作世界最熟悉的东西，甚至当作真实和唯一熟悉的东西，看来这种看法没少疯狂性和任意性，因为他吸收了迄今为止所有的哲学家一个很大的偏见，一个民众的偏见，还作了夸张，诚如一般哲学家所做的那样。——

38[12]

你们也知道我的"世界"是什么吗？要叫我把它放在镜子里给你们看吗？这个世界是：一个力的怪物，无始无终，一个钢铁般坚实的巨力，它不会变大，也不会变小，不消耗自身，而只是进行转换；作为总体大小不变的巨力，它没有支出，也没有损失，但同样也无增长，没有收入，它被"虚无"所缠绕，就像被自己的界限所缠绕一样，不是任何模糊的东西，不是任何挥霍的东西，不是无限扩张的东西，而是置入一个有限空间，不是那种某处"空虚"的空间，不是任何地方都有的，毋宁说，作为力无处不在，是力和力浪的嬉戏，同时是一和"众"，在此处聚积，同时在彼处削减，就像翻腾和涨潮的大海，永远变幻不息，永远复归，以千万年为期的轮回，其形有潮有汐，由最简单到最复杂，由最静、最僵、最冷变成最炽热、最粗野、最自相矛盾，然而又从充盈状态复归简单状态，从矛盾嬉戏回到和谐的快乐，在其轨道和年月的吻合中自我肯定，作为必然永远回归的东西，作为转变的东西，不知更替、不知厌烦、不知疲倦的东西，自我祝福——：这就是我的永恒自我创造、永恒自我毁灭的狄俄尼索斯的世界，这个双料快乐的神秘世界。它就是我的善与恶的彼岸：没有目的，假如目的不存在于循环的幸福中的话；没有意志，假如不是一个循环对自身有着善良的意志的话——你们想给这个世界起个名字吗？你们想为它的所有谜团寻找答案吗？这不也是对你们这些最隐秘的人、最强壮的人、最无所畏惧的人，最子夜的人投射的一束灵光吗？——这就是权力意志的世界——此外一切皆无！而你们自身也就是权力意志——此外一切皆无！

1885 年 8 月至 9 月

39[19]

女人。——在女人明白什么是天赋的地方，自夸是多么滑稽可笑；每一次有多少"蠢女人"同时被激发起来！

40[6]

迄今为止的哲学家们是多么的可怜！总之，"民众"在他们的心目中是什么货色，语言，至少语法都没有暗示于他们！真理，至少对真理的感悟是藏于言语中的，因为他们顽固地相信坚韧性，以此把一切希望寄托在"主体"、"肉体"、"灵魂"、"精神"这些词语上。光是这个"抽象"一词所掩盖的谬误就带来何等的祸害啊！似乎通过排斥法，不是更多通过强调、突出、强化产生出那些名称的呀！如此就像任何一幅画、任何一个形象出现在我们心里，并使之成为可能。这就是粗略法！

40〔17〕

粗略法是基本手法，使轮回、相同情况得以产生；在"所思"之前就必须已有所创造，有形的感性比"在思的"感性更原始。

40〔20〕

除了家庭女教师今天还把语法信奉为永恒真理，并且因此相信主谓宾结构以外，如今没有一个人再有义务还用笛卡儿^①的方式，把主语"我"设置为"我思"的条件；毋宁说，由于新哲学掀起的这场怀疑运动，我们更加相信了这种转变，即把"主语"和"宾语"、"物质"和"本体"统统当作思维的原因和条件来接受，也许这一切只不过是相反的谬误形式而已。这是肯定的：我们使"灵魂"游荡，因此也就成了"世界之魂"，"自在事物"好在有了个世界开端，有了

---

① 笛卡儿 (René Descartes, 1596—1650)，法国哲学家、数学家。笛卡儿被广泛认为是西方近代哲学的奠基人。笛卡儿从普遍怀疑出发来考察是真的和切确的知识，最后发现唯一不能怀疑的东西只能是正在进行这种怀疑的"我"的存在。怀疑是一种思想活动，"我思想，所以我存在"，这是唯一不能怀疑的第一原理，因而也是真实存在的。"我思故我在"是经过普遍怀疑之后得到的第一个直观，因而是无可怀疑的真理。尼采在这里及后几条都对笛卡儿的这一观点作了反驳，说这是没有得到证明的东西。

"第一起因"。思维不是我们"认识"的手段，而是说明行为、理顺行为、为我们所用的手段。今天，我们就是这样对思维进行思考的，也许明天就不同了。我们不再知道应当怎样去理解"理解"是必需的，更不知道它是如何产生的：即使我们不断陷入困境，不得不依靠语言和大众理解习惯来应付自己，不断自相矛盾的假象并不反对我们怀疑的合理性。我们不会再那么容易得到"直接把握性"：我们发现"现实"和"外观"并未处在对立之中，毋宁说它们是存在的度。也许宁可说是假象的度。比方说，所谓"直接把握性"就是说我们在思维，因此思维就有了现实性，还一直带着发酵性的怀疑，怀疑该存在达到了何种程度；也许作为"上帝思维"的我们虽然是真实的，但这些思想就像雨后彩虹一样虚幻和肤浅。假定事物的本质中存在某种虚假的、可笑的和骗人的东西，那么最好的意志便成了大众的怀疑，用笛卡儿的方式，我们提防本质所设的陷阱；而恰恰是笛卡儿的方法可能是主要手段，完全愚弄我们、视我们为傻瓜的手段。依笛卡儿之见，只要我们确实拥有现实，那么，我们必须把事物欺骗的迷惑的本质以及基本意志当作现实而感兴趣。好吧，"我不想被人骗"这句话也许就是深刻、精细、彻底的意志的手段，它想要的正是相反的东西；即自己骗自己。

总之，"主语"本身证明是令人怀疑的。为此，它必须还有个固定点，但它没有！

40[23]

我们要比笛卡儿更为小心谨慎。他被语词圈套套住了，解不开身。不言而喻，"我思"只是个语词，不过它有许多意义，有些意义我们理解不深，怀着美好的愿望，认为我思乃是统一的。在这个著名的"我思"中包含的首先是"它思"；其次是我认为那个在此思者乃是我；最后是，但也是一种假设：第二点作为信仰悬而未决；由此看来，第一点"它思"也还包含着某种信仰，即"思维"乃是行为，它有主体，至少人们想到了这个中性人称代词"它"。此外，"故我在"就什么意义也没有了！不过，这是语法信仰。在那儿人们设置了"事物"、事物的"行为"，我们远离直接把握。让我们抛掉这个很成问题的"它"，把"我思"说成事实，没有掺和任何信仰成分的事实。如此，让我们再欺骗自己一次，因为被动形式也包含许多信仰命题，不仅仅是"事实"。总之，恰恰是事实不让自己赤裸裸地被人摆布，"信仰"和"指示"藏于自我中。谁保证，我们所说的自我不就是从信仰和指示中提取出来的东西，剩下的是：某事被人相信，因此也就相信了——这样的结论公式是错误的！最终人们一定会知道，为了从我思中提取出"故我在"，什么是"存在"，同样也会知道什么是知道。因为人们从逻辑信仰出发——首先信仰自我！——而不仅是从颠倒的事实出发！——知道中"把握性"是可能的吗？也许直接把握性就是称谓中的矛盾呢？在同存在的关系中，认识是什么呢？对提出这些问题的人来说，他已经提到了完成的信仰命题，笛卡儿式的小心谨慎也就毫无意义了，因为这种小心谨慎来得太晚。在回答"存在"问题前，首先要对逻辑价值问题作出判断。

40[25]

对思维的直接把握性的信仰不仅是一种信仰，也是没有把握性！我们这些新人都是笛卡儿的反对者，认为笛卡儿的怀疑论是一种教条主义的轻浮。"要比笛卡儿的怀疑还要怀疑！"我们认为，只要哪里有更深刻的人，哪里就出现相反的东西，反抗"理性"之神的绝对权威运动。狂热的逻辑学家已经指出，世界是假象，通往"存在"和"无限"的道路，只存在思维之中。相反，我对这个世界怀有愉快之感，即便它应当是假象的世界。总是较完美的人嘲笑最理智者的理智。

40[32]

假设你们问："五万年前，树就已经是绿色的吗？"我会回答说："也许还不是绿色的。"当时也许只有光和阴影的色调这两个根本对立的东西，一个颜色较深，另一个颜色较浅：——那些颜色逐渐地显现了出来。

40[36]

数学物理学家是不需要把一小堆原子用于科学，因此他们为自己虚构出一个有力点的可计算的世界来。说得通俗些，人类以及其他有机体都是这么做的，即花费很长时间安排好、考虑好、创造好这个世界，直到能够需要它、"计算"它。

40[49]

我们不要相信所有外表"同时性"！这里插进了时间碎块。这些时间碎块仅仅按照大尺度——譬如人类的时间尺度——允许叫小碎块的；在非常情况下，例如吸大麻者或生命处在危险时刻的人，人类也清醒地意识到，怀表上的每一秒时间都可以产生上千上万个念头、上千上万个经历。当我睁开眼睛时，这个可见的世界已显现在眼前，好像它是立即显现出来的。但在此期间就发生了重大的事情，许许多多的现象——第一、第二、第三：这方面让生理学家去说吧！

40[53]

反对"现象"一词

如同我所理解的那样，外观是事物唯一真实的现实——所有的谓语首先适合它，相对最好地还是用所有谓语，即对立的谓语来表示。但这个词语已经不能进一步说明什么，充其量说明逻辑的过程和敬畏性不足，因为"外观"同"逻辑真理"有关联——但是，逻辑真理只能在想象的世界里才有可能。我不把"外观"同"现实"对立起来，相反把它看作现实，而现实本身与转换到想象中的"真实世界"是矛盾的。"权力意志"或许是这个现实的名称，即从内部，而不是从变幻无常的不可理解的普罗透斯①本质出发来指称。

摘自：40[59]

2

我们"自由精神者"离群索居，生活在这个世界的某个角落——这是无法改变的；我们是少数者——这是合情合理的。我们自傲地认为，我们的行为是少有的、奇特的；我们相互间从不争斗，也许相互间一次也没有想念。当然，像今天一样相聚在一起，那么这就是节日了！用我们的哲学概念来使用"幸福"这个字眼，那么我们不会像哲学家中那些厌倦者、恐惧者、痛苦者那样，首先想到内部和外部的平和，想到无痛苦性，想到静止性，想到平静、"安息日中的安息日"，想到可能接近有价值的沉睡这种事情。我们的世界，即危险的世界，其特点是无把握性、交替变化性、多意义性。肯定还是简单的、自我相同的、可计算的、固定的——迄今哲学家给予这个固定性以最高的荣誉，作为群畜本能和群畜价值的遗产。这在许多有精神的国家里是家喻户晓的、到处传扬的等等。

---

① 普罗透斯（Proteus）是希腊神话中一个善变的海神，荷马称之为"海洋老人"。他住在法罗斯岛上，靠驯牧海上野兽为生。他有预知未来的能力，会经常变换各种形状叫人无法捉到他。他只向逮到他的人预言未来。

40[61]

关于计划

我们的智慧、意志，连同感觉都依赖于价值判断，因为价值判断符合人的欲望以及欲望的生存条件。我们可以把欲望归入权力意志。

权力意志是最后的事实，我们向它走去。

我们的智慧是一种工具

我们的意志

我们的反感 ｝都已经依赖于价值判断

我们的感觉 ｝

摘自：41[2]

6

当然，那些少有天赋、也在追求名利的音乐家的情况更糟糕，因为对他们而言，正好有瓦格纳音乐中精选出来的骗人的东西。采用瓦格纳的方法和艺术技巧进行谱曲因而是很容易的。当今艺术家煽动性地要求"大众"热情，这也许可能带来更多的好处，即"更有效果"、"更加动人心魄"、"更令人信服"、"更打动人心"。这好比看戏的贫民和浅薄的狂热分子，嘴边挂着泄露真情的动人话语一样。但这种喧闹和"大众"激情在艺术上最终又意味着什么呢！好音乐从未有过"观众"，因为好的音乐从不也不可能"公开"，好音乐属于最优秀者，打个比方说，它应当始终且单独为

"摄影机"而存在。"大众"感受到那些最懂得去迎合他们的优秀者的，因为他们是以自己的方式，对所有具有煽动性的天才表示感激，尽可能把自己的感激之情回报给他们。

（懂得如何感谢"大众"，采用什么"精神"和"口味"，雨果①之死便是一个很有说服力的明证：在法国几百年的历史中，如同在这样的机会中，难道不是印出了和说出了那么多侮辱法国的废话吗？也就在瓦格纳被埋葬时，致谢的谄媚已经上升为"虔诚的"愿望："拯救这个救世主啊！"）

毋庸置疑，瓦格纳的艺术今天正影响大众。这种艺术有这种能力——对于这种艺术，还有什么好说的呢？——"大众"从来就不懂艺术三宝，即"高贵、逻辑和审美"——美肯定是少数和恶。不必说更好的事物，伟大的风格。当今时代最有风格的艺术家们迄今为止也还是模棱两可，因为他们还没有资格议论风格。他们自感风格离其遥远，并感到羞愧。正是这点羞耻心恰恰还是他们的崇高之处。瓦格纳与伟大风格相距最远，他在艺术手法上的放纵和英雄式的自夸与

---

① 雨果（Victor Hugo，1802—1885），法国剧作家、小说家、民族诗人和文艺理论家，法国浪漫主义文学运动的领袖，被人称为"法兰西的莎士比亚"。他一生写了大量的诗歌、小说和戏剧。其代表作有《巴黎圣母院》、《九三年》、《悲惨世界》和"雨果之死"（der Tod Victor Hugo's）等。1885年5月18日，雨果患上肺炎，一病不起。他喃喃地说："欢迎死神来临！"诗人临死前没让天主教会来做圣事，只是跟自己的亲属诀别，临终时说："我看见了黑色的光明"。

伟大风格背道而驰。同样还有温柔诱骗、多种刺激、不安、不确定、紧张、瞬间的东西，神秘的过分激情以及整个病态的"超感官"伪装，这一切都可称作典型的"瓦格纳式"的货色。但对这全面的无能于不顾；不管瓦格纳对伟大风格垂涎欲滴，而他连普通的、合适的、真正的逻辑学都没有！他对此很清楚，早就看到这一点了。但他立即以毫不生疑的演艺人的精明，使自己的缺陷变成优点，这就是他的高超能力。瓦格纳完全猜到非逻辑、半逻辑中有许多骗人的东西，特别对德国人而言，把不明确的东西感受为"深刻"的东西。他拒绝男子气概，也不同意逻辑发展的严肃性，但他发现了"很有效果的东西"！"他说，音乐始终只是一种手段，而戏剧才是目的。"是戏剧吗？不，是姿态！——瓦格纳就是这样理解的。主要和首先是一种震撼人的姿态！一种使人感到震惊、恐怖的姿态！在"这充分的理由"中有些什么呢！就在节奏的分句中有一种多意性，它立即进入他最喜爱的艺术手法之中，一种陶醉和梦游，不知其"结论"，危险的意志，结果是盲目和让步。

看看我们的那些女人们吧，她们已经被"瓦格纳化"了：真可谓"意志非自由"！呆滞的目光中包含着何种宿命论的成分！何等的任其发展！何等的忍受！她们甚至也许感觉到，她们在"被意志去除"的情况下，对某些男士还有吸引力和刺激性吗？崇拜卡廖斯特罗和奇人有什么理由呢？人们可以毫不迟疑地联想到瓦格纳崇拜真正的酒神狄俄尼索斯的女祭司那种歇斯底里和病态的样子；她在性方面不正常，或者是没有孩子的原因，或者在最可忍受的情况下，是没有男人的缘故吧。

41〔4〕

就莱布尼兹、康德、黑格尔和叔本华这些伟大人物而言，整个德国哲学是迄今为止的、彻头彻尾的浪漫主义和乡愁，因为他们所要求的当时最好的东西。无论在哪里，人们再也没有家乡的感受了。最后，人们要求回到能自我感觉是家乡的地方去，想在那里独自享受就像在自己的家一样：这里说的家就是希腊世界！但是，所有通往希腊世界的桥梁都断了——唯独概念的彩虹未断！概念前往各地，来到对希腊精神而言是所有的故乡和"祖国"！当然，要跨越这些桥梁，人们必须是精细的人、轻捷的人、瘦削的人！但是，什么样的幸福早在这种意志中适宜精神性乃至精灵性！这样，人们就同"挤压和碰撞"、同自然科学机械论的蠢行、同"现代观念"集市上的喧闹没有什么差别了！人们想要归去，通过教父奔向希腊人，由北方奔向南方，由公式转向形式；人们还要品味古代的终结，品味基督教，就像品味进入古希腊文化的通道一样，就像品味古老世界本身的美好，就像在欣赏古希腊概念和古希腊价值判断这幅五光十色的镶嵌画一样。阿拉伯的纹饰图案、涡卷式装饰图案、经院哲学家的抽象的洛可可风格——总比北欧的农民和庸众的现实要好，即更为细腻，更为细微；始终是一种更高的精神性，是对农民战争、庸众暴动的抗议，后者偏爱欧洲北方的精神性，因而成为主宰，并且认为伟大的"非精神性人"即路德，乃是他们的领路人。——如此看来，德国哲学是对抗宗教改革的一部分，甚至还是文艺复兴，至少是意向文艺复兴、古代文化、希腊哲学的一部分，尤其前苏格拉底哲学——古希腊神殿中湮没最深的哲学的发掘中出现的后继意志！也许，几百年以后有人会断言，这方面的一切德国哲学著述都享有逐步收复古希腊基地的尊严，这同德国人要重新系起似乎被扯断的纽带——那条连接着希腊人，即迄今为止最高等"人"的纽带——的更高要求相比，任何对"独创性"的要求都显得小里小气，十分可笑了。如今，我们又重新接近解释世界的一切原则形式，古希腊精神在阿那克西曼德、赫拉克利特、巴门尼德、恩培多克勒、德谟克利特和阿那克萨戈拉诸人那里发现了对世界的这种解释。——我们将日益希腊化，首先是概念和价值评估的希腊化，这似乎成了希腊化的幽灵。这很巧啊！不过，但愿有朝一日也同我们的躯体！我对德国人的希望就寄托在这一点上（历来如此）！

41[7]

那种最高级的迄今已遍及世界的对人世的肯定和对存在

的美化，其神秘的象征产生于希腊人的肉体和灵魂"繁盛"之时，而不是产生在病态的激情和头脑发热状态之下。这里存在着尺度，自那时以来滋生出的一切事物都经过它的衡量。被判定为太短或太小或太窄：——面对近代名人和大事，面对像歌德这样的人，或者贝多芬，或者莎士比亚，或者拉斐尔，人们只需说一声"狄俄尼索斯"就行了。我们突然感觉到，我们所做出的那些最美好的事业和所经历过的瞬间都受到了审判。狄俄尼索斯就是法官！——你们明白我的意思吗？——毋庸置疑，希腊人知道"灵魂命运"的最后奥秘和一切关于教育和修炼的秘密，首先是关于人与人之间亘古不变的等级和价值不等值性，凭借他们的狄俄尼索斯经验试图解释自身：这里就是高深莫测的、保持深深缄默的希腊思想——只要这里的地下通道还未打开，人们就不会认识希腊人。学者们的急切目光从未投射到这些事物上。为了挖掘希腊思想，人们必须运用自己的渊博知识，像歌德和文克尔曼这些古典文化之友那样，虽有高贵的热情，但也说过一些不该说的话，几乎是不谦虚的话。等待和准备，期待新源泉的喷涌，在孤寂中准备迎接陌生的音容；当代集市的尘埃和喧闹，总是把希腊人的灵魂冲洗得更加纯洁；一切基督教的东西会被超基督教的东西克服，而不只是一弃了之，因为基督教教义是狄俄尼索斯学说的反学说。重新发现南国，发现南国那朗朗的神秘的天空在头上高照；南国健康的灵魂和强大的隐蕴再度占领了头脑；一步一步，范围愈来愈广，愈来愈超越国家，日趋欧洲化，日益超越欧洲，日益东方化，最终日益希腊化——因为，希腊思想曾是东方思想的第一大纽带和大综合体，因而也是欧洲灵魂的发端，我们的"新世界"的发现：——谁在这些命令下生活呢？谁知道哪一天才能看见它呢？也许正是——新的一天！

42[6]

[……]最终是平庸之人统治哲学！

1885 年秋

44[2]

自帕斯卡以来什么事没发生过。德国哲学家没想到去反对他。

1885 年秋至 1886 年春

1[1]

其实，我应该有一群深沉温柔的人围在我身旁，在我面前保护我，他们也懂得使我开朗起来，因为像我这样思索的人，身败名裂的危险一直伴随在身旁。

1[20]

——我们有意识的全部动机都是表面现象，在其背后是我们的欲望和状态的条件，是追求权力的斗争。

1[25]

—— "品德优秀的人都是弱者，因为他们没有足够的力量去行恶，所以就成了好人。"拉图卡①首领科莫罗对巴克说。

摘自：1[28]

一切运动乃是内心活动的标志，每一次内心活动都反映在形式变化之中。思维还不是内心活动本身，而同样只是情绪力量平衡的符号语言。

1[30]

A. 心理学出发点：

—— 人的思维和价值判断仅仅是背后翻滚着的欲望的一种表述。

—— 欲望愈来愈专门化，权力意志（为了用一切欲望中最强有力的，至今在指挥一切有机物发展的欲望来表达）就是其统一性。

—— 把一切有机物的基本作用归入权力意志。

—— 问题是，权力意志是否也是无机物世界中的动因呢？因为机械论的宇宙解释中还一直需要动因说。

—— "自然法则"是无条件建立力的关系和度的公式。

---

① 拉图卡 (Latuka，又作 Lotuko 或 Lotuxo)，苏丹南部民族，居住在托里特附近。村庄设防，规模较大，设有统一首领。——译者

——机械论运动说只是内心活动的某种表达手段。

——"原因和效果"。

1[32]

——对原子的假设只不过是对主体概念和物质概念所下的某种结论：无论在哪里，肯定有"事物"存在，由此产生行为。原子是灵魂概念最后的衍生物。

1[38]

还有：信仰因果律就等于相信：我在即有效应，这等于回到了"灵魂"与行动脱节上。这是原始的迷信！

1[50]

——应当用语言来表示状态和欲望：就是说，概念是重新认识的标志。其中不存在逻辑意向；有逻辑的思维乃是分解。但任何被我们"理解"的事物和状态都是某种综合，这种综合人们不能"理解"，但能够描述，而且人们也只能确认它与某些曾经有过的事物有一定的相似性。事实上，任何一种内心的精神活动都是"不科学的"，也包括任何思维。

1[58]

从人的基本欲望出发，对一切行为和经历的估计都是透视的、不同的。每种基本欲望对其他各种欲望而言，都会感到或受阻碍，或受促动，或受迎合。每种欲望都有自己的发展规律（上和下，速度等等），而且，那个欲望和这个欲望是此消彼长。

人的"权力意志"多种多样：每个人的表达手段和形式多种多样。所谓个人的"激情"（如人的残酷性）只是虚假的统一，即从不同的基本欲望出发，只是作为同种的东西进入意识之中，综合成某种"本质"或"能力"，把它说成激情。关于"灵魂说"本身也是一切意识现象的某种表达，我们把它解释为一切现象的原因（"自我意识"是虚假的东西！）

1[61]

凡是人意识到的东西都是链条的最后环节，即终结。所谓一种思想就是另一思想的直接原因，这只是表面现象。真正连接起来的行为发生在下意识之中：感觉和思想等等出现的序列和先后是实际行为的征象！每个思想都有情绪在其中。每个思想、每种感情、每个意志不是从某种本能里产生的。本能是整体状态，是全部意识的整个表面，是从构成人的所有本能，亦即占支配地位的本能的力量的瞬间确定中产生的。这个占统治地位的本能既服从它，又反抗它。下一个思想是一种迹象，说明整个力量状态在这期间已经发生了变化。

1[62]

"意志"——乃是虚假的物化。

1[72]

人这只动物猫一再退化，成了四腿动物——我想说退化成单腿动物"我"，这只是人身体"统一"、真正"统一"的标志罢了，绝非可以让人相信其"心灵统一"的理由。

1[75]

思想乃是感情的嬉戏和斗争的标志：总是同它们隐藏的根源有关。

1[76]

根据产生行为的意图来衡量行为的价值，这样的人所指的是有意识的意图：但一切行为都有许多无意识的意图；就拿"意志"和"目的"来说，就可以有多种多样的解释，其本身仅仅是一种标志罢了。"已说出的、可以说出的意图"就是一种解说，一种阐释，这有可能是错的；此外也可能是任意的简单化和伪造等等。

1[87]

"自我"（与对我们本质的统一掌握不是一回事！）只是概念上的综合体——因而根本没有"个人主义"的行为。

1[120]

对同一文本允许有无数解释，但不存在"正确"的解释。

1[145]

——真诚是我们的最后美德。在其他一切美德方面，我们仅仅是美德的继承人，或许是美德挥霍者，这些美德不是我们积聚起来的。

1〔148〕

把《作为意志和表象的世界》还原翻译到狭小和个人化、叔本华化，这就是《作为性欲和安逸的世界》。

1〔178〕

就我所知，这是人种的问题：雅利安人粗俗的闲言碎语……

1〔180〕

莫扎特①——德国巴罗克②之奇葩。

1〔182〕

被人理解很难。人们应衷心感激为求精确解释的良好意愿：在美好的日子里，人们根本不苛求解释了。人们应该给予自己的朋友足够的误解空间。在我看来，误解比不理解要好：在被理解中有侮辱性的东西存在，难道这是被理解吗？你们明白这是什么吗？——理解就是等同。

误解胜过不理解：人们对不理解的东西无动于衷，冷漠

---

① 莫扎特（Wolfgang Amadeus Mozart，1756—1791），奥地利作曲家，维也纳古典乐派主要代表，少年时就曾在维也纳皇宫演出，一生创作大量作品，如歌剧《费加罗的婚礼》、《魔笛》及交响曲、协奏曲、室内乐等，被人誉为"音乐天才"。

② 巴罗克（Barokko），源于葡萄牙语"barrocco"，有"不规则的珍珠"的意思，巴罗克艺术风格是指17世纪初期至18世纪上半叶盛行的一种建筑、音乐和艺术风格。

伤人。

1〔195〕

我越来越感觉到我们不够肤浅、不够善良，因为我们没有在勃兰登堡贵族地主阶级鼓吹的爱国声中助一臂之力，没有与"德意志、德意志高于一切"这个满怀仇恨的愚蠢之极的口号保持一致。

1885 年秋至 1886 年秋

2〔3〕

我们正处在民族疯狂这个危险的狂欢节之中，一切较高尚的理性被抛在一边，粗野的地方民族虚荣心强烈呼吁特殊生存权和自我美化——如今，人们怎么（能）责怪波兰人，这个斯拉夫世界最优等的人种保留住自己的希望和……

有人对我说，德国正在说大话。

2〔34〕

我曾经爱戴和尊敬瓦格纳胜过其他人。假如瓦格纳最后没有那种蹩脚的鉴赏力——抑或迫于可悲的无奈——同那些在我看来没有品位的"才子"，同他的信徒，即瓦格纳崇拜者同流合污的话，那我就没有理由在他活着的时候向他挥手告别：瓦格纳性格最深沉、最胆大敢为，是当今难以识辨的人中最被看错的人，了解他有助于我的认识，这比了解其他人更有益。在我学会把"他的"和"我的"东西进行恰如其分的区分开来之前，先提出这样一个问题：什么东西是先有的？我不想把他的东西和我的东西混淆起来，因此需要自我克制。也许，我觉得这个问题比其他问题离我得更远些，我想到了演员的问题。出于一个难以说清的原因——我发现并重新认识了在任何艺术家心目中这个艺人身上有艺术家典型的气质。为此我需要同他打交道。我觉得我比演员和艺术家想得更高，比过去的哲学家想得更糟。改进戏剧同我没有多大关系，它的"教堂化"同我关系更小；真正的瓦格纳音乐我还懂得不多——为了我的幸福和健康，我或许不需要他的音乐。我在他身上发现了最怪异的东西，是他晚年过分的德意志气质和半教会性……

2[84]

　　判断是我们最古老的确信，是我们最习以为常的真伪之辩。

　　我们最古老的确信存在于判断之中，判断就是肯定或否定，就是此物而非别物，是一种确信，即认为此处确已"有所认识"的确信——在一切判断中被信以为真的那个东西究竟是什么呢？

　　什么是谓语？——我们不要把自身发生的变化看作是诸如此类的东西，而是看作非我们自身的、陌生的、只可以"感知"的"自在"：我们没有把这种变化看作一个事件，而是设定为一个存在，设定为"特性"——进而设想为转变赖以附着的本质，也就是说，我们把作用确定为作用者，把作用者设定为存在者。但在这一表述中，"作用"这个概念仍然是任意的，因为我们身边发生的、为我们所确信的那个转变甚至并非是原因。由此我们只是推论出，这种转变必定是作用。按照这种推论："每个转变都是有个发动者"。但这种推论已经是神话了：它分离了作用者和作用。假如我说"闪电发光了"，那我首先把发光设定为活动，继而又把闪电设定为主体。这样一来，我就为事件发生设定了一个存在，它同事件发生不是一体，宁可说始终是不一致的。是存在着，而非"生成着"。——把事件发生确定为作用，把作用确定为存在：这是我们所犯的双重谬误，或双重解释。这样一来，譬如"闪电发光了"："闪电"对我们来说是一种状态，但我们没把它确定为作用于我们的结果。还可说："闪光的东西"是"自身的存在"，且在寻找一个发动者，即"闪电"。

2〔86〕(30)

单单认识会是什么？——是"解释"，不是"说明"。

2〔88〕(33)

说有个我们不能设想的力（就像所谓纯机械论的吸引力和排斥力一样），这是空话。这种力在科学中是得不到公民权的：它有意使我们相信世界是可以设想的。如此而已！

一切由意图产生的事件可以还原为扩大权力的企图。

2[89]

在我们对事件套用数学公式的地方去认识事物，那是幻想：只是说明和描述事件。如此而已！

2[91]

对我们来说，假如我们的"自我"是唯一的存在，并据此把一切当作或理解为存在：这太好了！那么，人们怀疑这里是否有远景式的幻想就是合情合理的了——表面上的统一情形就像地平线上的情形一样，一切都融为了一体。肉体研究展示了惊人的多样性；为了解较为贫乏的事物，利用这个比较好探究的、比较丰富的现象，这在方法上是许可的。最终是，假设一切皆是转变，那认识就只能建立在相信存在的基础上。

2[95]

就像我们理解知觉那样，一切知觉的总和及其意识化，对我们和呈现在我们面前整个有机过程来说是有益的、是重要的：这就是说，不是指所有的知觉（譬如不包括电的知觉）；也就是说，我们的感官只是为了选择知觉——为保存自身，我们必须依靠这样的知觉。意识的存在取决于意识是否有益。毫无疑问，一切感性知觉完全贯穿着价值判断（有益的和有害的，结果也就是令人愉快的，或是令人不快的）。就我们而言，个别颜色同时也表示价值（尽管我们很少承认，或者只有在同一颜色长期作用之后才承认，如狱中犯人或疯子）。因此，昆虫对不同色彩的反应也是不同的：有的昆虫喜欢颜色，譬如，蚂蚁。

2[103]

怀疑自我观察。说一种思想是另一种思想之原因，这点不能确定。在我们人的意识里，思想的产生有先有后，好像一个思想是后来思想的原因似的。我们确实没看见思想搏斗情况……

2[108]

世界的价值就在于我们的解释（——也许在什么地方可能还有不同于单单人的解释——），迄今为止的解释都是远景式的估计，借助于这种估计，我们保存自己的生命，也就是保存权力意志，保存权力的增大。人每次向上都会导致克服较为狭隘的解释，每次强度加大和权力的扩大都会打开新的远景，并称之为信仰新地平线的视野——这些观点都写在我的书里。与我们相关联的世界是不真实的，即非事实，而是建筑在少量观察之上的膨胀和收缩；世界是"流动的"、生成的，作为假象不断重新变化，而这种假象从未接近真理：因为——没有什么"真理"。

2[110]

关于《悲剧的诞生》

"存在"是忍受变化之痛苦者的虚构。

这是一部纯粹的关于美学快乐和非快乐状况的书，背景是艺术家的形而上学，同时也有浪漫主义者的信仰。说到底，是一部充满年轻人的勇气和忧郁的处女作。最痛苦者强烈渴望美——他创造了美。

基本心理经验：在一个虚构和幻想的世界面前，在美的表象作为摆脱转变的世界面前，以"阿波罗的"这个名字来表示这个心醉神迷的坚持姿态：以狄俄尼索斯的名字进行洗礼，其次是积极地理解转变，主观上同情它，作为创造者极大的快乐，同时作为创造者也看到破坏者的愤怒。这两种经历以及基于这两种经历产生的欲望发生对抗：第一个欲望要使得现象永恒，人在现象面前冷静、心满意足、像大海一样平静、得到治愈、赞同自己和一切存在之物；第二个欲望要求转变，要求使之生成快乐，即创造一个又被毁灭的快乐。从内心来感受和解释这个生成，也许是对不满、丰溢、无限紧张和紧迫的事物不断进行创造，创造出一个上帝，而这个上帝只有通过不断转变和交换去克服存在痛苦：——表象是它暂时的、任何瞬间已达到的解脱；世界是表象中神性幻想和解脱的接续。——这个艺术家的形而上学反对叔本华的片面观察。叔本华对艺术的评价不是从艺术家角度出发，而是从接受者出发，因为艺术在享受非真的东西时带来一种解放或解脱，与现实相反（这乃是忍受自身和现实痛苦和失望者的经历）——这是形式及其永恒性的解脱（尽管柏拉图也可能有过如此经历，他也准备享受战胜这个极富刺激和痛苦的敏感性）。人们以第二个事实，即艺术以艺术家的经历为出发点，首先以音乐家的经历为出发点来对抗柏拉图：这是必须创造带来的痛苦，即狄俄尼索斯的冲动。

悲剧艺术富有这两种经历，以阿波罗和狄俄尼索斯的妥协来表示：通过狄俄尼索斯赋予这种现象以最深刻的意义，但这个现象遭到了否定，且是用快乐来否定的。这同叔本华的消极悲观学说相反，叔本华是悲剧的世界观。

反对瓦格纳的理论，他把音乐看作手段、把戏剧看作目的。

追求悲剧神话（追求"宗教"而且是悲观主义的宗教）（作为最后的钟形花，生成的事物。其中正在增长的东西长势良好）。

不相信科学，尽管人们强烈地感受到了科学带来的瞬时和缓解的快乐，这乃是鼓吹理论者的乐趣。

强烈反抗基督教的意志：为什么呢？它败坏了德意志人的本质。

只有美学上的世界合理化。彻底怀疑道德（道德同属现象世界）。

只有表象幸福才使此在幸福成为可能。

只有消灭"此在"这个真实的东西，消除美的假象，使幻想悲观主义破灭，生成的幸福才有可能。

也只有在消除美的表象中，狄俄尼索斯的幸福可达到其顶峰。

2［114］

　　在没有艺术家的情况下出现艺术品，譬如肉体、组织（普鲁士军官团、耶稣教团）。在什么程度上，艺术家只是一个预备阶段。"主体"意味什么呢？

　　世界是自我生殖的艺术品……

　　艺术是对现实不满的结果吗？抑或是对已享受的幸福表示感激吗？前者是指浪漫主义，后者是指灵光和酒神颂歌（简言之，奉若神明的艺术）：拉斐尔也属此列，只是他的错误在于，把基督教对世界解释的假象神圣化。他对生命有过感激，但生命并非专一表现为基督教的。

　　世界随着道德解释变得无法忍受。基督教企图用道德说教战胜世界，也就是否定世界。其实，这是疯狂的谋杀——即在世界面前疯狂地自戕——就是人的阴沉化、渺小化和贫困化：人是最平庸和最无害的，人有群居性特点，人会单独找到自己的价值，得到促进，假如人们愿意的话……

　　荷马是奉若神明的艺术家，还有鲁本斯①。音乐界还没有过这样的艺术家。

　　────────

　　① 鲁本斯（Peter Paul Rubens，1577—1640），德国画家，巴罗克美术的代表人物，在欧洲艺术史上有巨大影响，作品有《基督教下十字架》、《维纳斯和阿多尼斯》等。在鲁本斯的作品中，体现出了热爱生活、充满想象力的特征，通过艺术形象肯定人的力量和人生的欢乐。

把伟大的渎神者理想化（渎神者的伟大二字的含义）是希腊式的；污蔑、诽谤、鄙视罪人，这是犹太-基督教式的。

2[119]

"艺术进入内心世界有多远？在远离'艺术家'的地方还有艺术力量吗？"如人所知，这个问题就是我的出发点。我对第二个问题的回答是肯定的；对第一个问题的回答是"世界本身就是艺术，仅此而已。"那个求知识、求真理、求智慧的绝对意志，我觉得在如此表象的世界里，是对形而上学基本意志的亵渎，是反自然，通俗地说是用智慧的矫公正合理地反对智者。智慧的这种反自然属性明显地体现在敌视艺术上：想要去认识：表象在何处恰好就是解脱——这是本末颠倒啊！这是求虚无的本能啊！

摘自：2[127]

5. 当代自然科学产生了虚无主义的结果（连同遁入彼岸的尝试在内）。最后，自然科学导致产生自我瓦解，转而反对自己成了反科学性。——自哥白尼始，人从中心位置滑到了未知数 X。

2[130]

"艺术家"现象还是最容易看清的——由此出发，朝权力的基本本能看，朝自然的基本本能看，等等！也包括朝宗教和道德的基本本能看！

无用的"嬉戏"是用力堆积而成的理想，是"天真的"。上帝的"天真"，举止像个孩子。

2[148]

解释权力意志：在构建一个机构时，这就涉及到解释的问题；意志划定界线，确定程度，明确权力的差别。单独的权力差别本身恐怕还不会有这样的感觉：必须存在一个希望增长的物，按照它自身的价值，由这个物来解释每一个希望增长的其他物。这就一致起来了——事实上，解释本身乃是手段，目的是主宰某物。（有机的进程始终以不断的解释为前提。）

2[149]

"自在之物"同"自在含义"、"自在意义"的情形一样。"自在事实"是没有的，为能造成事实，而始终必须首先植入一种意义。

"这是什么？"的提问，就是从另外的角度出发设定意义。"精华"、"本质性"是远景式的东西，并以多样性为前提。基本问题始终是"对我来说这是什么？"（对我们、对一切有生命的东西等等来说。）

只有当所有人都把对某个事物"这是什么"的问题提出来，并作出解答，这事物才算是明确了。假如还有唯一的一个人还没确定他自己同一切事物的联系和远景，那么这个事物就始终还是不"明确的"。

2[150]

简言之，事物的本质也不过是关于"此物"的见解而已。或者宁可这么说：这个"它该是"就是本来的"这是"，唯一的"这是"。

2[162]

　　在我早期撰写的书里，人们发现我有追求不完整的地平线的良好意愿，我对确信的某种谨慎，我对迷惑、对良知的诡计的怀疑，这一切都是坚定的信念引起的；或许人们在这里可以看到烫伤后的孩子、被骗的理想主义者所采取的部分谨慎态度。——我认为，谜团朋友伊壁鸠鲁式的本能更具本质，他不想让事物的谜语本性有所损失，至少最终成为美学上的反意志，去对抗那些伟大、道德、肯定的话语。这是一种审美，它反对所有方方正正的对立物，希望事物中有部分不确定性，并去掉对立物。这种审美观喜欢中间彩色、影子、午后光线和无边大海。

2[165] (41)

关于《朝霞》^①的前言

　　试图研究道德，但不上道德魔法的当，不信那骗人的温文尔雅的举止和目光。

　　我们可以尊敬的世界，是个符合我们欲望的世界——它一直不断地证明自身——由于个别人和一般人的引导：这就是基督教观念，我们大家都来源于此。

---

　　① 尼采的《朝霞》初版于 1881 年问世，再版于 1886 年。

由于洞察力、怀疑、科学性的增长（也由于真实性本能的增高，于是又重新处于基督教影响之下），愈来愈不允许我们作这样的解释。

最妙的出路是康德批判哲学。理智否认在那种意义上有解释权，也否认在那种意义上对此解释有拒绝权。人们满足于信赖和相信的过剩，满足于放弃相信的可证明性，满足于令人不解的和优胜于他人的"理想"（上帝）。

继柏拉图之后，黑格尔的出路是一种浪漫主义和反动，同时也是历史意义的象征，一种新的力的象征："精神"本身就是展示自己和实现自己的理想，在"进程"和"生成"之中，越来越多地显示出我们所信仰的理想。换句话说，理想自我实现，信仰要适应未来需要，即信仰有能力提供自身需要的东西。简言之，

第一、对我们来说，上帝不可知、不可证明——这是认识论运动的隐义。

第二、上帝是可以指证的，但是生成的东西，且我们也当属此类，因为我们有要求理想的欲望——这是历史运动的隐义。

但是同一历史意义进入自然……

人们看到：批评从未涉及理想本身，而是涉及这样的问题：从哪里出现反对理想的矛盾，为什么理想还未实现，或者，为什么理想基本上都是不可指证的。

迄今为止，智者的理想在基本道德上达到什么样的程度呢？……

最根本的差别在于人出于激情、出于欲望是否感到这种非常状态真是紧急状况，或者人是否依靠敏锐的思想和一点历史虚构的力，达到了这非常状态，并把它看作是一个问题……

如果我们远离宗教和哲学进行考察，就会发现同一现象：功利主义（社会主义、民主主义）批判道德估价的起源，但是它却信奉这种起源，就像基督徒的情形一样。（幼稚！如果没有这个行使制裁权的上帝，道德好像是多余的。"彼岸"就是绝对必要的，假如保持对道德信仰的话。）

基本问题：信仰这个至高无上的权力从何而来？这个信仰道德的至高无上的权力从何而来？（——这里，信仰也告诉了人们，为了利于道德，误解了生命的基本条件，尽管人们对动物世界和植物世界有所认识。）"自我保存"：这是达尔文主义对利他主义和利己主义原则采取的折衷看法。

（批判利己主义，譬如拉罗什福科①）

我试图把道德判断理解为象征和象形语言。生理学上的

---

① 拉罗什福科（La Rochefoucauld，1613—1680），法国思想家，出身贵族，早年热衷政治，晚年他蜕变成了一个文化型人物，擅长沉思默想，《箴言录》就是他思考的结果。

兴衰过程，保存和增长条件的意识也是通过这种语言显示出来的：这是占星术的价值解释方式，是本能带来的偏见（关于种族、教区、青年到衰老不同阶段，等等。）

如果专门用于基督教的欧洲道德上，那么我们道德的判断乃是衰亡、不信仰生命的预兆，是悲观主义的准备。

我们把矛盾解释到了生命上，这是什么意思呢？——这是十分关键的：一切其他价值估价背后都有道德估价在发号施令。假设道德估价消亡了，那么我们用什么尺度来衡量呢？那么认识等等还有什么价值呢？

我的主要命题：不存在道德现象，只存在对这种现象的道德解释。而这种解释本身就源于非道德。

2[174]

在事物中，人们不会再发现自己没有放进去的东西：这种儿童游戏——我不想小看它——就是自称的科学吗？相反，让我们继续同两者——一种是再去发现的人，另一种是我们这些人——往里放东西，对此是要有勇气的。

人类最终在事物中再发现的是自己加进去的东西：再发现的就是科学，加进去的则是艺术、宗教、爱和骄傲。假如这应当是儿童游戏的话，在两者中——

2[193]

我们的坏习惯是把回忆的符号、简化的公式当作本质，最后又当成原因，譬如说闪电："它照亮"，或者干脆就是这个"我"。把观察中的一种远景设定为观察的原因：这就是发明"主体"，即"自我"的艺术！

2[196]

我们是无家可归者——是呀！但我们想利用我们所处的优势，别提走向死亡，让自由的空气和强大的聚光对我们有好处。

2[199]

——从意义和程度上看，诚如现在公众的观念要求有民族精神那样，对我们较有思想的人来说，我看这不仅没有了审美趣味，而且也是一种不正直，是对我们较好的知识和良知的任意麻木。

2[200]

我们不再是基督徒了，同样，我们也不再需要基督教了。这不是因为我们离它甚远，反而是因为我们离它太近了。更确切地说，我们是从它身上长大了——这就是我们更严肃更宠坏的虔诚，它如今禁止我们还去做基督徒——

2[208]

对付不了基督教。

1886 年初至 1886 年春

3[6]

在欧洲，爱国精神还不成熟，且双脚还未站稳：这种精神容易跌倒！人们不可因这种喧嚣而被迷惑：小孩子叫喊得最响。

1886 年夏至 1887 年秋

5[3]

在我们的无知开始的地方，在我们无法远看的地方，我们就会造出一个词来，譬如"我"、"做"、"受苦"等：这一切也许就是我们知识的地平线了，但不是"真理"。

5[4]

就连眼睛不好的人也逐渐看清了康德所批判的哲学疵点：康德已经失去鉴别"现象"和"自在之物"的权利了。他剥夺了自己以这种陈旧的、惯用的方式继续鉴别的权利，因为他拒绝把现象推论为现象的原因，认为这是不允许的——他是依据自己对因果关系的概念及其纯内在现象的有效性来加以理解的；另一方面，这种观点已经预示那种鉴别法，好像"自在之物"不仅是推断出来的，而且是早已有之的。

5[14]

科学的发展一再使"已知的东西"变成未知的东西，但是，科学恰恰想要的是相反的东西，即从本能出发，要把未知的东西还原为已知的东西。

总之，科学在酝酿着一种绝对的无知，一种感觉，它认为"认识"根本不会存在，只有一种梦想"认识"的自傲，甚至是，我们丝毫没有把"认识"这个概念仅仅当作一种可能性——"认识"本身是一个充满矛盾的观念。我们把一个古老的神话和自负改编为严酷的事实：没有自在之物，也就没有"自在认识"，更没有资格作为概念。这乃是"数字和逻辑"引起的诱惑……是"法则"的诱惑。

"智慧"作为去除透视评价的尝试（即"权力意志"），它是敌视生命和起涣散作用的原则，就像印度人等等身上的征兆，占有力的衰弱。

5[18]

"凡是可以证明的就是真实的"，这是对"真实"概念的随意确定。这种确定是不可能证明的！简单的说法是，"这应该是真实的，应该叫'真实'的！"在这个"真实"概念的背后有着利用价值，因为可证明的东西呼唤人脑中共同的东西（逻辑），因此这自然不再是大多数人关注的有效标准。证明"真实"也就是得出结论，其前提是，作出结论的判断早已是"真实"的了（就是说，得到普遍承认）。由此出发，"真实"就是经过普遍承认这种下结论的形式归结到普遍承认的真理。于是这就意味着，"凡是可以证明的就是真实的"把真理设置为已经存在的前提……

5[22]

根本的解决办法：

我们信仰理性：但它是灰色的概念哲学，语言就是建立在所有最幼稚的偏见的概念之上的。

现在让我们把不和谐问题强加进事物中，因为我们只会用语言形式来思维，这样我们就相信"理性"这个"永恒真理"（譬如主语、谓语，等等）。

假如我们不想受到语言的强制，我们就会停止思维。这样我们恰恰会怀疑这里看到的界线是否真是界线。

理性思维是按照我们无法摆脱的模式来完成的一种解释。

5〔30〕

民众正当得到的状况概念是最虚伪的，其实离智慧最遥远。

5〔56〕

作为"统一性"进入意识的一切东西已经是极其复杂的了：我们始终得到的是对统一性的印象。

肉体现象是更丰富、更清晰、更确切的现象；从方法上看，先不探究其最终意义。

再说：即便"意识"中心不同生理中心一起相合，生理中心也是心理中心，这或许也是可能的。

感情的智慧性（快乐和痛苦），就是说，是由那个中心控制的感情。

摘自：5[71]

欧洲虚无主义^①

伦策尔·海德

1887 年 6 月 10 日

1

基督教的道德假定提供了哪些有益的东西呢？

1. 基督教的道德假定赋予人绝对价值，同人在生长和消逝的长河中的渺小和偶然性相反。

2. 基督教的道德假定为上帝的辩护士效力，尽管有痛苦和灾祸存在，这种假定仍然赋予世界完美性的特征，也包括那种"自由"——灾祸表现出丰满的含义。

3. 基督教的道德假定在人那里设定了有关绝对价值的知识，因而也就等于把与此要义同值的认识给予了人。

基督教的道德假定告诫人不要蔑视自己，不要反对生命，不要怀疑认识；这种假定是一种保护手段；——总之：道德是抵抗实践的和理性的虚无主义的伟大手段。

2

但在道德培植的力中有过真实性：这个真实性最终反

---

① "欧洲虚无主义"（Der europäische Nihilismus）来源于拉丁文"nihil"，意谓"什么都没有"。"虚无主义者"最早于 1761 年使用，不过那时指宗教意义上的异教徒。尼采把否定历史传统和道德原则的现象称之为虚无主义。由尼采 1883 年至 1888 年的笔记精选而成的《权力意志》，人们认为其主要思想为"欧洲虚无主义"，人们认为这是 19 世纪的主要问题。

对道德，发现道德是有目的的，道德观察是带着利益性的，而且，这种早已根深蒂固的欺骗性的认识，现在正恰恰起着兴奋剂的作用，而人却怀疑它、想摆脱它。关于虚无主义，现在让我们来认识人的需求吧。长期以来，人的需求是道德解释造成的。如今看来，我们则是对非真实的需求。另一方面，它们看来是价值的依托，正是为了它们我们才维持生命的。这个我们所认识的对抗性不受重视，并想拿来欺骗自己，还不许评价，于是就产生出一个消解的过程。

3

我们的确不再那么需要反对初期的虚无主义的办法了。在我们的欧洲，生命已不再是那样偶然、无意义和不确定。现在不需要过分夸大人的价值、恶行的价值等。我们忍受对这种价值的巨大折扣，我们容忍许多无意义和偶然性。现在，人已取得的权力允许减少训育手段，其最强大的手段就是道德解释。"上帝"是一个过于极端的假定。

4

但是极端立场不会被折衷立场所取代，而是被极端的但是相反的立场所取代。假如说对上帝和基本道德秩序的信仰不能维持下去的话，那么，相信天性的绝对非道德性，相信无目的和无意义，都是心理上必要的情绪。如今出现虚无主义不是因为生存痛苦比以前大，而是因为人们怀疑恶习中，也就是生存中的"意义"。一种解释破灭，因为这种解释被认为是这样的解释，就好像生存根本没有任何意义，似乎一切都是徒劳的。

5

有待证明的是，这样的"徒劳！"就是我们现时的虚无主义特征。对我们从前价值估计的怀疑上升为这样一个问题："一切'价值'难道不就是诱饵，喜剧利用这些诱饵拖延时间，但绝不会接近答案吗？"带着"徒劳"这样的持续，没有目标，没有目的，是最使人麻痹的思想，尤其当人们明白被欺骗而又没有权力不让人欺骗的时候。

6

让我们思考这种最可怕的思想形式吧：存在如其本身那样无意义、无目的，但却无可避免轮回着，没有终极目的，直至虚无：这就是"永恒轮回"。

这是最极端的虚无主义形式：虚无（"无意义"）永恒！

佛教的欧洲形式：知识和力的能量强迫人们有这样的信仰。这是一切可能假说中最科学的。我们否认终极目标：假如存在真有目标，那想必它已经达到。

1886 年夏至 1887 年春

6[13]

最后，我们将脱离形而上学之最古老的状态。假设我们能够脱离那种状态，即把它并入语言和语法范畴，并使之成为不可或缺，好像我们会停止思维，假如我们放弃形而上学的话。哲学家们最难放弃的信仰恰恰是：理性的基本概念和范畴不言而喻地属于形而上学的明确性领域。自古以来，哲学家们相信理性，而不是形而上学世界本身，——在他们身上，这个最古老的信仰犹如强势反弹，总是一再爆发。

1886 年底至 1887 年初

7[1]

谬误的心理学。

——自古以来，我们把某种行为、性格、生命价值置于意图和目的之中，为此而行动、表现和生活。这种具有古老特质的口味最终要发生危险的转折，前提是：假如事情的无意图和无目的性越来越引起意识的重视。因此看来会酝酿一种普遍贬值："一切都无意义"。这句伤感的名言就等于说："一切意义在于意图之中。假如根本就没有意图，那么也就完全没有了意义。"根据这种估计，人们就不得不把生命价值放在"死后生命"里，或放在观念或人类或民族或超越人类之外的持续发展中。但这样一来，人们也就进入到目的无限发展的过程中，最终需要在"世界过程"中为自己谋求一席之地（也许采用恶劣的鬼神说透视法，这就是走向虚无的过程）。

相反，"目的"需要一种更严格的批判，人们必须认识到行为从不通过目的而产生；目的和手段乃是解释，人们在解释时强调和遴选了事情的某些点，以牺牲他人和绝大多数人为代价；每次为了某种目的去做某件事，就会发生某种根本不同的、其他的事情；联系到任何有目的的行动，如太阳辐射酷热而出现所谓的目的性，绝大部分热量白白浪费了；只有很小部分热量还有"目的"，还有"意义"；一种带有"手段"的"目的"，乃是一种十分不确切的描述。它虽然可以作为规定、作为"意志"来发号施令，但它是以一种由驯服的工具组成的体系为前提的，那些工具设定了纯粹坚实的伟大之物取代不确切的东西。这就是说，我们设想出一种设定目标和手段的更聪明但也是更狭隘的智慧，以便有能力赋予我们唯一熟悉的"目的"去发挥"行动的原因"的作用，其实我们没有这种权利（即为了解决一个问题而把答案放进了我们无法观察的世界之中——）。最后：为什么"目的"就不可能是一种伴随现象呢？也就是有引起有目的的行为、在变化序列中起作用的力呢？——这是先入意识之中的苍白图像，它在引导我们见到发生事情的征兆，而不是事情的原因。——但是这样一来，我们也就批判了意志本身。把意识中出现的意志行为当成原因，这不是一种幻想吗？一切意识现象不都仅仅是终结现象，即链条的最后环节吗？但好像是受意识内部先后次序决定的吗？这倒可能是一种幻想。

驳斥所谓的"意识事实"说。观察是极其困难的，谬误也许就是观察的条件。

我故意伸展我的臂膀，假设我对人体学和作为普通人对它运动的机械规律不太了解，在与随后发生现象的比较时，还有比这种意图更暧昧、更苍白、更不确切的东西存在吗？假如我是个最机敏的机械师，精通这里使用的公式，那么我一定不伸出我的臂膀。我们的"知识"和我们在这种情况下发生的"行为"是截然分开的：仿佛是两种截然不同的领域。——另一方面，拿破仑实施了一项远征计划——这意味着什么呢？这里，实施计划的一切行动都是有意识的，因为一切都必须受命行事。但也就是在这里，下属成了前提，他们要解释一般计划，适应每时每刻必要的情况、力的限度，等等。

世界不是如此这般，生物看到的世界是呈现在其前面的世界。而且，世界是由如此的生物组成，每个生物都有一个小小的角落，每个生物从它的角落出发测量、发觉什么，看到和看不到什么。这里没有"本质"东西："生成的""现象的"东西才是唯一的存在方式。

"事物发生变化"，没有无缘无故的变化——这就总是设置了某种藏留在变化后面的前提。

按照心理学来推算"原因"和"效果"是一种相信，表现在动词上，即主动态和被动态，行为和承受。也就是说，把事情的发生分为施行和承受，一个施行者的假设是事先就有的。相信"行为者"藏在其后，假如一切行为都是"行动者"发出的话，好像"行动者"是多余似的。这里始终有着"自我想象"这样的潜台词，因为一切现象都被解释为施行，用神话来解释一个"我"的存在……

摘自：7[3]

追求真理的意志①

解释

对世界的解释在多大程度上是统治欲的标志？

艺术地考察世界就是要面对生命，但这里缺乏对美学观的分析，它把美学观贬低为残暴性、安全感、裁决感和局外感，等等。人们必须接受艺术家本人及其心理学（诸如把赌兴作为力的释放、变换的乐趣来批判，作为对自己灵魂的挤压，作为艺术家的绝对利己主义等来批判）。艺术家净化了哪些欲望呢？

科学地观察世界就是批判心理对科学的需求。想要领会

---

① "追求真理的意志"（Wille zur Wahrheit）在尼采那里也就是权力意志的变形。尼采在此处与叔本华的意志观念有根本性不同。

事物，想要使事物都变得实际、有用、被利用充分：它在什么程度上是反美学的；凡是可数和可计算的东西就是价值本身；普通人想借此在什么程度上取得优势。假如用这种方法占有历史——优越者、仲裁者的王国，那将是可怕的。艺术家净化了什么欲望啊！

从宗教上观察世界就是批判宗教人。他不必是道德之人，而是有着强烈崇高感和深沉的沮丧感的人。他用感激或者怀疑的态度解释崇高感，不从自身的崇高感来推导（——对沮丧也是如此）。从根本上来说，自感"不自由的人"净化了自己的状态，净化了屈从的本能。

从道德上观察世界就是把社会等级制的情感置于宇宙之中，坚定性、法则、分类和排列，由于它们评价最高，因而也就在最高的位置上寻找它们，在宇宙之上，或在宇宙之下，一样……

共同性是什么：统治欲也被人视为最高价值的审理机关，是的，也被视为创造力和统治力。自然，这些欲望或相互敌对，或互有高低之分（也可能综合在一起），或在统治中更替。但它们之间深刻的对立如此之大，以致在它们想要使一切得到满足之时，就构想出一个极其平庸的人来。

因此，"美"对艺术家来说是处在一切等级制以外的东西，因为对立在"美"中被抑制住了。权力的最高象征就是超过对立物；此外没有紧张感，即不再施行暴力，一切跟随和服从都来得容易，而且为了服从作出最可爱的表情——这是让艺术家的权力意志欢悦的事情。

解释世界就是它们的共同性。

7[38]

首要问题根本不是我们是否对自己满意，而是我们是否对某事满意。假如我们对唯一的时刻表示肯定，那么我们就不只是对我们自己，而且也是对整个生存表示肯定。因为没有任何东西是为自己的，我们本身没有，事物中也没有。如果说我们的灵魂像琴弦那样，仅有一次因为幸福而颤动和发声，那么为决定这样一种现象就需要一切永恒性，而一切永恒性在我们作出肯定这样一个唯一的时刻就得到了认可、解脱、辩护和肯定。

7[47]

对祖国泛滥的批判：谁感到自身有价值，谁就会上百次抬高这些价值，把它们当作"祖国"、社会、血缘和种族的幸福——这是祖国和种族之外的价值，可以说国际价值。假如他想扮演"爱国者"的角色，那他就成了伪君子。这就是人和灵魂的低级化，这种低级化自身承受住了民族仇恨（或者完全欣赏和美化它）：封建王朝家族充分利用了这种人，并且贸易和社会等级（当然也有可收买的傻瓜、艺术家）比比皆是，他们得到了支持，假如这些民族腐蚀剂又重新掌权的话。确实，低级的人占了优势……

7[54]

给生成打上存在性质的印记——这乃是最高的权力意志。

双重的谬误，是从感官和精神出发的，目的是保持一个存在物的世界，保持一个持久物、等价物等的世界。

万物轮回乃是生成世界向存在世界最极端的接近：这就是观察的顶峰。

当臆造出一个如此存在的世界之后，就从被赋予存在物的价值中产生生成中的批判和不满。

存在物在变形（躯体、上帝、理念、自然法则、公式等等）。

"存在物"作为表象，价值颠倒，表象是价值的赋予物——

生成中的自在认识是不可能的；认识怎么可能呢？认识是对自身的误解，是权力意志，是为求假象的意志。

生成是臆造、意愿、自我否定、自我克服：不是主体，只有行动、设置、创造性，没有"原因和效果"。

艺术是作为超越生成的意志，是"永恒化"，但它是近视的，按照各自的观点，就像在细微之处重复整体的趋向一样。

一切生命所显示的，便是作为观察整体趋向而用的缩小公式；因此也是对"生命"概念的新界定，即权力意志。

取代"原因和效果"的，是生成物彼此间的斗争，常常吸入对立物；生成没有恒常的数目。

在了解古老理想的动物性来源和效用之后，这些古老理想便对解释全部事情毫无用处了；这一切有悖于生命。

机械论也毫无用处——它给人的印象是无意义性。

迄今为止，整个人类的理想主义正要变为虚无主义，——变为信仰绝对的无价值性，即无意义性……

理想的毁灭，新的荒漠，新的艺术，我们这些两栖动物以求忍受。

前提：勇敢、坚忍、义无"返顾"，也不急于前进。

请注意：查拉图斯特拉总是嘲讽地摹仿一切过去的价值，且与众不同。

7[60]

实证主义坚持"只有事实存在"的现象这种说法，我要对实证主义说声"不"！恰恰没有事实，只有解释。我们不能确定"自在"的事实，想这么做也许是种胡闹。你们说："一切都是主体的"，但这已经是解释。"主体"这个词不是任何现成的东西，而是某种臆造的东西，是藏于词后的东西。——有必要把诠释者放到解释的背后吗？这已经就是想象，是假设了。

只要"认识"这个词还有意义，世界就是可以认识的：但世界是可以另作解释的，在其身后没有意义，却有无数的

"远景观的"意义。

我们的需要乃是解释世界：那就是我们的欲望，我们对世界的肯定和反对。任何欲望都是一种统治欲念，每种欲望都有自己的观点，都想把这种观点当作标准强加给一切其他欲望。

1887 年夏

摘自：8[1]

论艺术的起源。任何完善行为，任何完美观察都是超载着性之力的小脑系统所特有的（与恋人相约之夜，最小的偶然性神圣化，生命乃是崇高事物的先后顺序，"失恋者的不幸远比任何东西更有价值"）。另一方面，任何完美无瑕和任何美的东西都被看作是对那种热恋状态和情形的无意识回忆——任何完美性、事物的全部美感都通过连续性再次唤醒阿佛洛狄忒般的[1]极乐感。用生理学的话来说，那就是艺术家的创造本能和精液在血液中的分布……对艺术和美的要求就是间接的对性欲快感的要求，它把这种快感传输给大脑。世界通过"爱"已变得完美……

---

① "阿佛洛狄忒般的"一词源自希腊神话中的阿佛洛狄忒（Aphrodite）。她是美、繁衍与性爱的女神，传说是宙斯和狄俄涅之女，还有一种说法认为她是从海中出生，相当于罗马神话中的维纳斯。

1887 年秋

9[35] (27)

1. 虚无主义是正常状态。

虚无主义没有目的，没有对"为什么？"作出回答。虚无主义意味着什么呢？——虚无主义意味着最高价值自行贬值。

虚无主义具有双重意义：

A）虚无主义是精神权力提高的象征，即积极的虚无主义。

虚无主义可以作为强力的象征：精神之力可能急剧上升，以致迄今为止的目的（如"信念"、信条）与精神之力不相适应。

一般来说，信仰是生存条件受到约束的一种表现，是某人在生命、成长、获得权力所处的关系中对权威的屈服……

另一方面，它也是力不够强的象征，从创造性方面来讲，不足以再次设定目的和信仰这样的问题，提出为什么。

它作为巨大的破坏力会达到相对之力的最大值：积极的虚无主义。它的对立面也许是疲惫的虚无主义，不再进击，佛教便是它最著名的表现形式。这是消极的虚无主义。

虚无主义是病理学上的一种中间状态（病理学的高度概括，推论没有任何意义）。尽管创造力还不够强大，尽管颓废还在犹豫，还没有找到自己的辅助手段。

B) 虚无主义是精神权力的下降和没落：消极的虚无主义。

作为弱的象征：精神之力可能是疲惫的、衰竭的，以致迄今为止的目的和价值变得不合适了，再也找不到信仰了——

价值和目的的综合自行消解（任何强大的文化都是以价值和目标的综合为基础的），以致各种价值相互争斗，分崩离析。

一切振作了精神的、恢复元气的、有慰藉的、使人麻痹的、走向前台的东西，都身披形形色色的外衣，如宗教式的，或道德式的、政治式的、美学式的，等等。

2. 假设的前提

没有真理，没有事物的绝对属性，没有“自在之物”。——这本身就是虚无主义，而且是极端的虚无主义。事物的价值是它加进去的，这种价值没有现实性，以前也没有，而只是价值设定者力量的象征，是生命目的的简化。

9[36]

追求真理的意志乃是权力意志。

9[41]（31）

什么是信念？信念是怎样产生的？任何信念都是自以为真实。

极端形式的虚无主义也许是：任何信念，任何自以为真实一定是虚假的，因为根本就不存在真实的世界。就是说，这是远景式假象，它源于我们的头脑（因为我们一直需要一个严谨的、缩短的、简化的世界）。

这是力的标准，要想不毁灭，我们就要承认表面性，承认谎言的必然性。

在这个意义上说，虚无主义否定了真实的世界，否定了存在，虚无主义是神的思维方式——

9[52]（41）

我们中间最勇敢的人没有足够勇气对待自己知道的东西……某人留下或还不留下，某人作出"这是真理"这样的判断，对上述作出辨别，取决于他的勇敢程度和力度；还要看他有怎样精确的或迟钝的眼光和精神。

9[57]（44）

哲学是发现真理的艺术，亚里士多德如是说。相反，伊壁鸠鲁学派则利用了亚里士多德感觉上的认识论。他们对寻求真理冷嘲热讽，并加以拒绝。他们说"哲学是生命的艺术"。

9[65]

我高度评价瓦格纳，这是因为他反对过基督。瓦格纳是用他的艺术和方式反对基督的（噢，多么聪明啊！——）

我是所有崇拜瓦格纳的人中最失望的一个：因为此刻他成了基督徒，而他作为异教徒比谁都表现得庄重……假如我们德国人在严肃的事情上表现出严肃的话，那么我们都是德国的无神论者和嘲笑者；瓦格纳也是这样的人。

9[66] (49)

重估价值——这是什么意思呢？它必须是自发的运动，新的、未来的、更强大的运动，一切都在场。只有一点：它们还没有正名，还没有正确估价，它们本身还没有意识到这一点。

对已经达到的，该是进行勇敢的意识化和肯定的时候？

摆脱陈旧估价的老一套，因为它贬低了我们已经取得的最好的和最有力的东西。

摘自：9[91] (65)

关于克服决定论

某事是有规律地和可预计地发生，但不能从中得出此事必然发生的结论。一定数量的力在每个确定的情况下都以一种唯一的方式方法决定自身和表现自身，但它并不会使每个特定的情况变成“非自由意志”。“机械论的必然性”不是事实情况，是我们把事实情况解释进所发生的事情之中去的。我们把事情发生的可表述性解释为支配事情发生的必然性后果。但是，从我做一定的事中，绝不会得出我被迫做此事的认识。强迫，这在事情中是根本无法指证的，因为规则只证明同一事情不会同时又是另一事情。只是我们把主体、“行为者”塞进了事情里，才由此产生这个表象，即认为一切事情都是强迫作用于主体的结果——谁在起作用呢？还是某个"行为者"。因与果是个危险的概念，假如人们想到某事是起因、某事是结果的话。

A）必然性不是事实情况，而是一种解释。

B）假如人们认识到"主体"根本不起作用，而只是一种虚构，那么就会产生各种东西。

我们不过是按照主体的样子虚构出物性来，并且解释成耸人听闻的大杂烩。假如我们不再相信起作用的主体，那也就不会相信起作用的物，不会相信我们称之为物的现象间的变换作用、因与果。

这样，当然也就不存在起作用的原子世界，那是在人们需要主体的前提下设想出来的世界。

最后，也就不存在"自在物"；因为，说到底这是一个关于"自在主体"的设想。但我们知道主体是虚构出来的，"自在物"同"现象"的对立是靠不住的；但这样一来，"现象"概念也就不起作用了。

C）假如我们放弃起作用的主体，那也就等于放弃受其影响的客体。持续与自身相同，即存在，存在既同称之为主体的东西无关，也同称之为客体的东西无关。其原因是：它们是事情的综合体，就其他综合体而言，它们表面上是持续性的——就是说，比如由于事情节奏方面的差别，有了静与动、张与弛；本来不存在的对立，事实上只是表明程度上的差异。用某种光学标准来衡量，这些差异好像是对立的。

没有这样的对立，因为对立概念均来自逻辑学对立。由此出发，我们错误地将这个概念转移到物上去了。

D）假如我们放弃"主体"和"客体"概念，那么也就等于放弃了"物质"概念，由此也就等于放弃了这个概念派生出的不同概念，如"物质"、"精神"和其他假设的本质，"物质永恒性和不变性"等等。我们摆脱了物质性。

从道德上来表示：世界是虚假的。但只要道德本身是这个世界的一部分，那么道德就是虚假的。

追求真理的意志就是某种固定化、真实化、持久化，是消除虚假性，是将其特性重新解释到存在物中。因此，真理并不是指那种凡是现存的、可以找到的和可以发现的东西，而是应当创造的东西，为某个过程命名的东西，更是为无穷尽的征服意志命名的东西：确定真理乃是一种无限过程，一种主动决定，不是把固定和肯定的东西意识化。这是肯定"权力意志"的用语。

生命的基础是以相信持续和有规则轮回的东西为前提的；生命愈强大，这个可猜测的，似乎弄成存在的世界就一定愈宽广。逻辑化、理性化、系统化都是生命的辅助手段。

人有求真之欲，即某种意义上的外在"目的"，作为存在世界，作为形而上学世界，作为"自在物"，作为已经存在的世界。

作为创造者，人需求一个为之劳作的世界，为之预言的世界；这个预言（对真理的"信仰"）就是人的支柱。
9〔97〕(67)

肯定和否定同一事物，这会使我们失败：这是一个主观的经验定理，这里没有"必然性"，而只是无能。

照亚里士多德看来，矛盾这个命题是一切定理中最可靠的命题。假如它是最后和最基本的命题，一切引证都会回到这个命题上来。假如它包含一切其他公理原则，那么人们更应认真考虑它在论证方面究竟以什么为前提。要么它坚持某种与现实物和存在物有关的事物，好像它早就从别的什么地方知道了这些东西似的，即不能把相反的称号加到它头上。要么这个命题想说：不应把相反的称号加到它头上？如果是这样，那么逻辑学也许变成了命令，不是为了认识真实的东西，而是为了设定和认定那个对我们来说应称之为真实的世界。

简言之，这个问题悬而未决：逻辑学公理适合现实吗？或者它是标准和手段，目的是首先为我们创造"现实性"这个实际的概念？……为了能肯定第一个问题，人们必定如已所述已经认识了存在物，而情况根本不是这样。因此，这个命题不包含真理的标准，而是包含一个对于应该是真实的东西的命令。

假设根本就没有这样一种自我同一的 A，就像每个逻辑学（也指数学）定理把这个 A 当成前提一样，而这个 A 也许就是一种假象，那么逻辑学也许就是以一个单纯的假象世界为前提了。其实，我们是在无限经验的印象中才去相信那个命题的，而经验似乎在一直不断地肯定这个命题。

"物"——这就相当于 A 的本来基础：我们对物的信念乃是相信逻辑学的前提。逻辑学的 A 就像原子一样，是"物"的一种仿制……由于我们不理解这一点，而且从逻辑学中得出衡量真实存在的标准，就已经准备把实体、谓语、客体、主体、行为等一切基础的东西设定为现实性，就是说设计一个形而上学世界，即"真实世界"（——但这个世界又成了假象世界……）。

最早的思维活动，如肯定和否定、认为真实的和不认为真实的，只要以习惯和权利为前提，那么认为是真实的或不真实的都被一种信念所支配，即认为对我们而言认识是有的，判断的确会达到真理。——简言之，逻辑学不怀疑能说明某种本身真实的东西（也就是说，相反的谓语不可能适合这种东西）。

这里盛行一种粗俗的感觉论偏见，即认为感觉会告诉我们有关物的真理，——认为我不能在同一时间里说同一事物，这是硬的和这是软的，我不可能同时说出。（"我的本能不可能同时产生两个对立感"，这是完全粗俗的、错误的。）概念上的矛盾禁令从信念出发，即我们能够形成概念，概念不仅表示而且把握物的真实性……事实上，逻辑学（像几何学与算术）只适用于我们创造的虚构的真实性。逻辑学试图按照一个由我们设定的存在模式去认识现实世界，更确切地说，对我们来说是可表述和可计算的现实世界……9[98] (68)

心理学派生出我们相信理性

"现实性"和"存在"这些概念均来自我们的"主体"情感。

我们从自身出发解释"主体"，自我就成了主体，成了一切行为的原因，成了执行者。

对实体、偶然、特征的相信等等这些逻辑形而上学的基本假定，其说服力在于习惯，即习惯把我们一切的行为看作是我们意志的结果，所以作为实体的自我在大量的变化中并不消逝。但意志是没有的。

我们根本没区分"自在世界"和表象世界的范畴。我们所有的理性范畴都来自感觉，即是从经验的世界察觉出来的。"灵魂"、"自我"的概念史表明，这里也是采用最古老的区别法（"呼吸"，"生命"）……

假如说不存在任何物质性东西，那么也就不存在什么非物质性东西。物质性概念是空洞的。

没有什么主体"原子"。主体范围始终忽大忽小，体系中心点不断偏移；如果体系不能组织适合的群体，它就一分为二。另一方面，体系不是消灭另一个弱体，而是把它改造成为活动分子，直至在某种程度上同后者一起构成一个新的统一体。没有什么"实体"，宁可说是有某种本来要求强化的东西，它只是间接地想"保存"自身（它想超过自己——）

9[106] (71)

我们的心理学观点是由下述各项决定的

1. 传达是必不可少的，为了传达，事情必须确切、简单、精确（首先要在同一的情况下……）。但是为了能够传达某事，这件事应该使人感到是加工过的，被认为是"可以再认识的"。理智对感官材料进行加工，简化成几根粗线条，近似化、亲缘化，就是说，把不清晰的、混乱的感性印象进行逻辑化。

2. "现象"世界是加工过的世界，我们感到它是现实的。这个"现实"存在于同一的、众所周知的、性质相似的事物不断重复出现之中，存在于它们的逻辑化特性之中，存在于相信我们在该世界可以计算和预计之中。

3. 这个现象世界的对立面并不是一个"真实的世界"，而是无形的、不可表述的混浊不堪的世界——也就是另一种现象世界，一个对我们来说是"不可认识的"世界。

4. 问"自在之物"是什么样子，我们撇开人的感官感受性和理智能动性不谈，只能这样反问：我们怎么知道有这样的事物呢？"物性"首先就是我们创造出来的。问题是还能不能创造这种表象世界中许多"物性"种类，这种创造、逻辑化、加工、伪造是否就是对现实本身最好的保障。简言之，设定的"事物"本身是否就是现实的；"外部世界对我们的影响"是否也仅仅是这种主体愿望的结果……

"原因和效果"这是对战争和相对胜利的一种错误解释。

别的"人"对我们发生影响；我们加工过的表象世界是对如此行动的一种加工和征服；一种守势的测量规则。

主体本身是可以证明的：假设只有主体存在——那么"客体"只不过是主体对主体的影响而已……是主体的一种形式。9[108]

"主体"只是一种虚构；人们常说的那个自我是没有的，假如人们要指责个人主义的话。9[122]（80ª）

关于基督教谱系问题

——胆怯者的盲目性，他们离开自己的国土之后不敢重新返回；直到他们由于恐惧和受恐惧的责备而开始毁灭自己的国家。

——是停下或者甚至返回，而不是继续走下去，对此需要勇气和坚强的性格。大胆地返回比大胆地继续走下去更加艰难。

9[123]

关于虚无主义者的起源

人们拥有认识已知的东西的勇气为时已晚。我以前一直是个彻底的虚无主义者，此前不久我才承认这一点：我作为虚无主义者依靠激进主义的能量前行，但此能量在这一基本事实上欺骗了我。假如人们迎着一个目标前行，那似乎就不可能说，"自在的无目的性"就是我们的基本信条。

9[154] (106)

人是非动物和超动物；较高等的人是非人和超人：抑或两者兼而有之。人每次向伟大和高尚上升，同时也在向深沉和可怖发展：没有这一面，也就没有那一面。或者不如这么说：人愈是想要彻底地成为这一面，随之也就彻底地达到了那一面。

9[161] (112)

道德价值统治美学价值（或者优先，或者对立，成为死敌）。

9[166] (116)

美　学

为了成为古典主义作家，人必须具备一切强大的、表面上矛盾重重的才能和渴望。不过这样一来，才能和渴望就处在同一束缚下结伴而行；它们及时而来，把一种文学或艺术或政治的属性提升到它的高度和顶峰（而不是在它发生之后……）。

反映灵魂深处的总状况（不管它是某个民族也好，还是某种文化也好），时间上要在它尚还存在的时候，尚未被外来民族仿效搞得面目全非的时候（或尚有依赖性……）。

它不是反作用的，而是起一种纽带作用和指引前行的精神。在任何情况下要作出肯定的答复，即使怀有仇恨。

"个人最高价值难道不属于此吗？"……也许要考虑到，这里的道德偏见会不会是在演戏？或者，伟大的道德高度也许本身就是反经典的一种矛盾呢？……

音乐要"地中海化"：这就是我的口号……

道德这个怪物在口头和行动上是否必然是浪漫主义呢？……一种美德压倒另一种美德（如道德怪物），正以均势与经典权力对峙。假如人们有了这种水准，而且还真成了古典主义作家，那么就该大胆下结论：在相同水准的情况下，人们也具备了非道德性，也许就是莎士比亚①这种情况（假如他确实是培根②勋爵的话：……）。

---

① 莎士比亚（William Shakespeare, 1564—1616），英国戏剧家，诗人。尼采心仪莎士比亚，并多次称赞他，主要原因是莎士比亚创作的戏剧作品如《哈姆莱特》等，让尼采看到了现代人的首个代表性形象。

② 培根（Francis Bacon, 1561—1626），英国哲学家、科学家、历史学家和散文作家。他是莎士比亚同时代人。培根的思想是具体、务实和功利主义的，他认为人类一旦摆脱了传统理论和方法的假象的束缚，就有可能取得进步。他还认为，人应该去追求、争取获得快乐，"生存没有幸福是可诅咒的"。

9[180] (130)

亨德尔①、莱布尼兹、歌德、俾斯麦——他们是德意志强力类型人的典型。毫无疑问，他们生活在对抗之中，充满抵御信念和教义的强力，他们利用一种力量去反对另一种力量，给自己保留自由的空间。

9[181] (131)

一个建立系统的人，一个哲学家，他不想再向自己的精神承认，说这精神还活着，像一棵树，有力地伸展开枝叶，不知疲倦，直至它变成无生命的东西，变成木材，变成了干巴巴的四角形东西，被雕刻出某种"体系"来。——

9[188]

一本令人思考的书，别无其他；它属于那些乐于思考的人，不是其他……

用德语写这部书至少是不适时宜的，因此我曾想用法语写，这样就不会出现任何对德意志帝国的野心表示赞扬的话。

令人思考的书——它们属于那些乐于思考的人，不是其他……当今的德国人不再是思想家，因为他们对其他事情感兴趣，想着其他东西。权力意志这个原理也许对他们来说很

---

① 亨德尔（Georg Friedrich Händel，1685—1759），德国作曲家，代表作主要为合唱作品，尤其是清唱剧《弥赛亚》等。

难理解……正因为如此，我真不曾想用德语写《查拉图斯特拉如是说》。

我怀疑一切体系和建立体系的人，并避开他们，也许人们还会发现我在这本书中回避了体系……

求体系的意志：用哲人道德来说，这是一种更巧妙的道德败坏，是一种性格毛病；用非道德说法表示，这是将自己装扮得比实际情况更愚蠢的意志——这里的更愚蠢意味着：更强大、更简单，是命令他人，更未受教育、更多指挥别人、更专横……

我不再尊重读者：我怎么会为读者写书呢？……但我记下了自己，这是为了我自己。

10[3] (138)

我走向"肯定"的新路

我对悲观主义的新认识，它是自愿寻找生存中可怕和可疑的一面：由此明白了与我有缘的过去的现象。"一种思想会承担多少'真理'和敢于说出多少真理？"——这是有关它实力的问题。一个这样的悲观主义者可能会归属到狄俄尼索斯肯定本真世界的形式之中，直到希望绝对轮回和永恒：由此便会产生哲学和感伤的新理想。

生存迄今为止被否定的一面不仅被认为是必然的，而且还是受欢迎的；不仅欢迎过去被肯定的一面（似乎是这一方面的补充和条件），而且还是为此之故，把生存的这一方面看作是较强大的、较有益的和较真实的，是悲观主义者的意志在其中更清楚地表达的地方。

评价生存迄今为止单单被肯定的一面；要搞清这种评价的由来（一是受苦人的本能，二是群体的本能，三是绝大多数反对特殊者的本能）。

一种更高级的人的设想，按照迄今的概念是"非道德的"：即这是历史中的雏形（异教诸神，文艺复兴思想）。10〔19〕(152)

实体概念是主体概念的产物，而不是相反！如果我们放弃灵魂和"主体"，"实体"也就没有了前提。人们得到存在物的等级，同时失去这个存在物本身。

对"现实性"的批判：我们所相信的存在的分级"或多或少的现实性"会导向何处呢？

我们的生命感和权力感的等级（经验的逻辑和联系）给予我们"存在"、"现实性"、非外观的尺度。

主体：这是信念的术语，我们相信在种种不同时刻中最高实在感之下的统一性：我们把这种相信理解为原因的结果，——我们如此相信我们的信念，以至于我们为此之故虚构出"真理"、"现实"和"实体"。

"主体"是虚构，仿佛我们身上许多相同的状态都是一个基质的效果似的，然而却是我们创造了这些状态的"相同性"；事实是把这些状态拉平和加工整理，而非相同性

（——毋宁说，这是该否定的）。

10〔54〕（183）

新教是精神不纯和颓废的无聊形式。迄今为止，基督教以这种形式在平庸的北方保存自己：对认识具有半价值和全价值，只有在相同的头脑中把不同的制度和来源的经验聚集在一起才会这样。

全部图像的、心灵万花筒的价值，甚至智慧的无序和忽视家政的价值。

顺势疗法的新教是新教乡村牧师的基督教。

非分的新教是宫廷教士和反犹太主义的投机者的新教。

10〔60〕（188）

在同音乐的关系中，通过话语传递一切的方式是无耻的；语言使音乐浅薄和粗俗；语言消除个性；语言使得不寻常的东西变为庸俗。

10〔62〕

把对犹太人的商业头脑的妒忌藏入道德套话之中是反犹太主义的行为，是卑鄙的、笨拙的无赖行径。

10〔67〕

我对新教及其神学家和说教者有损名誉的中庸性从未有过错误的评价。

10〔71〕（196）

女人等待牧师或者市长同意满足她的性欲，其时女人还得承诺，始终只在一个男人那里得到满足。

我认为，性欲满足和生儿育女是根本不同的问题、不同的兴趣，"婚姻"像所有机制一样是根本的谎言……
10〔76〕

婚姻与他们结婚的行为具有相同的价值。这就是说，平均而论，婚姻的价值不高；其实"婚姻本身"根本没有价值——诚如其他每个机制一样。
10〔112〕（229）

任何社会都会有这种倾向，把它的对手——起码在观念上——贬为漫画，而且使之挨饿就范。如此所谓的漫画有如我们的"罪犯"。在罗马贵族政体制度的价值观下，犹太人就被贬为漫画。在艺术家中间，"庸人和市民"被贬为漫画；在虔诚的信徒中间，不信神的人成为漫画；贵族中间，平民成为漫画；在非道德论者中间，道德家成为漫画：譬如，柏拉图在我的心目中也成了漫画。
10〔114〕（231）

反对认为女性"高贵"的战争！——可以有点野蛮，但不能多，犹如与犯罪为邻。其中不包含"自满"；人们必须对自身有点冒险性，引诱性，破坏性——这同"美丽的灵魂"这种虚妄的空谈毫不相干——我要说出最粗野的理想。
10〔118〕（234）

叔本华把高级的理智性解释为对意志的脱离；他不想看

到对道德偏见的解脱，这种解脱存在于伟大精神的解放中，也叫典型的天才非道德性；叔本华把自己独尊的东西，即"非我化"的道德价值，也设定为最精神性活动的条件，即"客观"观察。"真理"就在艺术中，当意志退出之后，它崭露头角……

综观道德特质，我看到截然不同的估价。我看不出在"天才"和道德、非道德意志世界之间有着荒谬的隔阂。有道德的人与非道德的人、弱者相比较是低贱的；是的——按道德来说，他是一种类别，但不是他自己的类别；而是一种翻版，一种极好的翻版，——其价值标准也在他之外。我是按照人的意志力和丰盈度，不是按照其减少和消解来评价人的；我视教诲人们否定意志的哲学为贬低和诽谤的学说……

——我评价意志力是根据意志能承受多少反抗、痛苦和折磨，并知道进行有利于自身的转变；根据这个尺度，我不能把生存的恶劣和痛苦的特性作为谴责的理由，而是希望生存有一天会变得比过去更加恶劣和痛苦……

叔本华杜撰的精神顶点就是叫人们去认识：万物皆无意义。简言之，去认识善良的人从本能出发所做的一切……他否认可能有更高的智慧存在——他把他自己的观点当作了顶峰……这里，精神性被深深置于善之下；精神性最高价值（如艺术）也许就是劝告人们进行道德上的皈依，并为道德价值绝对统治做好准备——

说完叔本华，我想说一下康德（歌德关于极端恶行的论述）：绝没有一点希腊人的特征，绝对是反历史的（关于法国革命的论述），而且是个道德狂。他的背景也呈现出神圣性……

我要批判圣徒……

黑格尔的价值"激情"。

斯宾塞①先生的小贩哲学：除了平庸者的理想之外，理想完全缺位。

所有哲学家、历史学家和心理学家的本能基本原则：凡存在于人、艺术、历史、科学、宗教和技术中一切有价值的东西，都必然被证明是道德价值高的；受道德制约的；在目标、方法和结果上都是这样。理解一切的最高价值：譬如卢梭②关于文明的问题"通过它人会变得更好吗？"——这个问题很滑稽，因为很清楚他说的正是有利于文明的反话。

① 斯宾塞（Herbert Spencer，1820—1903），英国哲学家，在达尔文发表《物种起源》之前，他就提出了自己关于进化的中心思想。他认为凡是能促进社会和谐和促进生活的，不管是利他精神还是利己主义都是好的，因此进化论思想同功利主义可以等同起来，功利主义者追求人的最大利益（utilitas）和多数人的福利。他著有论及哲学和科学等方面的多卷本著作。
② 卢梭（Jean-Jacques Rousseau，1712—1778），法国哲学家、政治家和作家。他撰写的《社会契约论》是有关法国大革命的一部主要哲学著作，其基本政治观是公意而不是社会契约。他不仅批判专制国家，而且也批判作为专制国家对立面的新兴资产阶级社会。

10［122］(237)

人们怎么可以败坏平庸者的平庸性呢！如人们所见，我反其道而行之，步步远离平庸，进入非道德……如我教导所说。

10［127］(242)

对于自身和"永恒幸福"的先入为主，并不是富有自信的人的表现，因为这种先入为主是向魔鬼打听自己是否会进入极乐世界。——它对个人的幸福不感兴趣，它是力，是行动，是渴望——它排斥事物，然后侵占事物……基督教是不稳固的浪漫主义疑心病。——凡是享乐主义①所及之处，都可得出痛苦和失误的结论。

10［132］

……因为虚无主义就是从我们迄今为止的价值中得出的结论。

10［141］(251)

我爱那些有羞耻心的不幸者，他们不会把装满不幸的夜壶倒进小巷里，他们保留着许多良好的审美情趣，从心底里对自己说："人必须以荣誉来对待自己的不幸，必须将不幸埋藏起来"……

---

① "享乐主义"（hedonistisch）一词源于"快乐"，幸福是人类行为唯一恰当的目的。从心理学学说来看，人所做的或所能做的一切无非是为了增进自己的快乐。公元前 4 世纪昔勒尼派提出极端的享乐主义，而伊壁鸠鲁则强调要获得持久的快乐并避免痛苦，强调为达到至善——心灵的宁静——的目的，节俭和修行所起的作用。

10[146]（255）

请注意：从此处向前行进，恕我把它让给与我异类的才子们。对体系而言，我还不够狭隘——遑论对我自己的体系了……

10[158]（264）

"我思故我在"：这就是笛卡儿论证的结论。但是，这就意味着我们相信实体概念是"真正先验的"。——认为思必有"思者"。这纯粹是我们那种为某一行为设置某一行为者的语法习惯的表达。简言之，这里已经有一种逻辑-形而上学被制造出来，而不仅仅是被断言出来……人们在笛卡儿的道路上不能达到某种绝对良知，只能获得坚定信仰的事实。

假如人们把这个命题还原为"我思故我在"，我们得到的是纯粹的同义反复，且恰恰"思的现实"问题未被触及，换言之，在此形式中，思的"表面性"不可能被解除。但是，笛卡儿想要的是，思不仅有——表面的现实性，而且有——自在的现实性。

10[159]（265）

基于生物有上升发展的等级，"伪装"在增加。无机界好像没有伪装，有机界开始了欺诈行为：植物已经是这方面的高手。像恺撒①、拿破仑（司汤达对他有过评价）这样

---

① 恺撒（Caius Julius Caesar，公元前 100—前 44），罗马统帅和政治家、独裁者。

最高级的人，以及最高的种族（意大利人）、希腊人（奥德修斯①）；狡猾是提高人的本质东西……这是演员的问题。我的酒神理想……一切有机功能、一切最强的生命本能的表象是：一切生命中追求谬误的力；谬误乃是思维本身的前提。在"被思考"之前就必须被"编造"了；与认识相同物比较，对相同的事件和对相同物的假象进行适当的构造更为本原。

10[168]（271）

美　学

"美"的判断是否成立和在什么地方下这个"美"的判断，这是（一个人的或一个民族的）力量的问题，充盈感，积聚起来的力量感（这种感觉允许人们勇敢而愉快地接受许多事物，而胆小鬼则惧之而颤抖）——权力感还会对事物和状态作出"美"的判断，而无力的本能则会把这些事物和状态估计为可憎和"丑的"。当我们的肉体遭到危险、问题、诱惑时，有一种嗅觉使得我们安全地度过，它同样也决定着我们审美上的肯定，说（"这很美"就是一种肯定）。

大而言之，由此会产生这样的情况，对可疑的和可怕的

---

① 希腊神话中的奥德修斯（Odysseus）是伊萨卡岛的国王，《奥德赛》中的主人公，以狡猾机智而闻名。

事物抱有一种偏爱乃是有力量的征象；反之，对美和秀的审美则是弱者、娇嫩者的事。对悲剧有快乐感，这标示有力量的时代和性格，神曲也许就是它的顶点。这是英雄的灵魂，在悲剧的残酷中自我肯定，它们足够坚强，把苦难当作快乐来感受。

设想一下相反的情况，弱者急于享受不是为他们而设的艺术，那么他们会怎样去做使悲剧合他们的口味呢？他们会把他们自己的价值感塞进悲剧里去，譬如用"道德世界秩序的胜利"，或者用"人生没有意义"这样的说教，或者听天由命的要求（或许还会用亚里士多德的一半医学一半道德的情感净化）。最后，只要恐怖的艺术刺激神经，就可以作为弱者和衰竭者的兴奋剂，备受青睐。这就是今天比方说崇拜瓦格纳艺术的原因所在。

看一个人有没有幸福感和权力感，就看他在多大程度上敢于承认具有可怕的和可疑特征的事物，看他最终是否需要一个"答案"。

——这种艺术悲观主义恰好是道德宗教悲观主义的对立面，后者苦于人类的"堕落"，苦于存在之谜。它非常需要答案，至少有解答的希望……他们是受苦的人、绝望的人、怀疑自己的人，一句话，是患病的人。他们在任何时候都必须有那动人心魄的幻想，为了忍受现实（"天国"概念就是这样产生的）。

——其实，颓废艺术家的情形也是如此相似，他们对待生命抱着一种虚无主义的态度，遁入形式美之中，即遁入挑选出来的事物之中，在那里自然已臻于完美，伟大而美丽……

——这样，"爱美"与欣赏美、创造美的能力是有所不同的，爱美恰恰可以是无能的表现。

——出色的艺术家能够从每种冲突中奏出和声，用自己的强力和自我解脱来使事物获益，他们通过每件艺术作品的象征意义表达出他们最隐秘的体验，他们的创作是他们生存的感谢。

悲剧艺术家的深邃在于他们的审美本能，这种本能能洞察遥远的结果，站在近旁而不近视，总体上肯定经济学，这种经济学为可怕的、恶的、可疑的东西辩护，而且不仅仅是辩护。

10[175]

憎恨平庸，这有失哲学家的面子，这几乎成了对其"哲学"正确性的疑问。正因为哲学家是例外，所以他必须维护规律，必须面对一切平庸者保持自身勇气。

10[183]（279）

假如人们承认自己对《新约全书》的第一印象是：败坏口味的令人反感和呕心的东西，伪君子的多愁善感，纯粹是突显的令人反感的象征，以及是从角落里和宗教集会上刮来的腐朽空气，那么人们就不会同情。彼拉多[①]，法利赛人[②]……

10[189] (283)

保罗[③]是个鼓吹者，野心勃勃、疯狂无度；他聪敏又狡猾，他绝不说自己想要干什么，他拿本能作为迷惑人的手段来骗自己，采用贬低自己的方法，偷偷地投放选定生存的诱人毒药……

10[191] (285)

我认为基督教是迄今为止灾难最深重的诱惑性欺骗，是非神圣的大骗局。尽管做了种种伪装，我还是从理想中发现了基督教的后裔和萌芽，我要击溃一切对基督教的暧昧观——我要与基督教决一死战。

小人的道德观成了事物的标准，这是文化迄今为止最严重的蜕变。难道听任这种理想作为"上帝"永远骑在人类头上不成！

---

① 彼拉多 (Pilatus)，公元 26—36 年罗马帝国驻犹太总督，他判处耶稣死刑，将其钉死在十字架上，他的名字成了伪善和残暴的象征。

② 法利赛人 (Pharisäer)，古犹太教派成员，因严格遵守传统和成文法而与众不同，但多被认为是自诩为超凡入圣。他们还要求保持原犹太教。

③ 保罗 (Paulus)，原始基督教最重要的神学家，云游各地，积极传道，并建立许多教会堂区，被视为基督教的创立者。据说保罗死于公元 66 年，在罗马成了殉道者。他鼓吹脱离犹太教，让耶稣赴难和复活，借此拯救世人。后来马丁·路德推行的宗教改革就是受到保罗神学思想的影响。

10[193] (287)

异教——基督教

异教是对自然的肯定，纯洁感寓于自然物中，即"自然性"。

基督教是对自然的否定，卑鄙感寓于自然物中，即反自然性。

譬如佩特罗尼乌斯①就是"纯洁的"。基督徒同这位幸运者相比，永远失去了纯洁。

但最后基督教的地位必定也只能是自然状态，可它自己不允许对自己作如此理解，因此"基督教"也就意味着是上升为心理学解释的伪行动原则……

10[197] (291)

"你们简单些吧！"——要求我们做复杂的、不可捉摸的考察，这种要求就是简单的蠢事……你们自然些吧！但是，假如人们恰恰是"不自然的"，又怎么能自然得了呢？……

10[204] (298)

即便人们对理智的洁净性要求不高，但也无法阻止在与《新约全书》接触中产生出那种说不出口的恶心之感，因为

---

① 佩特罗尼乌斯 (Gaius Petronius, ？—公元 66) ，古罗马作家，作有欧洲第一部喜剧式传奇小说《萨蒂利孔》，描写当时罗马社会的享乐生活和习俗。

最无权者卑鄙、放肆地要求参与大事，要求对这些大事有裁决权。这太过分了！这是无耻的轻佻，用这种态度谈论这里讲不清的问题（如生命、世界、上帝、生命的目的），仿佛这类东西根本不成其问题，甚至是这些虚伪小人皆知的事。

1887 年 11 月至 1888 年 3 月

11[3] (303)

人们只有把一切非艺术家称为"形式"的东西感受为内容，即"事物本身"，他才是货真价实的艺术家。如此他理所当然地属于一个颠倒的世界了，因为从现在起内容被看成了单纯形式的东西了——包括我们的生命。

11[6]

假如人们总爱刨根问底就会走向毁灭。

11[50]

即便人们迄今为止怎样构想"真实世界"——她始终还是表面世界。

11[73] (331)

就生成内部生命相对期限的综合产物而言，"价值观"也就是保存-提高-条件的观点；

没有永久的最终的统一体，没有原子，没有单子，因为这里的"存在"也是我们（出于实际、有用、远景式的原因）加上去的。

"统治物";统治的范围不断扩大或周期性地升和降，或根据环境（营养）的好坏而变化。

从本质上讲，"价值"也就是这种统治中心的升降观（总之，"数量众多"，但在变化的自然界根本不存在这种"统一性"）。

只要生成没有"存在"这种特性，生成就是一定量的权力；生成不需要语言这种表达手段，它属于我们不可取代的保存的需要，也就是始终设定一个由"滞留物"，即"物"等组成的较粗糙的世界的需要。我们可以相对地谈论原子和单子，并且可以肯定的是，这个持续存在的最小的世界是最长久的世界……

没有意志，有的是关于意志不断增加或失去权力的意志草约。

11[78]（336）

最有思想的人，其前提是他们最勇敢，也要经历最痛苦的悲剧，但他们因此而尊重生命，因为生命对他们来说是最大的对手……

11[82]

生成的意义必须每时每刻实现、达到、完成。

11[93]（345）

迄今为止，人类不能解决和还未消化的东西就是"生存的粪便"——对智慧而言，粪便至少是最好的肥料……

11〔95〕(347)

众所周知，在伏尔泰弥留之际，别人还找他的麻烦。"您相信基督神灵吗？"牧师问他。伏尔泰回答说，他想安静一下。结果牧师很不满意，反复问他的问题。临死的伏尔泰愤怒到了极点，怒不可遏地把这个无权的提问者推向一边，当着他的面大声说："au nom du dieu！‐rief er ihm ins Gesicht‐ne me parlez pas de cet-homme-là！"[①]这句不朽名言所概括的一切，就是最勇敢的思想者所反对的东西。——

伏尔泰说："这个来自拿撒勒的犹太人身上没有一点灵气。"古典的审美就这样出自他之口。

古典审美和基督教审美都提出了"神灵"概念，但两者根本不同。一个人身上有了古典审美，他也就只能感受到基督教是迷信，基督教的理想是一种讽刺，是对神灵的贬低。

摘自：11〔99〕(351)

虚无主义之评论

1.

作为心理学状态的虚无主义必将出现：首先，假如我们寻找过一切现象的"意义"，那是找不到的，到头来这些寻觅者会失掉勇气。虚无主义便成了旷日持久的、消耗精力的意识，就是"徒劳"的苦痛，就是不安全感，就是缺乏休养生

---

① 原文为法语，意谓："以上帝的名义，不要对我问这个人！"

息和自慰的机会——自惭形秽，就好像人们自欺太久了一样……下述现象也许曾经有过意义：在一切发生之中都"实现了"最高道德标准，道德世界秩序，或者在人的交往中增加了爱与和谐，或者接近普遍的幸福状态，或者走向普遍的虚无状态——目标始终还是意义所在。所有这些观念的共性就是，通过过程本身应当实现某种目标。然而，此时人们才明白，通过变化得不到任何东西，达不了任何目标……这样，对于变化之所谓目的的失望，就成了虚无主义的原因。无论是特定目的而言，或笼统地说，就迄今为止一切目的假说而言，情况都是如此，因为假说涉及到整个"发展"（——人不再是合作者，更不是生成的中心）。

其次，假如人们在一切发生之中和一切发生之后确定了总体性、体系化，甚至组织化，那么就会出现作为心理学状态的虚无主义，以致渴望崇敬和钦佩的灵魂沉湎于最高统治和管理形式的总体观念之中（——假如说那是一位逻辑学家的灵魂，那么绝对的逻辑性和现实辩证法就足以同一切达成谅解……）。这就是一种统一性，即某种"一元论"的形式，并且由于这种相信的结果，人就深陷于一种对至高无上的整体的联系感和从属感，即从属于神灵……"普遍幸福要求牺牲个人幸福"……但请看！根本就没有这种普遍的东西！假如不是无限宝贵的整体通过人起了作用，人从根本上失去了对自身价值的信仰：就是说，人构想了这种整体是为了能够信仰自身价值。

作为心理学状态的虚无主义还具有第三种及最后一种形式。这两种观点告诉我们，依靠变化是得不到任何东西的，而且一切变化都没有广泛的、容个人藏身的统一性，就像最高价值中的情形一样。于是，剩下的就是托词，谴责整个生成的世界是假的，并臆想出一个此世彼岸的世界，作为真实的世界。但是，只要人们明白这个世界是怎样由于心理上的需求而臆造出来的，而且人对此根本无权，虚无主义的这个最后形式就形成了。它将不相信形而上世界也包括了进去，还不允许相信有一个真实的世界。从此观点出发，人们承认生成的现实是唯一的现实，禁止任何形式以出现的通往后世和虚伪神性的一切隐蔽小路——但人们是不会忍受这个世界的，虽然人们并不想否认它的存在。

——究竟发生了什么事？当人们认识到，既不该用"目的"概念，也不该用"统一性"，更不该用"真理"概念来解释生存总特征时，人们也就产生了无价值性的感觉。靠上述概念什么也得不到。在发生的多样性中并不存在广泛的统一性，因为生存的特征不是"真实的"，而是假的……人们根本没有理由再相信真实的世界这种说法了……

简言之，我们借助于"目的"、"统一性"、"存在"这些范畴给予世界以价值，现在它们又被我们所抛弃——现在世界看起来是毫无价值的……

11[107]

万哲自惰始。——结果，哲学就成了恶行吗？

11[108]

哲学家休养生息的情形与众不同。譬如，哲学家可以在虚无主义中休养生息。世上根本没有真理，这就是虚无主义的信仰，对一个认识的斗士，一个同无比丑陋的真理进行不懈斗争的斗士来说，这种信仰乃是肢体的大运动。因为真理是丑陋的。

11[110]

我们也信仰美德，但是我们信仰文艺复兴时期的美德，因为它是充满活力的非伪善的美德。

11[113] (358)

关于心理学和认识论

我也确定了内部世界现象性问题：凡是我们意识到的东西，都完全是事先拼凑起来、简化、模式化、解释过的东西——我们并不知道内部"知觉"的实际过程，不知道思想、感觉、渴求的因果统一性，也不知道主体和客体之间的因果统一性，——也许这是一种纯粹的想象。对这种"虚假的内在世界"的处理所采取的全部形式和审理过程，与对"外部世界"的处理全部相同。我们根本不会发现"事实"，快乐和痛苦是后来派生的智力现象……

我们是脱口说出"原因性"的；就像逻辑学所做的那

样，在思想之间设想有一条直接的原因纽带——这是最肤浅、最愚笨的观察所带来的结果。两种思想之间，一切可能产生的情绪都会发挥自己的作用。但是，这些活动由于速度太快，以致我们对它们判断有误，否认了它们的存在……

如认识论者设想的那种"思维"是根本不会发生的，这全属随心所欲的虚构。其方法是突出过程中的某个因素，压低其余因素，以便达到理解的目的而进行人为的加工……

"精神"乃是某种在思维的东西。可以说，"精神应是绝对的、纯洁的、纯正的"的东西——这种设想是信奉"思维"造成自我观察错误而产生的第二个结果：首先，这里虚构了根本不会发生的行为，即"思维"；其次，虚构了主体基础。这种思维（否则什么也不是）的任何行为，在这个主体基础上找到了自己的起源，也就是说，行为和行为者都是虚构的。

11〔119〕(362)

关于序言

我要描述的是行将到来的虚无主义的兴起。我之所以能在这里进行描述，因为必然性本身在这里起作用。其征兆无处不在，只是人的眼睛还没有看到它们。我在这里不是指责，而是赞扬虚无主义即将来到。我认为，存在着一个最大的危机，这就是人类自我意识达到最深刻的时刻：人类是否能从中康复，是否能控制住这场危机，这是人的力量的问题：可能是……

现代人尝试性地一会儿相信这个价值，一会儿又相信那个价值，然后又将它抛弃。幸存的和被抛弃的价值圈子越来越大；价值空虚和价值贫困越来越变成人的感觉；即使有人企图以更大的手法来推延它，这场运动势不可挡。

虚无主义终于大胆地批评起价值来。它知道价值的来龙去脉，它足够认识到不再相信任何价值，激情已来临，新的敬畏……

我要讲述的是此后两个世纪的历史……

11[145]

"意识"的作用

最根本的是，人们并没有弄错"意识"的作用：我们同产生出意识的"外界"发生关系。相反，确切地说，涉及躯体功能的总体作用时，指挥以及照料、预谋都不进入我们的意识；同样也不进入意识的，是精神的贮备过程。人们不能怀疑有一个最高当局，一种大权在握的委员会，各种的主要欲望在那里行使表决权和权力。"快乐"和"痛苦"是这个当局发出的暗示，意志行为也是如此，理念也是如此。

总之，我们根本不能掌握因果关系统辖的那种意识现象——思想、感情、观念的排列顺序，根本不能说明这个结果就是因果的结果，顶多是看起来如此罢了。从这个表面现象出发，我们建立了精神、理性、逻辑等一整套观念（这不是包罗万象，这是虚构的综合和统一）……而这种虚构的综合和统一又会投射到事物之中和事物背后！

人们通常把意识本身看作整个感觉器官和最高当局，其实它只是一种可传达的手段；它在交往中生成，而且与交往利益有关……这里所说的"交往"也可以理解为外部世界的作用和我们一方必然作出的反应；同样也被理解为我们对外部世界的作用。意识不是领导，而是领导的一个器官。

11〔257〕

——准确地说，教会是耶稣传道抨击的对象，耶稣教诲自己的门徒起来与教会斗争。

11〔279〕

耶稣把真正的生命、真理中的生命同普通的生命对立起来：对他来说，一个"永恒化的彼得"、一个永恒的人格延续纯属胡说八道。耶稣与之斗争的东西就是这种"人格"的装模作样：他怎么能想使"人格"永恒化呢？

同样，耶稣也与教区等级制作斗争：他从未答应过论功行赏，他怎么能说到过彼岸的赏与罚呢！

11〔282〕

请注意：基督教是佛教和平运动的一种幼稚行为，它源于群畜的妒忌……不过保罗改变了异教神秘学，而且这种神秘学学会了同整个国家组织协调一致……发动战争、庭审拷打、指天发誓、煽动仇恨。

保罗从被宗教激发的大众对神秘的需求出发，其目的是寻找一种牺牲，一种血腥幻术，靠神秘崇拜种种形象来维持斗争的幻术：受难的上帝，饮血仪式，通过严守秘密与这位"牺牲者"保持一致，

他试图把生存永续（个别亡灵的、赎罪的生存永续）当作复活，同那位牺牲者发生因果关系（按照狄俄尼索斯、密特拉①、奥西里斯②的典型）。

他需要把过失和罪恶概念提升到首位。这不是新的实践（像耶稣本人指点和教诲的那种实践），而是新的崇拜，新的信仰，是对一种极为相同的变体的信仰（通过信仰来"赎罪解脱"）。

他懂得异教世界的伟大需要，并且拿基督生死这些事实进行完全任意的选择，重新认识一切，到处宣扬……他在原则上抛弃了原始的基督教……

传教士和神学家遭到暗算——这要归功于保罗——导致产生了一种新型的传教团体和神学，即一个占统治地位的等

---

① 密特拉神 (Mithras) 是光明、荣誉、真理之神，密特拉教的核心神祇，可能源自波斯。他还是商人和武士的保护神。
② 奥西里斯 (Osiris) 是埃及神话中的人物，原为生育之神，被其兄弟赛特所杀之后复生成为冥王。

级，也产生了一个教会。

对过度吹捧"人格"的行为进行打击，引起人们对"永恒人格"的信仰（担心"永恒神圣"……），也引起最荒谬地吹捧个人利己主义。

人们看到十字架上的死亡所引出的一切。保罗以恶魔出现了……

11[328]

1.

虚无主义概念。

关于虚无主义心理学。

关于欧洲虚无主义历史。

批判"现代主义"。

伟大的话语。

强者学派。

好人。

基督教信仰。

理想的谱系。

哲学家的女妖。

美学价值：来源与批判。

艺术和艺术家：新的问号。

11[354]

基督教的误解

十字架上的屠宰者：—— 假如罪犯遭受死亡的痛苦煎熬，他会断言："像这位耶稣一样，不反抗、无敌意、善良、温顺、逆来顺受地死去，这就是公理"，那么他就肯定了《福音书》：于是他就升入天国……

天国乃是心中的一种状态（—— 孩子们这么说，因为"天国是他们的"）；"超出尘世一切"均系子虚乌有。

上帝之国不可以时间顺序记载历史，它不会按照日历行事，比如某事出现于某日，这之前不会发生；而是"个别人心中的感觉变化"，是某种随时可有可无的东西……

道德：基督教创始人向犹太人社会的最底层和有才智的人求教，对此他必须付出代价……

—— 道德按照自己理解的精神，设定了他……

—— 制造出一部圣者历史、一个人格化的上帝、一个人格化的救世主、一种人格化的不朽性，并网罗无遗地保留"人格"和"历史"的全部小事，这源自某种学说，它否认所有个人和历史的真实性。这是名副其实的耻辱……

救世传奇代替了象征性的现世和永世，代替了此地与他地，奇迹代替了心理象征。

11[365]

没有"神圣性"这个怪僻的概念——"上帝"和"人"

彼此没被分开。没有"奇迹"——根本就没有那个天体……——唯一为人注视的乃是"教会的"（即象征心理的）东西。颓废：是"伊壁鸠鲁主义①"的相对物……按照古希腊概念，天堂也不过是一个"伊壁鸠鲁乐园"②而已。

这样的生活中没有使命。

生活不想要什么东西……

"伊壁鸠鲁诸神"的一种形式——

没有任何原因去确定生儿育女的目标……一切都达到了……

任何时候都可能产生基督教……基督教同用其名字美化的那些厚颜无耻的教条毫不相干：基督教既不需要人格化的上帝之说，也不需要罪恶说和永生说，更不需要解脱说和信仰说。它简直不需要任何形而上学，更不需要禁欲主义和基督教的"自然科学"……

现在，如果有人说"我不想当兵"、"法庭与我无关"、"我需要警察服务"——他也许就是基督徒……"我不愿做任何破坏我内心安宁的事：假如我为此而不得不忍受痛苦，

---

① "伊壁鸠鲁主义"（Epikureismus），即伊壁鸠鲁学说。这一学说摈弃决定论，宣扬享乐主义，但享乐是有限制的。他们认为精神愉悦高于身体愉悦，最高的愉悦是没有烦恼和精神痛苦，尤其是那种由于死亡和神的不必要的恐惧而产生的烦恼和精神上的痛苦。
② "伊壁鸠鲁乐园"（Epikurs Garten），伊壁鸠鲁在公元前306年在雅典创建的一所哲学学校，该校培养的人被称为"乐园学派"。

那么没有什么比受苦受难更能使我内心平静了"……

叫人应当信仰整个基督教学说以及它的全部"真理"，那都是骗人的谎言；这些恰恰都与基督教运动初期所主张的背道而驰……

教会意义上的基督教的东西，从一开始就是反基督教的：不是象征，全是些具体的事和人；不是永恒的事实，纯属故事；不是生命的实践，纯属公式、规范、教条……只有对教义、崇拜、教会、神父、神学持完全漠然的态度，那才是基督教的。

基督教的实践不是任何幻想，佛教的实践也不是幻想：实践乃是幸福生活的手段……

11[411]

序　言

1

伟大事物要求人们要么对其保持沉默，要么大谈特谈：大谈特谈也就是玩世不恭和心无恶意。

2

我讲述的是此后两个世纪的历史。我描述的是行将到来的事物，不是其他别的可能到来的事物：这就是虚无主义的兴起。现在就可以叙述这段历史了，因为在这里必然性在起作用，无数征兆已预示了这种未来，到处显示出这种命运。人们已经开始凝听这未来的音乐。长久以来，整个欧洲文明运动伴随着这种紧张局面的磨难，每十年增长一次，就像向灾难涌来那样：动荡不安、暴力般地接踵而来，犹如潮流奔向尽头；它不再思考，它惧怕思考。

3

在这里发言的人说，他至今只是干了思考这件事。作为出自本能的哲学家和隐士，由于旁观、局外、耐心、彷徨、落魄，发现了自己的长处；作为勇士和探索者，他在未来那个迷宫中迷失过方向；作为占卜家，当他叙述行将到来的事物时，他回首顾盼；作为欧洲第一个彻底的虚无主义者，他已经体验过虚无主义，已至尽头——虚无主义就在他的身后、脚下、身外……

4

请不要曲解这本未来的《福音书》标题的含义。《权力意志——重估一切价值的尝试》——用这个公式来表示一种反运动，意图是提出原则和任务：这种运动在将来某个时候会取代彻底的虚无主义；但它在逻辑和心理上是以虚无主义为前提的，绝对走向它又从它那儿出发。为什么虚无主义的兴起已成必然？因为我们迄今为止的价值是从它那里得出的最后结论，因为虚无主义是我们彻底思考得来的伟大价值和理想的逻辑学——因为我们不得不首先体验虚无主义，以求此后弄清这些"价值"的价值究竟是什么……将来某个时刻，我们需要新的价值……

11[415]

人们从本书的写作背景中了解到的世界构想是特别忧郁和不快的：在迄今为止有名的悲观主义类型中，似乎还没有人达到这般恶劣的程度。这里，没有真实世界和表面世界的对立：只有一个世界，而这个世界是虚假的、残酷的、矛盾的、有诱惑力的，但是没有意义的……具有如此特性的世界是真实的世界……我们需要谎言，以便通过这种现实性和"真理"达到胜利，就是说，为了生存……求生就需要谎言，这还属于生存的恐怖和可疑特性……

形而上学、道德、宗教、科学——本书只是把这些东西仅当作不同形式的谎言来考虑的：借助于它们，人们信仰生命。"生命应当引起信任"：这样提出的任务是巨大的。为了完成这个任务，从本质上来说，人是说谎者，比起其他东西来，人必须更是艺术家……而且人也就是艺术家：形而上学、道德、宗教、科学——这一切只不过是从人的意志产生的艺术怪物、谎言怪物、畏惧"真理"的怪物、否定真理的怪物。人依靠此种才能用说谎的方式强奸现实性，这就是人具有的真正艺术家的才能——人同所有现存的东西都有共性：人本身就是现实、真理、自然的一部分——他本身也是说谎天才的一部分……

存在的特性被错误判断——这是隐藏在科学、虔诚、艺术家之中的最深和最高的秘密意图。许多东西被忽视，许多东西被误识，许多东西被添加……啊！人还要怎样聪明呢！在此情况下，人离聪明还远着呢！爱、激动、"上帝"——纯粹是精细的最后的自我欺骗！纯粹是对生命的诱惑！在人成了被欺骗者时，在人又信仰生命时，在人自欺时，哦，他膨胀得多厉害呀！多令人陶醉啊！是什么样的权力感啊！在权力感觉中艺术家的胜利多么大啊！……人类又重新成了"材料"的主宰——真理的主宰！……无论何时，只要人高兴，他总是个快乐之人；因为他高兴的是，自己是艺术家，享受着权力。谎言就是这个权力……

艺术，无非就是艺术。它是使生命成为可能的壮举，是生命的伟大诱惑者，是生命的伟大兴奋剂……

11[417]

我已经奉献给德意志人一部最深刻的书。他们拥有我的《查拉图斯特拉如是说》——今天，我给予他们的是一部最有独立见解的书。我问心有愧地对自己说，你怎么了？你怎么愿把珍珠扔到德国人脚底下呢！……

1888 年春

14[9]

虚无主义

一贯的虚无主义行动似乎比任何东西更有用，更值得赞助，就像我所理解的基督教和一切悲观主义现象一样。它们这样说"我们成熟到了不存在的程度，对我们而言，不存在是理性的"。

在此，"理性"这种说法也是一个有选择性的说法。

相反，在对所有概念作出审视上，还要谴责像基督教这样模棱两可和怯懦搪塞的宗教，更确切地说，教会的态度：它不鼓动人们去死，去自我毁灭，而是保护失败者和患病者，并叫他们的子孙继续繁殖下去——

问题是，采取什么手段才会达到一个形式严谨、伟大而且有感染性的虚无主义。这种严谨的虚无主义就是科学的认真态度，教导人们自愿赴死，且付诸实施……（而不是叫人们怀着死而复生的虚伪心理去苟且偷生——）

人们对基督教的批判还不够，因为基督教通过人格永生思想，使得也许正处在萌芽状态下的、起廓清作用的、伟大的虚无主义运动遭受了贬值。基督教同样也希望复活，简言之，总是阻挡虚无主义行动的脚步，不允许人们自愿赴死。它代替了慢性自杀，虽使生命逐渐持久但渺小、贫乏，使生命逐渐变得习以为常、市民化和平庸，等等。

14[14]

反运动艺术：《悲剧的诞生》

Ⅲ

两种艺术自然力：尼采把这两种艺术自然力分别称为

狄俄尼索斯和阿波罗式的，并使它们相互对立。他断言……
"狄俄尼索斯"一词是对统一的一种渴望，对人格、日常生活、社会、现实的一种把握，是遗忘的深渊，是激情和痛苦地向更黑暗、更充满动荡的状态的扩张，是对整个生命性格陶醉的肯定，是对处在一切变幻之中的同等的人、同等权力的人、同等快乐的人的整个性格的肯定；伟大的泛神论具有同乐性和同情性，也承认生命最恐怖和最可疑的特性，并使之神圣化，这源于生育、繁衍、永世的意志：它是创造和毁灭必然性的统一感……"阿波罗"一词所表达的是对完美的自在存在的渴望，对典型"个体"的渴望，对一切简化、突出、强大、清晰、毫不含糊、典型化的渴望，即在规律支配下对自由的渴望。

艺术的发展必然与这两种对抗艺术相联系，正如人类发展与男女两性对抗相联系一样。权力的充实和消减是在冷静、高贵、拘谨的美感中一种自我肯定的最高形式：这就是古希腊意志的阿波罗主义。

悲剧和喜剧的起源是对陶醉状态中神灵的观察，是某地传奇故事、访问、奇迹、创立行动、"戏剧"的一次共同经历——

希腊灵魂中狄俄尼索斯和阿波罗对立是伟大谜团之一，尼采觉得自己被希腊的本质所吸引。其实，尼采所追求的无非是猜出，为什么偏偏是希腊的阿波罗主义一定要从狄俄尼索斯土壤里成长起来。狄俄尼索斯式的希腊人有必要成为阿波罗式的人，就是说：冲破想当巨人、复杂的人、不确定的人、可怕的人的意志，树立要求规矩、简单、纳入规则和概念的意志。无规矩、荒漠、亚洲式的东西是其基础，希腊人的勇敢在于与亚洲主义作斗争，希腊的美学观不是被赠予的，正像逻辑学、风俗的自然性一样——美是争来的、要来的、夺来的——美就是希腊人的战利品……

14[17]

《悲剧的诞生》

2

两页后第2节开头： II

这里，艺术是对一切要否定生命意志的唯一最佳对抗力，是反基督教的、反佛教的，尤其是反虚无主义的……

艺术是对认识者的拯救——即拯救那个见到、想见到生命恐怖和可疑性格的人，拯救悲剧式的认识者。

艺术是对行为者的拯救——即拯救那个不仅见到，而且还经历、想经历生命之恐怖和可疑性格的人，拯救悲剧人物、英雄……

艺术是对苦难人的拯救——是通向苦难被希求、被神化、被圣化的状态之路，在此路上，苦难是伟大陶醉的一种形式……

14[21]

4

因此，本书甚至是反悲观主义的，即其本意是：艺术成了它要教诲的内容，比悲观主义更有力，比"真理"更神圣。

看来，没有谁比本书作者更能激进地论述否定生命，是一种实际行动上的否定，而不只是口头上的否定：他只知道——他有了如此体验，也许没有其他的体验——艺术比"真理"更有价值。

"序言"好像在与瓦格纳对话，"序言"好像宣布了信仰，即艺术家的《福音书》："艺术乃是生命本来的使命，艺术乃是形而上学的活动"……

14[23]

II

这个设想中根本的东西是艺术概念同生命的关系：不管是从心理学还是从生理学角度来看，艺术被理解为一种伟大的催化剂，理解为永世求生、追求永恒生命的东西……

14[26]

《悲剧的诞生》

还是让我们回到主要问题上，回到本书出色的独创性的地方：本书包括三个设想：第一个我们已经提及：为了人生，艺术是生命的伟大催化剂；第二个是本书带来了悲观主义的新类型，即古典式的人；第三个是本书重新提出了心理学问题，即希腊式的问题。

14[38]

"耶稣"类型……

耶稣是天才的对立面：耶稣是低能儿。人们应当感觉到，他对现实不能理解。他总在他以前所闻并且逐渐领会的那五六个概念上打转，而且理解错了——他就是在这些概念上有了自己的体验、自己的世界，得出了自己的真理，其余的他一概陌生。他说的话就像普通人所说的一样，但他对这些话的理解，同普通人不一样，他只理解他那五六个模糊概念。真正的男人的本能——不光是性欲本能，还有战斗的、自尊的、英雄主义的本能——在他身上从未出现过，结果他发育不全，像个孩子，还处在性成熟期：这就是羊癫疯病神经官能症的类型。

从他最深处的本能来看，耶稣属于非英雄主义的：他从不战斗。有谁在他身上看出点英雄式的东西，像勒南①那样，那就是使这种类型的人世俗化了，使人不可认识了。

另一方面，人们应当感到，耶稣对精神上的东西不能理解：精神这个字眼在他嘴里竟被误解！哪怕最遥远的一丁点

---

① 勒南（Joseph Ernest Renan，1823—1892），法国宗教历史学家、哲学家和东方学家。以历史观点研究宗教，主要著作有《基督教起源史》等。

儿科学、趣味、精神教养、逻辑学之风都没有吹到这个神圣的笨蛋身上，生命也没有触及到他。——是本性吗？是本性的法则吗？——没有人向他透露有本性存在。他只知道道德效果：这个最低级和最荒诞的文化标记。人们必须牢记：他是聪明民族中的低能儿……只有他的弟子不是低能儿——保罗绝不是低能儿！——基督教的历史与此有关。

14〔47〕

　　　　艺术的反运动：艺术中的悲观主义？

　　艺术家逐渐爱上了为手段而手段，并在手段中显露出陶醉感：颜色极其细腻绚丽，线条清晰，声音抑扬有别，在通常缺乏一切鲜明性地方出现了鲜明的东西。

　　一切鲜明的东西，一切细致的差别，只要它们忆起由陶醉感产生的极度的力的上升，它们就掉过头来唤醒陶醉感。

　　艺术品的效果就是激起艺术创造状态，激起陶醉感……

　　艺术的根本始终是使生命变得完美，制造完美性和充盈感。

　　艺术本质上是对生命的肯定，祝福，使生命神圣化……

　　悲观主义艺术意味着什么呢？……这不就是一种矛盾吗？是的。

　　当叔本华使某些艺术作品为悲观主义效力时，这是他搞错了：悲剧不是用来教诲“宿命论”的……

　　描写恐怖和可疑的事物是艺术家权力的本能和艺术家的

光彩：他不怕那些恐怖和可疑的事物……

没有悲观主义艺术……艺术总是肯定的。约伯①总是肯定的。

但是左拉②呢？龚古尔③呢？

他们暴露的事物是丑陋的，但是他们之所以这样做，是由于喜欢丑陋：……

这无济于事！假如你们不这样说，你们就是自己骗自己。

陀思妥耶夫斯基④是多么令人宽慰啊！

14[61]

　　艺术作为权力意志："音乐"和伟大的风格

艺术家的伟大不是根据他所激发出来的"美感"来衡量的，女人才乐意相信这种情感。衡量艺术家的伟大要根据他接近伟大风格的程度。伟大风格与伟大情感有共同之处：它

---

① 约伯（Hiob），常被用来比喻坚韧不拔的人。在《旧约全书》中有"约伯记"一章。

② 左拉（Émile Zola，1840—1902），法国小说家、评论家。他的系列长篇小说《鲁贡玛卡家族》20 部，包括《娜娜》、《萌芽》及《土地》等。

③ 龚古尔兄弟（Edmond de/Jules de Goncourt），法国小说家和评论家。他们俩合作从事艺术批评及现实主义小说和社会史的写作。他们在遗嘱中捐款成立龚古尔学会，每年颁发龚古尔奖。

④ 陀思妥耶夫斯基（Fyodor Dostoiewsky，1821—1881），俄罗斯小说家，作品展示了作者的心理洞察力、狂放的幽默和对造成人类痛苦的宗教、政治和道德的关注，代表作品有《罪与罚》、《白痴》和《卡拉马佐夫兄弟》等。

不喜欢讨好,它不去劝说,它发号施令,它想要……掌控人们的混乱局面,迫使人们的混乱局面成为具体形式,转变成具体形式是必要的: 成为合乎逻辑、简单、明确,变成数学,成为法则: 在这里可见伟大的野心。人们因此而吓退了,没有任何东西再能激起对这种强者的爱——荒漠遍布他们四周,一片沉寂,像对伟大罪行产生的恐惧……

一切艺术都熟悉如此具有伟大风格的野心家: 为什么音乐中没有这种野心家呢? 还从未有过音乐家像建造皮蒂宫①的建筑师那样有所建树? ……这里有个问题: 莫非音乐属于各类强者王国已走向尽头的文化? 伟大风格的概念也许最终同音乐的灵魂—— 我们音乐中的"女人"发生了矛盾? ……

我在这里触及到了一个基本问题: 我们的全部音乐归属何处? 古典审美时代根本不知道什么是与之相比较的东西。当文艺复兴世界已是夕阳黄昏时,当"自由"告别习俗和希望时,音乐却繁荣兴旺了: 这属于音乐的反文艺复兴的特征吗? 换句话说,属于颓废艺术吗? 象巴罗克风格那样的颓废艺术吗? 它是巴罗克风格的姐妹吗? —— 因为它无论如何是它的同时代人。音乐,现代音乐难道不已经颓废了

---

① 皮蒂宫 (Palazzo Piti),佛罗伦萨著名的梅迪奇家族的住所,建于 1487 年,现用作博物馆,珍藏着不少名家之作。

吗？……

音乐是反文艺复兴的艺术；音乐也是颓废社会的表达。

我以前就已指出过这个问题：我们的音乐是否就是艺术中反文艺复兴的部分？我们的音乐是否就是巴罗克风格的近亲？音乐是否同一切古典审美相矛盾，结果是任何古典主义的野心在音乐中都自行禁止了呢？……

假如人们正确估计这一事实，即音乐作为浪漫主义达到了其最高的成熟和丰满境界的话，要回答这个头等重要的价值问题是毋庸置疑的——再次成为反古典主义的反运动……

莫扎特——一个温柔可爱的、完全是18世纪的灵魂，就是在他严肃的时候也是如此……从法国浪漫主义概念意义上说，贝多芬是第一位伟大的浪漫主义者，就像瓦格纳是最后一位伟大的浪漫主义者一样……两者本能地反对古典审美和严肃风格——这方面谈不上"伟大"……两者都……

14[80]

假如存在的最内在本质就是权力意志，假如快乐就是权力的增长，假如痛苦就是一切不能反抗、不能变成主人的情感，那么我们就不可以把快乐和痛苦设定为基本事实了吗？没有肯定和否定这两种振荡，意志是可能的吗？但是谁感到快乐了呢？……谁想拥有权力呢？……这是个荒唐的问题，假如人本身就是权力意志，因而就有痛苦感和快乐感的话。尽管如此，人需要对立，需要反抗，也就是相对地需要支配性的统一性……使之定位……

假如 A 对 B 产生作用，那么 A 首先定位，与 B 分离。
14[89]

反运动：宗教

两种类型：狄俄尼索斯和受难的基督。

应该把握住的是，这个典型的宗教人是否就是一种颓废的形式？

伟大的革新者全都患了病，患了癫痫病。但是，我们可不可以把笃信宗教的人，即异教徒排除在外呢？异教崇拜不就是感激生命、肯定生命的一种形式吗？其最高代表不就是为生命辩护，把生命当作神加以崇拜吗？

一个充满劝导之言的人和激情肆意的精神者的类型……一个把生存矛盾和疑问纳入自身，并有拯救之力的类型？

——在这里，我提出希腊人狄俄尼索斯，他对生命的宗教肯定，对整个未被否定和拆半的生命的宗教肯定（其典型是，性行为唤起深邃、神秘、敬畏之感）。

狄俄尼索斯反对“受难的基督”：你们有了对立面，这不是殉道方面的差别，这只是同种事物有不同的含义。生命本身，生命的永恒繁殖力和循环决定了苦痛、破坏和毁灭意志……在其他场合，“受难的基督是无辜者”，是痛苦的，作为对此生的一种抗议，作为对生命谴责的一种表达形式。

人们看出，这是由痛苦的意义形成的问题，是否是基督教意义，是否是悲剧意义……前者应该是通向天堂之路，后者把存在看作天堂，足以为无穷的痛苦辩白。

悲剧之人对难以忍受的痛苦还表示肯定，因为他是强壮的、丰富的、足以为此而神圣化的。

信仰基督的人还否定尘世最幸福的命运，因为他是虚弱的、贫穷的、一无所有的，以至始终对生命感到痛苦……"十字架上的上帝"诅咒生命，示意人们解除生命的痛苦。

被剁成碎块的狄俄尼索斯是生命的希望，生命永生，从毁灭中再生。

14[91]

颓废的宗教

佛祖反对"受难的基督"

在虚无主义运动中，人们总是可以严格区分基督教和佛教：佛教表示美妙的黄昏，表示完美的甜意和慈祥——是对一切，也包括对藏于其后的感恩戴德，没有痛苦、失望、报复心。最后，占有崇高的精神之爱，把生理上的矛盾精心安排并置于脑后，从中得以休养生息，但其中也有精神上的光彩和落日的炽热。（——佛教源自最高等级。）

基督教运动乃是退化运动，由各式各样的蜕化和废物组成，它不是种族衰落的表现，它从一开始就是杂聚在一起的自我寻找的疾病组织……因此它不是民族性的，不是受种族局限的；它面向各地失去继承权的人。

它憎恨一切高贵者和统治者，为此它需要一个诅咒高贵者和统治者的象征……

它也同一切精神运动、一切哲学对立，于是它同白痴沆瀣一气，并且咒骂精神。它是对天才、学者、精神独立者的报复，因为它从中猜出了高贵者和统治者。

14[100]

真正的希腊哲学家是苏格拉底之前的哲学家们，从苏格拉底开始情况发生了变化。

他们都是高贵者，置身于民族和风俗之外，周游四方，严肃到了抑郁的程度，目光迟钝，对国务活动和外交并不陌生。他们向聪慧的人预言了对事物的一切重大设想，他们本身就是设想，他们自成体系。

除了这类人的突然多产，除了在提出哲学理想时流露的非本意的完美性，世上再没有一个关于希腊精神的更高概念了。

我看到来者中只是一个独特的人物：他是后来者，但必需是最后的……是虚无主义者皮浪①，……他具有反对当时一切的本能，反对苏格拉底派、反对柏拉图的本能。

---

① 皮浪（Pyrrho，公元前360—前270），古希腊哲学家。他提出怀疑客观真理学说，并创立怀疑论哲学流派。他的绝对怀疑论否定一切认知的可能性，不相信感官的感知是经历体验的基础；相对怀疑论只否定在某些领域的认知的可能性。

皮浪通过普罗泰哥拉①又回到了德谟克利特……回到赫拉克利特的艺术家乐观主义，——

14[117]

反运动：艺术

陶醉感，确实同力的过剩相适应；

两性在发情期表现得最强烈；

新的器官、新的能力、颜色、形态……

"美化"乃是力提高了的结果；

美化乃是力提高的必然结果；

美化乃是胜利意志的表现，协调性增强的表现；是一切强烈渴望谐调化的表现，是垂直重力正确无误的表现。

逻辑性和几何学的简化乃是力提高的结果：相反，这种简化的感知又提高了力感……

发展到顶峰，成为伟大风格。

丑陋意味着一种类型的颓废，是内心渴望的矛盾和缺乏协调；

意味着由于缺乏组织力，用生理学的表达就是"意志"的一种衰退……

人们称之为陶醉的快乐状态，精确地说，就是高度的权

---

① 普罗泰哥拉 (Protagoras, 公元前 485—前 415)，古希腊哲学家。因研究语法他被称为语法建构者。他因不相信上帝被判处死刑，但在执行判决时逃走。普罗泰哥拉提出"人是万物的尺度"的命题。

力感……

时空感发生了变化。鸟瞰无际的远方，仿佛可以感知一样；

视野开阔，越过更大的时空；

器官敏感化了，可以感知许多极小和瞬间即逝的现象。

预感，是对最小的帮助和一切暗示的理解力，是对"智者"的感性理解力……

强力乃是肌肉统治感，是对柔软性和对运动的欲望，是舞蹈，是轻盈和迅疾；

强力乃是证明强力的欲望，是勇敢行为，是冒险，是无畏和等闲……

生命的一切高级因素在相互激励；每个因素的图像和想象世界足以成为一种暗示，是对其他因素的感应……如此，各种状态最终杂聚在一起，它们也许有理由彼此保持陌生。譬如：宗教的陶醉感和性兴奋（两种深刻的感觉几乎奇妙地协调起来。是什么会使一切虔诚的年老女人和年轻女子感到满意呢？答案是，长着美丽大腿的圣徒，尚年轻，还是个白痴……）。

悲剧中的残酷和同情（同样正常地协调了起来……）

春天、舞蹈、音乐，都是两性的角逐——还有浮士德式的"无限花心"……

凡是有点成就的艺术家，他们都生性强壮（也包括肉体）、精力过剩、力大无比，富有肉感，没有一定的性系统的过分热情，也就无法设想拉斐尔的由来……音乐创作也就像生孩子一样；贞洁只是艺术家的经济学：——艺术家无论如何也失去了高产的生育力……

艺术家们不应该按照事物的原貌去看待事物，而是要注意事物更充实、更简单、更有力的一面。为此他们要有青春感，要有躯体中习以为常的陶醉感。

事实上，在这样的问题上，贝尔①和福楼拜②是两个不会受人怀疑的人。他们劝告艺术家们为了自己工作的利益保持贞洁：我也想提到勒南，他提出同样的劝告，勒南是个牧师……

摘自：14[119]

反运动：艺术

一切艺术均是作为对肌肉和感官的感应而发挥作用的，而肌肉和感官本来就在天真的艺术家型的人身上起作用。艺术总是对艺术家们说话，——艺术是对体内具有敏锐灵活性的人说话。"外行"这个概念是不对的。聋子不是耳聪者。

一切艺术都有强身作用，增强力量，激发快乐（即力量

---

① 这里尼采用了司汤达的原名 Maria Henri Beyle。
② 福楼拜（Gustave Flaubert,1821—1880），法国作家，法国现实主义流派的领军人物。他是个敏锐的生活观察者，主张艺术应该反映现实生活和揭露社会的丑恶。他从其代表作长篇小说《包法利夫人》一举成名。

感），激起对醉的全部更敏感的记忆，——一种产生进入这种状态的自身记忆，一个遥远的、瞬间即逝的、充满耸人听闻事件的世界，这个世界又回来了……

丑是同艺术相矛盾的东西，是艺术所排斥的东西，是对艺术的否定。当衰退、生命枯竭、无力、涣散、腐败被激起时，不论有多远，审美者都要做出否定的反应。丑起着压抑的作用，丑使人沮丧，是沮丧的表现。它涣散精力，使人贫乏、使人抑郁……丑使人想到丑恶的东西；人可以从他的健康状况来验证，生病会提高对于丑的想象能力，对事业、兴趣、问题的选择也会不同：在逻辑的领域里也有与丑陋近似的状态——笨拙、迟钝……。从力学上看，平衡失去了：丑跌跌撞撞，行动迟缓，与舞蹈者的神圣的轻盈正相反。

审美状态具有丰富的传达手段，同时对刺激和信号极端敏感。它是生物之间进行交流和传递的顶峰，它是语言的来源。

语言在这里有着它的起源，这适用于声音语言、手势表情语言、眼神语言。较为完全的现象总是起点，影响着我们文化人的较为完全的能力。即使在今天，人们仍然还用肌肉来听，甚至还用肌肉来读。

任何成熟的艺术都有许多惯例作为基础，从这个意义上讲，它就是一种语言。惯例是伟大艺术的条件，而不是艺术的障碍……每次生命高涨总是提高了人的传达力，同时也提高了人的理解力。深入他人灵魂而共生本来不关乎道德,而是一种对于暗示的生理易感性。"同情"或者称之为"利他主义"的东西,不过是被当作精神性来看待的心理动力联系(查·费雷①认为是心理动力感应)的现形。人们从不交流思想,人们交流的是动作,传达用表情和动作表达的符号,这些东西被我们事后解释为思想。

14[120]

爱

想要证明陶醉的变形力会达到何种令人惊奇的程度吗?"爱"就是证据。世界上一切语言和哑谜中都有被称为爱的东西。这里,陶醉对付现实的办法是,在爱者的意识中排除原因,取而代之的是喀耳刻②的魔镜在抖动、在闪光。这里,人和动物没有区别,更不要说精神、善、正直了……机敏的人被机敏地愚弄,粗陋的人被粗陋地愚弄。但是,爱,甚至对上帝的爱,"被拯救的灵魂"的神圣之爱,其根源是相同的:那是一种有理由的冲动,是美化自己的冲动;那是一种肆意的陶醉,是自欺的陶醉……假如人们在爱,那么他无论如何是个完全的自欺欺人者:看起来他已经被美化,变得更健壮、更完美、更富有,他是个更完美的人了……我们在这

---

① 费雷 (Charles Féré,1852—1907),法国医学家,出身富裕的农民家庭。他的著作涉及医学、心理学、性学和犯罪学等领域。

② 喀耳刻 (Circe),希腊神话中赫利俄斯的女儿,能将人变为牲畜的女巫。

里发现，艺术具有有机功能：我们发现艺术已被置入生命最天使般的本能里。我们发现艺术是生命最大的兴奋剂，即使艺术是极端的功利主义，艺术也说谎……假如我们对艺术的说谎之力无动于衷，那么我们就错了。艺术的功能大大超过单纯想象，它甚至颠倒价值，而不仅仅是颠倒价值感……爱人者更具有价值、更强大。在动物身上，这种状况就产生新的物质、色素、颜色和形式：首先是新的运动，新的节奏，新的求偶之音和诱惑。人的情形也是如此。爱人者的全部家业要比不爱之人更富有、更强大、更全面。爱人者会变成挥霍者：对此他足够富裕。他现在敢为，他会成为冒险者，他会因慷慨和纯洁而变成一头蠢驴；他会重新信奉上帝、信奉美德，因为他相信爱；另一方面，在这个幸运的白痴身上长出羽翼和有了新的技能，甚至艺术创造之门也为他打开。假如在声调和语句方面，我们清除抒情诗中荡气回肠的灵感，那么诗歌和音乐还剩什么呢？……也许是为艺术而艺术：沼泽地里陷于绝望的青蛙，发出技艺超群的呱呱叫声……剩下的全部由爱创造出来……

14[143]

假如哲学家是个"不实际"的人，那他就是个聪明人：他唤醒人们相信他的真实、灵感、与思想打交道时的纯洁——在他看来，不实际意味着"真实"。叔本华有一次身穿着纽错了扣子的马甲让人拍照，他就很聪明。他当时说：

"我不属于这个世界,双缝和纽扣这种打扮与哲学家毫不相干!……我太真实了!……"

这一点还不够证明人是不实际的。而多数哲学家们都认为,为了克服一切怀疑,突出真实性和理性的纯洁性,他们做得够多了。

1. 所有哲学家的所谓纯认识欲是听命于他们的道德"真理"的——只是表面上看起来是独立的……

2. "道德真理""要如此行为"是变得疲倦的本能的纯意识形态,"我们将如此如此行事"。"理想"应该再造出本能和强化本能: 理想在向人卖乖,要求人们像机械那样唯命是从。

摘自: 14[152]

人们不要在错误的地方寻找现象主义。当我们用著名的"内在意识"来观察这个内在世界,没有什么比它更为现象的了(或更清晰了),没有什么比它更是错觉了。

我们认为意志就是原因,直至按照个人经验硬把原因归入发生的事件(即把动机解释为发生事件的原因——)。

我们认为,头脑中先后出现的思想是通过某种因果关系而联系起来的:特殊的逻辑学家实际所说到的一系列纯粹事件从未在现实中出现。这种特殊的逻辑学家习惯于这样的偏见,即认为思想就是思想的原因,——于是,他把这称之为思维……

我们认为——连我们的心理学家也认为——，快乐和痛苦是反应的原因，快乐和痛苦的意识引起反应。千百年来，人们把快乐和避免不快乐一直当作一切行为的动机。只要稍微想一想，我们就会承认，假如没有"快乐和痛苦"状态的话，一切事物也将完全按照一个因果关系链发展。而且人们自欺地认为，快乐和痛苦是事物的起因：这是一种全然不同目的的伴随现象，是这种不同目的引起的反应；它们早已是发生在反应过程内的结果了……

总之，凡是意识到的东西都是终极现象，是结论——它并不引起什么——意识中先后出现的一切纯系自动出现。我们试图以相反的观念去理解世界——好像除了思维、感觉、意愿……没有什么东西在起作用，没有什么东西是真实的。
14[162]

哲学家皮浪是最有耐心和最有宽容心的人。他生活在希腊人中间，虽是希腊人，但却是个佛教徒，甚至本身就是个佛祖。有一次他失去了控制，是谁弄得他失态呢？——是同他共同生活的妹妹：她是个助产士。从此，哲学家最怕的就是妹妹——妹妹！一听到妹妹这个字眼就胆战心惊！还害怕助产士！……
14[170]

反运动：艺术

艺术家是以特殊状态为先决条件的：所有这些特殊状

态与病象有着深刻的亲缘关系，并长成畸形，以至于既当艺术家又不患病似乎是不可能的。

艺术家身上似乎已经形成生理学状态，熔铸为"人格"。从某种程度上说，它已附在人的身上：

1. 陶醉：陶醉是一种提升了的权力感；是一种内在需要，即由事物反映出自身充盈和完美的需要——

2. 某些感官异常敏锐。结果是，这些感官懂得和创造出完全不同的符号语言……似乎与某些精神病密切相连，是一种极端的灵活性，从此变得极其健谈；很想说出符号所表示的一切……是一种需要，想通过语言符号和手势同时摆脱自己；是自身使用无数种语言手段进行交谈的能力……是一种爆发状态——人们必须首先把这种状态设想为强制和激进，通过各种肌肉运动来摆脱内在神志昏迷般的紧张状态：然后把这一运动内在过程（形象、思维、渴求）设想为非自愿的协调，设想为是整个肌肉系统受内在的强大刺激而出现的一种自动行动；是对阻止反作用的无能；抑制系统同时被消除。任何内在的运动（情感、思想、激动）总是伴随着血管的变化，接着是颜色、温度、分泌发生变化；音乐的诱惑力就在于它的"精神感应"；

3. 模仿的必然：这是一种极端的烦躁，已有的榜样像传染病似的传播开来——根据信号可以看出和描述出这种状态来……内部出现的图像已经起到四肢运动的作用了……这是对意志的消磨……（叔本华！！！）

这是一种外向的盲目和耳聋，——合法刺激的王国界线分明——

* * *

这样就把艺术家同外行人区别开来（也就是同艺术家的敏感性区分开来）：后者通过汲取达到刺激的高度；前者通过给予达到刺激的高度——这两种天才的对抗不仅是自然的，而且也是值得追求的。两种状态中的任何一种都具有相反的透镜，——人们要求艺术家学会使用听众（批评者）的透镜，也就是要艺术家自我贫困化和使自身创造力贫困化……性别的差别也是这样。人们不应该要求给予的艺术家变成女人——换句话说，叫他去"怀孕"……

由于艺术接受者只是表述自己关于"什么是美？"这样的经验，所以我们的美学是女人的美学。迄今为止的全部哲学缺乏艺术家……如前所示，这种失误是必然的。因为，开始了解自身的艺术家或许因此而搞坏自己——他无需顾虑，无需看到什么，他只需给予——尊崇无力批评的艺术家……要不然当个一半一半的艺术家，也就是"现代"之人了……
14[188]

新世界方案

1. 世界存在着；它不是不变化，也不是不消逝。或者毋宁说，它在变化，它在消逝，但它从未开始变化和从未停止消逝——它在这两者之中维持自身……它靠自身生活：它的排泄物也就是它的食粮……

2. 创世的假说对我们来说在任何时候都不必牵挂在心。今天，对"创世"这个概念根本无法定义、无法下出定义；顺便说一句，它是迷信时代的残余，用一句话也解释不了什么。设计一个有始的世界的最后尝试，今天主要靠逻辑程序来完成——应当说，这多半出自神学的险恶用心。

永恒轮回：哲学

3. 近来，有人多次想在世界向后的时间无限性这个概念中找出矛盾：人们发现了矛盾，当然付出的代价是，人们把头和尾巴混淆了。任何东西也无法阻止我即刻往后计算说："我绝不走到尽头。"就像我在同一时刻向前计算，走进无限一样。只有当我想犯这种错误的时候——我要避免这么去做——，也就是把"回返无限性"这个正确的概念同一个根本无法实现的"无限进程"（至今为止）的概念相提并论的时候——假如我把方向（进或退）设定为在逻辑上是不确定的——我才会在同一时刻把头理解为尾巴。这个问题就留给您吧，我的杜林①先生！……

4. 我在以前的思想家们那里偶然发现了这一思想：这

---

① 杜林（Eugen Dühring, 1833—1921），德国哲学家、国民经济学家，著有《国民经济学和社会主义批判史》、《哲学教程——严格科学的世界观和生命形成》等，后受到恩格斯批判。

种思想每次都受到别的潜在思想的支配（绝大多数是神学思想，这对精神造物主有利）。假如世界完全僵化、干涸、坏死、变为虚无，或者假如世界真能够达到平衡状态，或者假如世界真有某种目的，这个目的包含持久性、不变性、一劳永逸（简言之，用形而上学的语言来说：假如生成真能汇入存在或虚无），那么这种状态想必已经达到。但是它没有达到：结果从何而来……这是我们唯一把握的确定性，借助于它矫正一大堆可能出现的世界假说。譬如说机械论无法避开某种最终目的状态的结论，这是威·汤普森①从机械论得出的结论，那么机械论由此便遭到了驳斥。

哲　学

5. 假如世界可以设想为一定大小的力和一定数量的力的中心的话——其他的设想是不确定的，也是不需要的——，那么其结果是，世界是在其存在的巨大赌博中必须经受的可计算的数字组合。在无限的时间里，也许每次有可能的组合会在某个时候出现一次；甚而会出现无数次。由于每次"组合"与其下一次"轮回"之间有可能还会出现组合，而每次这样的组合决定同列组合的整个结果，那么,这

----

① 汤普森（William Thompson，1785—1833），英国经济学家，罗伯特·欧文空想主义学说的追随者和重要代表。汤普森在大卫·李嘉图创建的价值理论基础上，提出劳动是一切价值的源泉，并认为劳工阶级产生剩余价值。

就证明有一个绝对等同序列的循环：世界是个循环的世界，周而复始，无限重复，无穷无尽地做着自己的游戏。

这种设想不等于一个机械论的设想：因为假如世界是如此的世界，那么它也许就不会引起相同状态的无限循环，而是形成一个最终状态。因为世界达不到这种状态，所以以机械论在我们看来肯定是不完美和暂时的假说。

14[219]

意志薄弱：这是一种譬喻，它可能使人误入歧途。因为没有意志，所以就没有坚强的意志，也没有软弱的意志。多样性和原动力状态改变，它们缺乏体系，结果就产生了"薄弱意志"；它们受个别人优势的影响，相互协调，由此就会产生"坚强意志"；——前者振荡、缺乏重点；后者精确，方向清晰。

15[8]

进　步

我们不自欺！时间向前奔跑，——我们要说，万物都随时间向前奔跑……发展就是向前发展……这是使最谨慎者受骗的表面现象。但是19世纪与16世纪相比，并没有进步。而1888年的德国精神是对1788年德国精神的倒退……"人类"没有进步，甚至从未存在过……总的看法是，就像一个巨大的试验工厂，有些事情成功了，是分散在各个时代取得的；而有些无法言说的事情失败了，失败于没有秩序、没有逻辑、没有联系和约束力……我们怎么能否认基督教的兴起是一种颓废的运动呢？……德国宗教改革就是基督教野蛮的旧病复发呢？……革命就是破坏了组织的伟大本能，有可能去破坏社会呢？……相对动物来说，人并没有进步：与阿拉伯人和科西嘉人相比，文化的娇子是怪胎；中国人是一种成功的类型，即比欧洲人有更持久的耐力……

15[13]

前　言

在经历了整整几千年的迷惘和混乱之后，我有幸重新找到了肯定和否定之路。这可能也是我的荣耀。

我说，要否定一切使人软弱——使人衰竭的东西。

我说，要肯定一切使人强壮、使人积蓄力量、令人骄傲的东西……

迄今为止，人们从未在这两个方面作过教导：有人教导过道德、无私、同情，有人教导过要否定生命……这一切都是衰竭者的价值。

我对衰竭的生理现象作过长期思考，不得不对自己提出这样一个问题：衰竭者对价值世界的判断达到了何种深度。

即使对我这个在某些陌生领域已相当在行的人来说，我得出的结果是如此令人惊叹：我发现了一切最高价值的判断，一切主宰人类，主宰至少变得驯服的人类的价值判断都可归结为衰竭者的判断。

我有必要先教导说：犯罪、独居、疾病都是衰竭的结果……

我以最神圣的名义得出毁灭性的倾向；有人称虚弱之物、传授虚弱的人、传染虚弱的一切为上帝……我发现，"好人"就是颓废现象的自我肯定形式。

连叔本华都在传授那种道德，说它是最高的、唯一的东西，是一切道德的基础：我认为这种同情比任何恶习更危险。这是种类的选择，这是对衰败的彻底净化——这就是说，迄今为止的道德是真正的道德……

人种堕落了——不是由于自身的恶习，而是由于不学无术。人种堕落的原因是，它不认为衰竭就是衰竭。生理学上的混淆乃是万恶之源，因为由于衰竭，其本能它被误导，最好的东西已被掩盖起来，重心已失去……跌入深渊——否定生命——而这一切也就被当作兴起、神化、神性化来感受。

道德是我们最大的误解。

问题是：衰竭者怎样达到为价值立法的目的呢？

换句话问：末了者是怎样取得权利的呢？……去认识历史吧！有动物本能的人怎么会本末倒置呢？……

我想更精确地表述"进步"这个概念，但我担心有必要为此同现代思想翻脸（——我的安慰是，他们没有脸面，只有假面具……）

人们应该截去病肢：这就是社会的第一道德。

修正本能：使本能摆脱无知……

我瞧不起那些向社会提出要求的人，他们要求社会自己反对有害分子，这远远不够。社会是个躯体，假如它不想冒险的话，它的任何肢体都不可以出现病状：一个坏事的病肢必须截去。我将说出社会截去肢体的种类名称……

人们应当尊重厄运，尊重对弱者说"你去毁灭吧"的那个厄运……

有人把反对厄运的人称为上帝，把使人类变坏和堕落的人称为上帝……人们不应该无益地使用上帝的名义……

我们几乎将所有心理学概念都宣布无效了——迄今为止的心理学历史都依赖于这些概念，甚至哲学史所依赖的概念都被我们宣布无效了！

我们否认有意志（更不谈上"自由意志"）。

我们否认意识，否认把它当作统一体和能力。

我们否认思维：因为我们缺少值得思维的东西，也没有思考出什么东西来。

我们否认思想之间存在着一种现实的因果性，像逻辑学所认为的一样。

我的文章反对一切颓废的自然类别，我全面考虑过虚无主义的现象。

就是说，天生的毁灭者——

15[14]

请您原谅我吧！这一切都是 1830 年的老式游戏。瓦格纳信仰爱情，就像所有在这十年间放荡和疯狂的浪漫派一样。剩下些什么呢？竟是无意义的爱的神化，同时还有对放荡和甚至犯罪的神化——这些东西对我们今天来说是多么错误啊！首先是多么的令人筋疲力尽啊！多么的多余啊！我们已经变得更严肃、更坚强、更不容忍地反对这种庸俗的心理学，它甚至以为自己是“理想主义的”——我们嘲笑这种谎言和“美好情感”的浪漫——

15[25]

第九节

假如说道德通过几代人的践行似乎像被装入仓库那样藏了起来，也就是指敏锐、谨慎、公平、勇敢，那么道德本身积聚的总体力量就会影响到那个最缺乏公正的领域，即影响到精神领域。

一切意识的形成都表现出有机体的不适：应当对某种新的东西进行实验，对此没有足够可用的东西，只有艰难、紧张、过度刺激——这一切都会变为意识……天才栖息于本能之中，善也如此。人们本能地行动，其行为就是完美的。用道德眼光来看，一切有意识的思维都是单纯的试验，大多数情况下都会变成道德的反射。如果思想家开始说过多的话，那么科学的公正性就总是没有了。不妨做个试验，把最智慧的人放在称金子的天平上，叫他们来评论道德……

可以证明，一切有意识的思维，在其本能的引导下，也能描述比思维本身低级得多的道德来。

在哲学家身上，没有比理智的公正性更为稀罕的了。也许他们说的是相反的东西，也许他们相信相反的东西。但他们整个手艺会带来这样的结果，即他们只允许某些真理存在；他们知道必须证明什么，他们几乎认为自己是哲学家就在于：他们对这些"真理"看法一致，譬如道德的真理性。但是，对道德的信仰还不是道德性的证明。有些情况——哲学家的情况就属于此类，如此信仰简直就是非道德。

15[28]

在一切时代里，人们都把"美好情感"当成论据，把"隆起的胸膛"当成神性的风箱，把信念当作"真理标准"，把对手的需求当成智慧的问号：这种欺骗和伪造贯穿整个哲学史。除为数不多的怀疑论者以外，任何地方都没有表现出明智公正的本能。最后，还是康德以纯洁的心理，设法用"实践理性"的概念使思想家腐败科学化：为此康德发现了一种理性，什么情况下无需为理性操心，即当心灵之需、当道德、当义务在说话的时候。

15[35]

有人曾做过有失体面的尝试，想在瓦格纳和叔本华身上找到精神遭到破坏的特质:一个本质不同的观念好像已经获得,把两人所代表的颓废特质科学地进行具体化。

15[68]

应该克服18世纪两种伟大的尝试:

拿破仑唤醒男人、士兵和伟大的夺权斗争——他想使欧洲成为一个政治统一体;

歌德构想一种欧洲文化,要它继承已经取得的人道的全部遗产。

15[70]

我们不相信所有那些令众人陶醉和激进的状况,即人们误以为"真理唾手可得"的情况。

15[76]

前　言

本书是献给少数人的,——他们是百无禁忌的自由:我们一步步重新获得了禁令权。

本书为已经获得权力和自信心的人作证,他们把"害怕"忘得一干二净;允许用信赖本能换取不信任和怀疑;自爱、自尊,有自己的思想——还可以胡思乱想——有点像小丑,有点像上帝;不是忧郁者,不是猫头鹰,不是无腿蜥……

15[77]

从前被看作是真实的东西,没有一点是真实的。过去我们认为是非神圣的、被禁止的、受轻蔑的、不详的和被排斥的东西——如今，它们都成了鲜花，生长在可爱的真理小路旁。

我们不再与全部陈旧的道德有关联：旧道德中没有值得重视的概念。人的寿命比这些陈旧的道德长——我们还不至于粗鲁、天真到以这种方式自欺的程度……彬彬有礼地说：我们过于有道德了……

假如陈旧意义上的真理只因为旧道德肯定过它，允许肯定它而成为"真理"，那么其结果是，我们也就不需要过去那种真理了……我们的真理标准根本不是道德性。我们用以下方法驳斥一种说法，我们证明这一说法取决于道德，是高尚情感的激发。

15〔82〕

语文学的不足，人们总是把解释当作原文——何谓"解释"！

摘自：15〔118〕

我们中最勇敢的人很少有勇气对待自己真正知道的东西……

那些杀害我们的东西——我们就要干掉它们。这样做，我们就会变得强壮。

谁不能把自己的意志放进事物之中，但至少还会把事物的意义放进去，也就说明，他相信这里面有意义存在。

伟大风格是在伟大激情之下产生的。它鄙弃去迎合人，它忽视去说服别人，它发号施令，他想要。

摘自： 15[120]

什么是善？ —— 凡是能增强权力感、权力意志、人自身权力的东西都是善。

什么是恶？ —— 凡是产生于软弱的东西都是恶。

什么是幸福？ —— 幸福的感觉是，重新增强了权力，重新克服了阻力。

不是满足，而是更多的权力；不是和平而是更多的战争；不是美德而是能干（文艺复兴风格下的美德，男子汉气概，去掉伪道德的美德）。

凡是虚弱和失败的东西应当消失：这是生命的最高命令。人们不该从同情中制定道德。

什么东西比恶行更有害？ —— 对一切失败者和弱者行为的怜悯—— 基督教……

1888 年春至夏

16[16]

我们少数人或许多人乃是敢于再次生活在一个非道德化世界里的人。从信仰来说，我们是异教徒。也许我们也是第一批认识到什么是异教信仰的人：必须设想自己是比他人要高等的人，不过，是远离善与恶的人；必须把一切高等的存在评定为非道德的存在。我们信仰奥林波斯山①和不信仰"受难的基督"……

16[20]

——假如我的哲学是地狱，那么我想至少用良好的格言铺设通往那里的道路。

16[24]

没有音乐，生命也许是个错误。

16[25]

人是一种渺小的、过度紧张的动物——幸运的是，人有自己的时代；尘世的生命总是一个瞬间、一个插曲、一个无结果的例外，对地球整体的特征而言，它是无足轻重的东西；地球本身就像每个天体，像两个虚无之间的裂缝，像无计划、无理性、无意志、无自我意识的现象，是必然之物中最糟糕的种类，是愚蠢的必然性……我们反感这种看法；虚荣这条蛇对我们说："一切肯定都是假的，因为发了脾气……"难道这一切只是表象吗？用康德的话来说，人不管这一切。——

16[28]

有早晨思想家，也有下午思想家，也有猫头鹰思想家。

---

① 奥林波斯山（Olymp, Olympos），希腊北部的一座山，位于将塞萨利与马其顿分开的山脉东端，高 2 917 米，是希腊最高的山脉。根据荷马和其他古希腊诗人所述，奥林波斯山被认为是诸神的所在地。

别忘记最高尚的种类：正午——伟大的潘神^①总是在正午时分睡觉。此时一切光线都是垂直的……

16[32]

我怎样辨识出我的一些同类人？——哲学，像我迄今为止所理解和亲自体验的那样，它是自愿去寻找生命的令人诅咒和可耻的一面。从我在冰雪和沙漠中长期漫游的体验中，我学会了用别种眼光看待迄今为止的哲学研究：——我发现了哲学秘史，发现了伟大哲学家的心理学。"一个思想家承受多少真理，一个天才敢于说出多少真理？"——这成了我的真正的价值测量器。错误是一种胆怯……认识上的每个成就产生于勇气，产生于严于律己和洁身自好……我所经历的这种实验哲学甚而试图预言基本虚无主义的可能性。但这并不是说哲学停留在说"不"，停留在否定，停留在否定意志层面上。倒不如说，哲学要达到的是其反面——达到狄俄尼索斯式的肯定世界，肯定世界的存在状态，不打折扣，没有例外和选择——它要求永恒循环，即同种事物连结同种和非逻辑的永恒循环。这是哲学家所能达到的最高状态：对生命采取狄俄尼索斯心态；我的公式是爱必然和不可避免……

——属于这个方面的还有，迄今为止被否定的生命的一面不仅被理解为必然的，而且是受欢迎的。说它受欢迎，不

---

① 潘神（Pan），希腊神话中主宰森林畜牧的神。

仅看到迄今为止被肯定的一面（大约是其补充或者先决条件），而且为了它的自身，即生命更有力、更丰富、更真实的一面，生命意志表现得更清楚的一面。同属于此的还有，对迄今为止肯定了的生命的一面进行估价，弄明白这种估价从何而来，它对狄俄尼索斯的生命估价有多小约束力。我从中得出结论，并领会到究竟是什么东西在肯定（一是受苦人的本能，二是群体的本能，三是绝大多数人反对特殊者的本能）。我猜想到，强者想必会从另一方面设想使人提升：超然善恶之外的更高等级的人，不否认来源于受苦人、群体和绝大多数人的那些价值。我寻找历史中相反理想结构的雏形（重新发现和评述"异教的"、"古典的"、"高贵的"这些概念）。

16[37]

　　瓦格纳艺术的效果是深刻的，首先是沉重，太沉重了。原因何在？首先肯定不在瓦格纳的音乐上。当人们被其他东西征服，同时变得没有自由时，人们才经得住这种音乐。说到那种东西，那就是瓦格纳的激情，他把自己的艺术加进这种激情里，这种激情是巨大的说服力，是屏住呼吸，是不想放弃这种极端的情感。这种激情被他吓人地拖长，瓦格纳靠它胜利了，并将还会取得胜利，最终说服我们去继续欣赏他的音乐……有了这种激情，人就是"天才"吗？或者也只是有可能成为天才吗？假如把一个艺术家的天才理解为在法则下的最高自由，理解为神性的轻松和繁重下的轻率，那么奥芬巴赫①比瓦格纳更有资格被称为"天才"了。瓦格纳沉重、笨拙，他对最自负的完美瞬间最陌生，而像小丑奥芬巴赫在每次寻开心中能五次、六次达到最自负的完美瞬间。——但也许人们对天才有其他理解。——同样，我首先打算回答的问题是：正因为有如此激情，瓦格纳是否就是德意志现象呢？是一个德国人呢？……或者宁可这么说，他是例外中的例外呢？……

瓦格纳是沉重的，令人心情沉重？因此他不是天才？……

16[40]

美　学

基本概念：什么是美，什么是丑

没有什么比我们对美的东西的感觉更有条件，或者说更有偏见。假如有谁想到抛弃人对人的乐趣去思考美，那他就会立刻失掉立足之地。人在美中赞赏人自己，在极端情况下崇拜自己。人的本质就是人只对自己的外貌感到幸福，——人肯定自己，只肯定自己。人不论怎么用"美"给予这个世

---

① 奥芬巴赫（Edmond Audran Offenbach，1842—1901），法国作曲家，出生于法国里昂。他父亲是一名滑稽歌剧男高音。奥芬巴赫在巴黎尼德梅耶学院学习音乐，1859 年获作曲奖。他以创作滑稽歌剧与轻歌剧著名，其主要代表作是滑稽歌剧《吉祥物》。

界，他总是用自己的"美"给予世界。就是说，一切使人产生完美感觉的东西，人都认为是美。人带着这种完美感觉，就立于一切事物之中了。人的确以此美化了世界吗？……最终以更高级的审美法官的眼光来看，人也许根本不美？……对此我不想说这有失体面，但不是有点奇怪吗？……

* * *

〈2〉

——啊，天神狄俄尼索斯！你为何揪住我的耳朵？阿里阿德涅[①]，我在你的耳朵里发现了一种幽默：为什么耳朵不更长些呢？……

* * *

〈3〉

"没有什么是美的，只有人是美的。"我们的一切美学都建立在这个天真看法的基础上：美学是天真的第一"真理"。

让我们立刻补充"真理"，真理并不那么天真：没有什么比失败的人更丑了。

凡忍受丑的痛苦的人，他就他那类人的流产的痛苦；即便是与他毫不相干地提及一种这样的流产，他也会立即使用

---

① 阿里阿德涅（Ariadne）是希腊神话中克里特国王弥诺斯的女儿，曾给情人忒修斯一个线团，帮助他走出迷宫。

谓项"丑"。人给世界堆满大量丑的东西：这一点表明，人总是用自己丑的东西去堆……人的确通过这种办法使世界变丑了吗？……

* * *

〈4〉

一切丑陋使人衰弱和悲愤，丑陋使人想起衰败、危险和软弱无能。人们可以用功率计测出丑陋的痕迹。哪里有痕迹，哪里定有丑陋在起作用。权力感，权力意志——这些都随美的东西生长，跟着丑的东西跌落。

* * *

〈5〉

在本能和记忆中堆集着大量材料：我们拥有的标记千千万万，它们显示出人种的衰退现象。即便在枯竭、疲惫、沉重、衰老，或非自由、痉挛、瓦解和腐败刚刚开始显现的时候，我们就会立即作出最低级的价值判断：人憎恨丑……

人们始终憎恨的是人种的衰退。整个艺术哲学都存在于这种憎恨之中。

* * *

〈6〉

假如我向读者详细透露，说生命这出总戏剧中的"好人"也是以衰竭形式出现的，那么读者将赞誉基督教的一贯做法：把好人想成丑人。这样基督教就正确了。

有个哲学家说：善和美是一回事。那他是卑劣的。假如他再补充说"也是真的"，人们就应该痛打他一顿。真理是丑的：我们有艺术，我们不会因真理而毁灭。

* * *

〈7〉

我最早把艺术与真理关系问题当作严肃的事情。就是今天，我还是怀着某种神圣的恐惧面对这对矛盾。我的第一部著作就是献给它的。《悲剧的诞生》是在相信另一种信仰的背景下诞生的：即靠真理生存是不可能的，"追求真理的意志"已经是退化的征兆……

我在这里再次提出该书中那个特别忧郁和令人不快的设想。它比其他悲观主义设想超前，它是非道德的——他没有受到哲学家和道德的激励。

这就是《悲剧的诞生》中的艺术。

16[41]

瓦格纳像亨利·海涅一样，是"现代灵魂"中"欧洲精神"史中的一个重大事实。这两人都是最大的说谎者，这是德国献给欧洲的两个大人物。

16[42]

当瓦格纳退化去相信德意志上帝，去相信德国教会和德意志帝国时，我便与他疏远了，他却把其他人又拉到了自己身边。

16〔47〕

在德国，理想的幻想主义不反对艺术家，相反倒几乎为艺术家辩护——幻想主义认为席勒是好人！……而且说到席勒和歌德，都说席勒是更高尚的理想主义者。名副其实：他是个风度翩翩的英雄！

16〔55〕

从生理学来看，《纯粹理性批判》早已是克汀病①的先在形式，而斯宾诺莎体系②是肺结核的病象。

16〔58〕

就蜘蛛而言，蜘蛛是最完美的生物；就形而上学而言，上帝是形而上学者；就是说，上帝也说谎③……

16〔61〕

威廉·冯·洪堡④是个高贵的平庸人。

16〔63〕

对哲学家尼采的朋友们来说，去年冬天很值得去听听富

---

① 克汀病（Cretinismus），一种呆小症，其发病原因是小儿甲状腺功能不足。

② 斯宾诺莎哲学体系有无神论性质。斯宾诺莎否认有人格神、超自然神的存在，自然界就是神。他把唯理论、唯物主义和泛神论结合起来。

③ 德语中，"er spinnt"有"异想天开，胡说八道"的意思。动词 spinnen 有"蜘蛛织网"之意。

④ 洪堡（Wilhelm von Humboldt, 1767—1835），德国语言学家、语文学家和政治家。洪堡学识渊博、兴趣广泛，在美学、民族学、古典文化等领域都有研究，但主要研究语言。他被视为理论语言学和 19 世纪语言哲学系统的创始人。

有思想的丹麦人布兰代斯①博士在哥本哈根大学讲授尼采的系列讲座。演讲者并没有首先证明自己精于阐述艰深的思想，却懂得吸引多达 300 多人的听众，使他们对德国哲学家新颖又大胆的思维方式发生了浓厚的兴趣：结果是每次演讲结束，听众向演讲者报以热烈掌声，以示对演讲者和演讲主题的尊重。

16[79]

瓦格纳从未学会走路。他跌倒过，他跌跌撞撞，他用鞭打的方式虐待可怜的珀加索斯②。瓦格纳的激情纯粹是假的，他的对位法纯粹是假的，他对任何一种风格都是无能为力的。

人为的，受骗的，虚假的，粗制滥造的东西，非动物性的，马粪纸。

16[89]

从生理学来看，现代艺术家是歇斯底里的近亲；从性格上看，也可分在这种病态一类。歇斯底里是假的：艺术家是出于爱说谎，在一切扭曲的艺术中他受到赞赏——除非病态的虚荣心作弄他。这种虚荣心就像不退的高烧一样，需要麻

---

① 布兰代斯 (Georg Brandes, 1842—1927)，丹麦文学史家、评论家，倡导激进的民主主义文学和现实主义创作方法，主要代表作有《19 世纪文学主流》(6 卷)，以及名人传记《莎士比亚》、《歌德》、《伏尔泰》、《恺撒》等。布兰代斯是推荐尼采的第一人。
② 珀加索斯 (Pegasus)，希腊神话中的双翼飞马。

醉剂，使自己不被自我欺骗和滑稽吓倒，而滑稽可有一时的缓解作用。这类虚荣心的定义几乎就是：对自豪感无能为力，为了根深蒂固的自我蔑视始终需要复仇。其体系荒谬，易于激动，这种经历产生危机，把生活中最小的事搞成有"戏剧性"。剥夺所有的可测性：他不再是人，充其量不过是人的集合体，时而是以这个人，时而是以那个人厚颜无耻地出现。正因为如此，他很像个大演员：所有这些可怜的无意志者，医生对他们作过仔细研究，他们通过自己的表情模仿、角色变换和进入几乎任何被要求的性格状态而使人惊讶不已。

1888 年 5 月至 6 月

17[3]

　　本书仅仅被看作是谎言的不同形式：借助于这些形式，使人们信仰生命。生命应当引起信任：提出这样的任务是巨大的。为完成这个任务，人必须天生是说谎者，必须是超越一切的艺术家。而且在形而上学、道德、宗教、科学方面也是如此。这一切只是他追求艺术、要说谎、逃避"真理"、要否定"真理"的意志产物。人的这种用谎言战胜现实的能力，这种卓越的艺术家才能是人与一切现存物所共有的。人本身就是现实、真理、自然的一分子：人又怎么会不是说谎天才的一分子呢？

有人说，人们错误地判断生命的性质——这是隐藏在道德、科学、虔诚和艺术家气质后面最深最高的秘密意图。无视许多东西，曲解许多东西，幻想许多东西：啊，多聪明啊！离自以为聪明还差很远呢！什么爱、热情、"上帝"——纯粹是最终的自我欺骗的精心制作，纯粹是对生命的诱惑，纯粹对生命的信仰！当人遭到欺骗时，当人自欺时，当人信仰生命时：啊！人是多么臃肿啊！多么兴高采烈啊！多么有权力感啊！多么有艺术家对权力感的喜悦啊！……人又成了"物质"的主人，即真理的主人！……无论人何时感到喜悦，人总是同一个人，作为艺术家而喜悦，把自身当作权力来享受，把自己的权力当作谎言来享用……

2

艺术，无非就是艺术。艺术是使生命成为可能的能人，是生命的巨大诱惑者，是生命的伟大兴奋剂。

艺术是唯一最佳的对抗一切否定生命意志的对抗力，艺术是反基督教、反佛教、反虚无主义的卓越力量。

艺术是对认识者的拯救，认识者是见到、想见到生存的恐怖和可疑性格的人，即悲剧式的认识者。

艺术是对行为者的拯救，即他不仅看到而且体验到、也想体验到那恐怖和可疑性格的人，即悲剧式的、好战的人、英雄。

艺术是对受苦人的拯救，是通向如此境界之路，在那里

痛苦被期望、被神化、被圣化，痛苦是巨大兴奋的一种
形式。

3

人们发现本书中的悲观主义，我们确切地说是虚无主义
被看作了"真理"。但真理并非是最高的价值尺度，更不用
说是最高的权力。求表象、求幻想、求迷惑、求生成、求变
化（追求客观迷惑）的意志，在这里被看得比求真理、求现
实、追求存在更深刻、更原始、更形而上：——追求存在甚
至只是追求幻想的意志的一个形式。快乐比痛苦同样更加原
始：痛苦首先是有条件的，只是求快乐的意志（求生成、生
长、塑造的意志，就是说求创造的意志：但在创造中也包括
破坏）所产生的一种现象。这就设想出一种对生存的最高肯
定状态，其中同样不能排除最高痛苦：这就是悲剧性的狄俄
尼索斯状态。

4

本书甚至是反悲观主义的。也就是说，本书教授的是某
种比悲观主义更有力、比真理更"神圣"的东西。看来，没
人比本书的作者更认真地论述对生命的激进否定，不仅在口
头上而且以实际行为否定生命。只是他知道——他体验过这
些，也许他对别的毫无体验！——艺术比真理更有价值。

"序言"好像在与瓦格纳对话，其中表明了这一信念，
这一艺术福音："艺术是生命的本来使命，艺术是生命形而

上的活动……"

5

— — —

摘自：17〔4〕

4

北欧那些年轻、强壮的种族没把基督教上帝逐出家门，不从审美方面说，这是给他们宗教天才的脸上抹黑。他们本应对付这个颓废的又病又老的怪物。但是，他们该受到诅咒，因为他们对付不了这个怪物：他们把疾病、矛盾、年纪一股脑儿吸收进他们的一切本能之中，从此，他们创造不出一个上帝来了。几乎有两千年没再出现过一个新的上帝，而始终是名正言顺的样子，犹如最后的通牒，犹如选神力量的准则，人的具体精神，这个欧洲可怜的一神论上帝！这是由零、概念和祖父构成的衰亡混合种，在他身上一切颓废的本能都得到了批准！……

5

——还会有多少新的神呢！……对我来说，宗教的造神的本能有时会在我的头脑中重新活跃起来：每次神对我的召唤是多么不同啊！……许多闻所未闻的东西从我的脑海里掠过，在不受时代限制的时刻进入生活，就像从月宫里走下来一样，不知年龄大小，也不知是否年轻……我或许丝毫不怀疑，有许多神灵存在着……也不乏那些使人们不忘某种太平感和轻率感的神灵们……轻盈的脚步也许属于"上帝"这个概念……有必要论述某个上帝懂得任何时候置身一切市侩和合乎理性的东西之外吗？顺便说一下，有必要论述他置身于善与恶之外吗？用歌德的话说，这个上帝的前景无限。——为此，呼唤评价不够的查拉图斯特拉的权威：查拉图斯特拉为证明自己走得如此遥远，他曾说"我只相信那个懂得跳舞的上帝"……

再说一遍：还可能有多少新的神呢！——查拉图斯特拉当然只是个老资格的无神论者。人们应当正确理解他！查拉图斯特拉虽然说，我也许会成为——；但他不会成为……

1888 年 6 月至 8 月

摘自： 18[1]

受伤深重的人怀有奥林匹斯的微笑；人们拥有的仅仅是必要的东西。

1888 年夏

20[40]

你们这些僵化的智者，一切对我来说都是游戏。

20[75]

一道闪电成为我的智慧；这智慧用镶嵌有钻石的宝剑为我刺穿任何黑暗。

20[78]

　　这些学者多么冷酷!

　　该有闪电击中他们的饭食!

　　他们学会吞吃火焰!

20[147]

　　我们追求真理——难道真理在追求幸福?

20[157]

　　我只是在制造文字:

　　什么取决于文字!

　　什么取决于我!

1888 年秋

21[6]

　　啊!犹太人在一群德国笨蛋中做了怎样的好事啊!……反犹太人的先生们却低估了他们。犹太人同反犹太分子之间的区别是什么呢?那就是,犹太人懂得,在该撒谎的时候撒谎。而反犹太主义分子不知道自己始终在撒谎——

1888 年 9 月至 10 月

22[9]

　　人们绝不应该宽恕德国人,因为他们使文艺复兴没达到目的,没取得胜利——进而没能战胜基督教。德国宗教改革是其黑色诅咒……这个不幸的种族，期间还三次阻碍了文化进程——即德国哲学、自由战争、十九世纪末建立帝国——这纯粹是文化大灾难！

22[27]

我对不被人重视这件事情从未感到难过——从中我反而发现了一个好处。另一方面，在我的一生中，从年轻时起就得到过多次赞扬和荣誉，我……

1888 年 10 月

23[2]

论生命的理性。——相对的贞洁，甚至在思想上基本和明智地防止色情，即使在那些具有完美丰盈的人那里，这也是属于生命的伟大理性。这一原则特别适合于艺术家，这是艺术家最优秀的生命智慧。在这个意义上，那些完全不可怀疑的声音又在耳旁响起：我指的是司汤达、戈蒂埃①和福楼拜。就其分类而言，艺术家也许必须是有感情的人，易激动，易接受任何感官刺激，对远来的刺激及其感应热情欢迎。尽管如此，一般来说，一个艺术家在自身使命感的重压下，在成名成家意志的制约下，的确是个有节制的人，常常

---

① 戈蒂埃（Théophile Gautier, 1811—1872），法国小说家、戏剧家、诗人和文艺批评家。他是法国唯美主义先驱，"为艺术而艺术"的倡导者，其主要作品有《木乃伊故事》、《珐琅与玉雕》等等。

甚至是守贞洁的人。他的主导本能要求他如此这般：他的本能不允许他以某种方式消耗自己的精力。艺术构思和性行为所消耗的精力是同样的：世上只有一种精力。在这方面屈服，在这方面浪费自己的精力，这对艺术家来说是一种背叛：这表明缺乏本能，更缺乏意志，可谓颓废的信号——无论如何都会降低艺术价值，以致达到不可收拾的程度。我以最令人不快的瓦格纳事件为例：在那种不可置信的、病态的、导致生命厄运的性欲状态下，瓦格纳明白艺术家会失去什么：他会失去自由，失去自尊。他已经被判为戏子，他的艺术使得他总是试图在逃，忘掉自己，自我麻醉。最终，这点改变决定了他的艺术风格。如此一个"非自由者"就必然需要一个大麻世界，一个陌生的、沉重的、黑暗笼罩的世界，有着各种各样异国情调和理想的象征主义，其目的就是想脱离自己的现实，——瓦格纳需要瓦格纳式的音乐……首先，天主教某种理想的信条几乎是艺术家自我蔑视、"沼泽地"的证明：法国有波德莱尔①，美国有埃德加·爱伦·坡②，德国有瓦格纳。我还要说，瓦格纳是依靠他的感官成

---

① 波德莱尔（Charles Pierre Baudelaire, 1821—1867），法国象征派诗歌的先驱，代表作《恶之花》是19世纪最具影响力的诗集之一，诗集问世后，因"有碍公共道德及风化"等罪名他受到法庭判罚。
② 坡（Edgar Allan Poe, 1809—1849），美国作家、文学评论家，现代侦探小说的创始人，主要作品有诗歌《乌鸦》、恐怖小说《莉盖亚》、侦探小说《莫格街凶杀案》等等。

功的吗？他的音乐把最基本的本能说成是本身，说成是瓦格纳的吗？那种神圣理想概念的气味，八分之三的天主教气味，不就是一种诱惑艺术吗？（——他无知、无罪、基督教式地允许"魔术"对自身产生效果）谁敢说出对《特里斯坦》①音乐真正的赞美之词呢？——我戴上手套，每当我阅读《特里斯坦》总谱……越来越蔓延开来的瓦格纳气味，就是一种轻浮的感官流行病，说这一点还"不知道"；我认为与瓦格纳音乐作斗争要十分小心。——

23[9]

想到要给反犹太分子先生们"狠狠"踢上一脚，从这一危险来看，我承认艺术要说谎，"无意识地"伸手去偷，去吞没他人财产，任何一个反犹太主义者比任何一个犹太人更明显。反犹太主义者总是在偷窃，总是在说谎——他们只会这么做……因为他们有[－－－]……人们该控诉反犹太主义分子，人们该为他们收集——

23[14]

在这完美的一天，一切皆成熟，不仅葡萄变成黄色，同时一束阳光投射到我的生命之上——我往后看，向外看，我

---

① 西方史诗《特里斯坦和伊索尔德》（Tristan und Isolde），最早流传于古代不列颠与爱尔兰，后传到法国，再由法国传到德国。法国中世纪游吟诗人在传唱中形成了文字。瓦格纳于 1865 年把歌剧《特里斯坦》搬上舞台，由此在西方世界音乐语言中开始了一种新方言，"瓦格纳风格"成了歌剧"先进"及非传统的代名词。

还从未一下子看到这么多美好的事物。今天，我没有白白送走这第 44 个年头，我可以这么做：在这 44 个年头里，属于生命的东西已经得到了拯救，是不朽的。第一部书《重估一切价值》；《查拉图斯特拉如是说》的最初六首歌；《偶像的黄昏》，《用锤子进行哲学阐述的尝试》——所有这些都是这一年赐予的，甚至是这一年最后一季度赐予的。我怎能不感谢我的整个一生呢！……

我在如此叙述自己的一生。

了解我最少的人也能猜出我比任何人都有更多的经历。证明甚至就在我的书里记载着：书中的一行行文字由经历写成，来自生命的意志，是创造，一个真实的补充，是比那生命更多的描述。有一种情感时常袭上我的心头：正像一个德国学者所说的那样，这种情感以值得赞赏的纯洁，叙说自己和自己的事情：每天给它带来更多的东西，胜过别人一生！另外还有糟糕的东西——这是毫无疑问的！但这是对生命最高的称颂，同时也是把我们置于生活的最高对立面……

1888 年 10 月至 11 月

摘自：24[1]

8

我根本不会把相似的印象归功于希腊人；同柏拉图相比，我是个彻底的怀疑论者，况且从未对这位艺术家表示过钦佩，尽管学者们普遍赞赏他。我认为，柏拉图搞乱了一切风格形式：像犬儒学派虚构墨涅波斯的讽刺作品①手法那样，他对某些相似的东西负有责任。柏拉图对话，自鸣得意的和天真的辩证法会产生出刺激作用，对此人们无须去瞧友善的法国人的眼色。到头来，我怀疑柏拉图的深邃，因为我觉得他已经偏离了海伦人的一切基本的本能，变得犹太化了，变成基督教早期的模样，这是他的最后的意图。我想对整个柏拉图现象用一个更强硬的词语加以概括："更加高明的骗局"。人们为此付出了重大的代价，这个雅典人上过埃及人的学校（或许在埃及的犹太人那里……）在基督教大灾难之中，柏拉图是个模棱两可的危险人物，他使古代高贵的有自然天性的人能走上通往"十字架"的桥……我的修养、我的偏爱和根治柏拉图主义所采取的疗法，任何时候都是修昔底德②。修昔底德，或许还有马基雅弗利③，同我有着最亲近的血缘关系，因为无条件的意志，不受任何制约，在现实

---

① 墨涅波斯的讽刺作品（Satura Menippea），墨涅波斯是伽达拉人，古希腊犬儒学派哲学家，创作讽刺作品 13 卷，有诗歌有散文，以推广犬儒派对生活的看法而闻名。其代表作有《降入地狱》等等。

② 修昔底德（Thucydides，公元前 460—前 400），古希腊历史学家、思想家，生活在古希腊文化全盛时期，年轻时参与了伯尼奔尼撒战争，并写下《伯罗奔尼撒战争史》一书，书中记述了公元前 5 世纪斯巴达和雅典之间的战争。

③ 马基雅弗利（Niccoló Machiavelli，公元 1461—1527），意大利政治思想家、外交家和历史学家，被称为近代政治思想的主要奠基人之一，主要著作有《君主论》、《李维史论》、《佛罗伦萨史》等。

中观察理性，而不是在"理性"中观察理性，更不是在"道德"中观察理性……受过古典教育的德国人在研究古代时，作为"严肃"的报酬，得到的是可怜的美化，而修昔底德比任何人更彻底地医疗这可怜的美化。人们应当逐字逐句地翻阅他的东西，就像听他在说话一样，清楚地看出字面上没有表露出来的东西，因为如此有实质的思想家不多。我想要说，在他身上集中了诡辩学者的文化——唯实在论者的文化，在他身上得到了完美体现。出现这种不可估量的举动，正是苏格拉底学派全面发动道德和理想欺骗的时候。希腊哲学已经是希腊人本能的一种颓废，修昔底德是所有强大、严肃、强硬事实的集大成者，这个特点存在于更古老希腊人的本能之中。勇敢是区别柏拉图和修昔底德那样两种性格的关键：柏拉图是个胆小鬼，结果是他遁走理想世界；而修昔底德通过暴力而拥有自己，结果是他因有暴力掌握事态。

1888 年 12 月至 1889 年 1 月初

摘自：25[6]

1

我深知我的命运。总有一天，我的名字将会同某些可怕的回忆连在一起——将和世界上前所未有的危机，将和最深刻的良心冲突，将和对一切被信仰、被要求及被神圣化的事物的反抗连在一起。尽管如此，在我的骨子里丝毫没有任何狂热；认识我的人会认为我是个或许带点恶意的简单的学者，知道同每个人取乐。我希望本书提供的是另外一种图像，不同于预言家的图像。我写这本书的目的是彻底铲除任何有关我的神话——在我严肃的神情中有点傲慢，我喜爱最渺小的东西，也喜爱最伟大的东西。我清楚，我摆脱不了作出可怕决定时刻的幸福感，我的灵魂是相当广博的，每一个人都有过。危险的是上帝或者小丑——这就是我身上具有的非自愿的东西，这就是我——但尽管如此，或更确切地说，尽管不是如此，因为以前所有的预言家是说谎者，我说的是真理——但是，我的真理是可怕的：因为迄今为止人们称谎言是真理……重估一切价值，这就是我给人类最高的自我理智活动的公式：我的命运要我比迄今人们发现时所做的更深刻、更勇敢、更公正地去俯视所有时代的问题……我不会向现存的东西进行挑战，我向几千年来反对我的东西进行挑战。我反驳，尽管如此我成了否定精神的对立面。从我开始又出现了希望，我所认识的高尚使命迄今为止没有正名——我是真正的快乐使者，不管我该是个怎样的人——因为假如火山开始爆发，那么我们在地球上就会痉挛，这还从未有过。政治这个概念将在一场精神之战中烟消云散，一切权力产物将被炸得粉碎——将会有世上从未有过的战争。

摘自：25[11]

最后的话。从现在开始，我将需要援助之手——不朽之手！——无数的手。《重估一切价值》一书应该以两种语言出版。人们将做善事，到处建立协会，为了让几百万的信徒及时助我一臂之力。我看重的首先是争取军官和犹太教银行家，这两种人组合在一起，代表了权力意志。

25[19]

最后的考虑

如果我们能放弃战争，那就更好了。我也许知道需要120亿经费才有用，欧洲每年靠武力得来的和平都要花费这么一大笔钱；还有其他方法使生理学成名，不必通过战地医院……简言之，好说之，甚至很好说之：旧的上帝被废除之后，我准备治理世界……

编者后记

权力意志和永恒轮回：爱恩的两张脸

1

意志——虚假的物化

对尼采来说，"意志"构成哲学基本问题，最早是从认真研读他的"老师"叔本华的主要著作《作为意志和表象的世界》开始的。后来尼采说意志是"思维自由的寓言"，还说"意志自由是谬误"①。从此，他同叔本华之间有了一种批判性质的距离。尤其从1880年开始至精神失常这段时间，尼采的遗稿中开始出现对信仰自由意志的批判，他认为这是迷信。1880年以后，他对"权力感"进行反思，并对"权力意志"作了概念上的准备。从中人们也许看到尼采在80年代坚持把自由意志称为"虚构"而采取批判性的对立点。与此同时，人们还发现"永远轮回"说和"查拉图斯特拉"早期笔记第二部分《超越自己》一节（1883年夏完成）中对权力意志所作的首次详细的表述。

尼采批判叔本华这个"哲学家令人可怕地虚构"②出自

由意志，这一点应如何与他同时创立权力意志说相提并论呢？让我们先对尼采的自由意志批判作进一步考察，解读1880—1888 年间他写下的与此有关的遗稿③。

1880 年夏，尼采写到："语言自身承载着极大的偏见，并保持偏见。譬如，一个词语所表示的东西也许是一个过程：意愿、渴望、欲念——多么复杂的东西！"④六年后，他在《善恶的彼岸》一书里又说完全相同的话："我认为，'意愿'首先是个复杂的东西，它仅作为语词是统一的，——民众的偏见恰恰存在于语词中，它统治着全部时代哲学家们微小的谨慎。"⑤在后期著作《偶像的黄昏》（手稿于 1888 年 9 月付印）中，尼采说："开始就有很严重的谬误存在，即意志乃是有作用的东西——说意志是一种能力……今天我们明白，意志只不过是个语词罢了……。"⑥

1880 年夏，遗稿 5〔47〕，尼采对思维中的"权力感"作了阐述。这时他更加简洁明快地说："'想要'是一种先入

---

① 尼采《人性的，太人性的》，第 1 卷（1878 年），见科利和蒙蒂纳里出版的 15 卷本《全集》，简称 KSA（以下引用），慕尼黑；柏林/纽约 1980年，第 2 卷，第 63 页。
② KSA，第 5 卷，第 305 页。
③ KSA，第 9—13 卷。
④ KSA，第 9 卷，第 191 页，遗稿 5〔45〕。
⑤ KSA，第 5 卷，第 32 页。
⑥ KSA，第 6 卷，第 77 页。

之见"。①

尼采多次以人的"咀嚼"这个平常动作为例，说明有意性是一种"欺骗"。他说："就连我们有意去做的最小动作，如咀嚼，多半是无意的。有意涉及可能性这个巨大的王国。"②

"在意识中，先于有目的的行为的东西是很不确定的，例如咀嚼前不清楚咀嚼的形象。假如我从科学角度更仔细地考察一下，那么这种东西不会对行为本身构成影响。我们事先对其一无所知的无数单个运动还是发生了。再比如舌头的聪明远远高出我们意识的聪明。我否认我们的意志会产生这些运动：运动产生了，可我们并不知道——我们也只能通过

---

① KSA 第 9 卷，第 193 页，参见 1880 年秋遗稿 6[361]："我们愉快和不快的感觉系统生出分支，变得精细起来，我们的思想活动亦然。后者长期以为，它是完全有意识的，它知晓愉快和不快事物的原因。幼稚的人还认为，我们明白我们意欲作为的原因。其实，我们在行动之前，本来只能想象出可以对我们的行为作出解释的种种可能性，这还要看我们的认识水平的高低：但什么东西促使我们产生行为，我们通过行为本身也不知道。是的，永远都不知道！无论在行为前还是在行动后，我们都按照我们设想的人的动因这个常规来解释我们的行为。这个解释有可能是合理的，但解释中不存在真正促使我们行为的东西。给自己设定一个目的，也就是说欲望提出一个思维形象，而该思维形象也要思索欲望。这是完全没有的事儿！思维形象由言语组成，它是最不确定的东西，它本身根本没有一条促使运动的杠杆。只有通过联想，通过思维和欲望机制之间的、逻辑上讲不通和荒谬的联系（比如思维和欲望也许会在严厉地发布命令者的形象里邂逅），思维（例如命令）才会'产生'行为。其实，这是并列现象。在目的概念和行为之间根本不存在因果关系，这里存在天大的欺骗，好像事情就是这个样子似的。"（KSA，第 9 页，第 289 页。）
② KSA，第 9 卷，第 418 页，遗稿 10[B29]。

（触觉、听觉、色觉）标志以及在个别细节上和瞬间中来把握运动的过程，它的本质以及它的连续性的过程，我们同样是不清楚的。也许幻想在对抗真实的过程和本质，这是一个虚构。我们已习惯这种虚构，并把它当作本质来对待。"①

事实上：假如打个比方，我决定赶紧下楼，但不是干脆下楼去，而是时刻记住我那个决定，这样我就会容易陷入人人皆知的千足虫困境之中。千足虫开始想要协调自己的脚。脚配合不当，身子就会翻倒。再以现实日常生活为例：有经验的汽车司机同初学驾驶的人之间的区别不就在于，有经验的司机不是亲自驾驶，而是自然而然地行车，不就像自动一样吗？在这件事情上，获取和熟练掌握这"伟大的理智"也许比合理的决定更可信，更快吗？"我要"究竟说明什么呢？

相信自我不就像相信自由意志一样，恰恰是异端和谬误吗？

顺便说一句，以下这个写于 1881 年早春至秋的遗稿或许能给对《尼采与亚洲思想》②这一课题提供"比较性研究"：

"主要观念！不是大自然欺骗我们，欺骗个体，也不是大自然由于被我们蒙骗而去促进实现其目的，而是个人按照

---

① KSA，第 9 卷，第 445 页，遗稿 11[12]，参见 KSA，第 9 卷，第 489 页，遗稿 11[131]。

② 参见 G·派克斯（出版者）《尼采与亚洲思想》，芝加哥 1991 年。

自己的错误标准编造出一切事物的存在；我们想以此认为自己是对的，结果'大自然'反倒不得不以骗子身份出现。事实上就不存在个人真理，而只有纯的个人谬误——个人本身就是谬误。我们所想的一切本身就是我们不知道的他物，我们首先把意图、欺骗和道德置入大自然中。但我把自负的个体和真实的'生命体系'——我们每个人都是这个生命体系中的一员——区别开来，但人们把这两种东西混在一起了。而'个体'只是意识感觉、判断和谬误的总和，是被综合思考和编造出来的一种信念，是真实的生命体系中一个或多个环节，一个没有立足点的'单元'。我们是一棵大树上的幼芽——从树的利益出发，我们知道自己会变成什么呢！但我们有意识，好像我们想要、应该成为万物似的，这是'自我'和一切'非自我'的幻想。算了吧，别再以如此个人的幻想去感受啦！逐步去学会抛弃臆想的个体吧！揭开个人的谬误吧！看清个人主义是谬误吧！当然也不要把利他主义作为对立面去理解！这也许是对其他臆想的个体之爱吧！不！超出'自我'，克服'你自己'！从宇宙的高度去感受吧！"[1] "'我'——这是一种辅助性的假设，目的是对世界进行思考——完全就像材料和原子。"[2] 个体像原子，只不过

---

[1] KSA，第 9 卷，第 442 页续，遗稿 11[7]。
[2] KSA，第 10 卷，第 127 页，摘自遗稿 4[58]，1882 年 11 月至 1883 年 2 月。

是一种思维模式。

"让我们停留在意志情感上吧！我们所意识到的'意志'是什么呢？此时此刻，我们认识到意志只是一种假设。假设可能是真实的，也可能是不真实的。我们所意识到的'意志'不再存在。换句话说，我们给意志加进了某些意识到的现象，就像给'物质'加进了东西一样。"①

我们在尼采1883年夏写的手稿13[1]中看到"不存在意志"这一说法。从此以后，这一说法便成了尼采思考意志现象的主要命题。"我嘲笑你们的自由意志，也嘲笑你们的非自由意志。你们称之为意志的东西，在我看来就是狂妄——不存在意志。"②

在尼采看来，自由意志和非自由意志问题属于"哲学入门"问题。"就我而言，不存在意志。说有必要信仰意志，目的是'想要'——这是胡扯。"③"我对'意志自由和非自由'问题的思考促使我去解决这个问题。人们完全不可能想出一个彻底的和终结性的办法来，即用已获得的观点去解决这个问题：根本不存在意志，既没有自由意志，也没有非自由意志。"④

---

① KSA，第10卷，第405页续，遗稿12[30]，1883年夏。
② KSA，第10卷，第420页。
③ KSA，第11卷，第216页，遗稿26[254]，1884年夏至秋。
④ KSA，第11卷，第275页，遗稿27[1]，1884年夏至秋。

从 1885 年 6 月至 7 月，尼采把"意志"作为标题进行了再三思考，最后得出结论："叔本华最大的错误是，他把意志当作世界最熟悉的东西，甚至当作真实和唯一熟悉的东西，看来这种看法没少疯狂性和任意性，因为他吸收了迄今为止所有的哲学家一个很大的偏见，一个民众的偏见，还作了夸张，诚如一般哲学家所做的那样。"①

在《善恶的彼岸》中，尼采无情鞭挞"自由意志"这一著名概念，尼采说它是"农民式的奇想"②，还说"意志，这张由情感、状态和虚假的设想编织在一起的网，被民众用一个词如同一件东西加以表示，这就是意志，正如我在这里所描述的那样，原因是它突然、'一下子'出现了，成了很平常、'很熟悉'的经历……。"③

尼采反复指出意志是纯假设中的假设，用今天的话说，叫作作用，其实是未知的心理生理作用过程。

"'意志'——乃是虚假的物化。"④物化是指人们虚构出一个小脑人"我"。有意的意愿保持着曝光不足的无意的有意性。从病源学来看，意志只不过是一种症状⑤。这个"我"只不过是一种"远景式的幻想[……]表面上的统一情

---

① KSA，第 11 卷，第 608 页，摘自遗稿 38[8]。
② KSA，第 5 卷，第 35 页。
③ KSA，第 11 卷，第 607 页，摘自遗稿 38[8]。
④ KSA，第 12 卷，第 26 页，遗稿 1[62]，1885 年秋至 1886 秋。
⑤ KSA，第 12 卷，第 29 页，遗稿 1[76]。

形就像地平线上的情形一样，一切都融为了一体"①？ "主体"即"自我"虚构出来的艺术难道不就是把观察中的一种远景设定为观察的原因了吗？②把意识中出现的意志行为当成原因，这不是一种幻想吗？一切意识现象不都仅仅是终结现象，即链条的最后环节吗？但好像是受意识内部先后次序决定的吗？③

把尼采的图像变个样，自我只是一个遁点，诚如无数向量中合量的箭头吗？自我只是"意识之光"的焦点，即所谓的"想象焦点"，用康德但非康德本意的话来说，叫"超验幻觉"吗？自我仅仅是重点，就是说心理过程总量中的中心点吗？什么是自我？什么是意志？究竟有没有我们称之为意志的东西？尼采回答说："对实体、偶然、特征的相信等等这些逻辑形而上学的基本假定，其说服力在于习惯，即习惯把我们一切的行为看作是我们意志的结果，所以作为实体的自我在大量的变化中并不消逝。但意志是没有的。"④

"'主体'只是一种虚构；人们常说的那个自我是没有的，假如人们要指责个人主义的话。"⑤

---

① KSA，第 12 卷，第 106 页，遗稿 2[91]，1885 年秋至 1886 年秋。
② KSA，第 12 卷，第 162 页，遗稿 2[193]。
③ KSA，第 12 卷，第 248 页，摘自遗稿 7[1]，1886 年底至 1887 年初。
④ KSA，第 12 卷，第 391 页，摘自遗稿 9[98]（68），1887 年秋。
⑤ KSA，第 12 卷，第 398 页，摘自遗稿 9[108]。

尼采反复强调这个结论："没有意志，有的是不断增加或失去权力的意志逐点（Willens-Punktuationen）"①。1888年春，尼采再次说道："意志薄弱：这是一种比喻，它可能使人误入歧途。因为没有意志，所以就没有坚强的意志，也没有软弱的意志"。②

小结："我们否认有意志（更谈不上'自由'意志）"。③

在结束本小节时，我们可以把握住尼采思想这个"我要"是唯意志论的假设，而假设仍然是不可避免的，就像光学和"推测"的假象，在照镜子时好像图像就出现在镜子里面，以及出现在镜子后面。

然而能不能把尼采的思想转一转，借此过渡到本文的第二部分，以便我们作出这样的结论：它④使意志存在，但这个"它"只是尼采"权力意志"的别名？

表现在"我要"中个体及个人自由不就是权力意志虚假的外化吗？正如科利所言，在权力意志身上只不过披了件欺骗的外衣罢了。⑤

----

① KSA，第 13 卷，第 36 页续，摘自遗稿 11［73］（331），1887 年 11 月至 1888 年 3 月。
② KSA，第 13 卷，第 394 页，摘自遗稿 14［219］。
③ KSA，第 13 卷，第 414 页，摘自遗稿 15［13］。
④ 这个非人称的"它"虽然具有词源相似性，但同弗洛伊德所说的"它"不可同日而语。
⑤ KSA，第 11 卷，第 724 页续。

2

权力意志——世界的本质

一百多年以来，人们不遗余力地对权力意志这个"神秘的用语"①进行诠释和评论。假如没有意志，没有自我，那么"权力意志"又为何物呢？

1883年夏，尼采在《查拉图斯特拉如是说》第二部分《超越自己》第一次详细表述了权力意志，可以说其认识达到了顶峰：

"在我看到有生命者的地方，我就发现有追求权力的意志"。②生命就是权力意志。③按照尼采的观点，权力意志不仅在"有机的过程"中被发现④，而且也可能是"机械的秩序中不可缺少的"。⑤这里清楚地表明了权力意志同想要的"自我"和作为基础的主体完全没有联系，相反倒是使人想到非个人的"力"概念。

"我们的物理学家用'力'这个常胜的概念创造了上帝和世界。对此还需要补充一点：必须把一个内在的世界赋予这个概念之中，我称之为'权力意志'"。⑥"权力意志是最

---

① KSA，第13卷，第653页。
② KSA，第4卷，第147页。
③ 参见《善恶的彼岸》，KSA，第5卷，第208页。
④ KSA，第12卷，第297页，遗稿7[9]。
⑤ KSA，第13卷，第258页，遗稿14[79]。
⑥ KSA，第11卷，第563页，摘自遗稿36[31]，1885年6月至7月。

后的事实，我们向它走去。"①

权力意志是世界的"本质"②。在尼采看来，权力意志是"存在最内在的本质"③，思维亦然。"追求真理的意志"也可以看作是"权力意志"④，权力意志也还是最有智慧的人的意志⑤。哲学是"追求权力的思想意志"⑥——也可叫作追求权力的意志哲学。写于 1885 年 6 月至 7 月的遗稿 38[12]，因被冠以《权力意志》而声名狼藉。尼采在这个遗稿中——接下来本文还要详细论述——把他的世界图像描绘成力的游戏，结尾他说："[……] 这就是我的永恒自我创造、永恒自我毁灭的狄俄尼索斯的世界，这个双料快乐的神秘世界。它就是我的善与恶的彼岸：没有目的，假如目的不在于循环的幸福中的话；没有意志，假如不是一个循环对自身有着善良的意志的话——你们想给这个世界起个名字吗？你们想为它的所有谜团寻找答案吗？这不也是对你们这些最隐秘的人、最强壮的人、最无所畏惧的人、最子夜的人投射的一束灵光吗？——这就是权力意志的世界——此外一切皆无！而你们自身也就是权力意志，此

---

① KSA，第 11 卷，第 661 页，摘自遗稿 40[61]，1885 年 8 月至 9 月。
② 参见《善恶的彼岸》，KSA，第 5 卷，第 107 页。
③ KSA，第 13 卷，第 260 页，摘自遗稿 14[80]，1888 年春。
④ KSA，第 12 卷，第 352 页，遗稿 9[36]。
⑤ KSA，第 4 卷，第 147 页。
⑥ KSA，第 5 卷，第 22 页。

外一切皆无！"①

在这第一节里，尼采"没有意志"这个主要命题便是我们思考的结果。但有权力意志，一切是权力意志。总之就是说：权力意志是"没有意志"②的意志，没有一个想要的"自我"的意志。

显然，尼采的权力意志思想摆脱了个人意志的思想，即如他用"我要"所表达的那个个人意志。就个别人而论，他认识到"我想要"只是权力意志大海中一朵浪花上的花冠。这说明什么呢？他的精神必须超越自己和转变自己吗？

查拉图斯特拉在第一次的演说中讲到了这种变化，即"精神的三段变化"。精神首先变为骆驼，得到"你应当"命令之后，变为狮子，狮子的精神说："我要"。最后精神不得不变成孩子。这是精神的第三段变化，也是最深刻的转变。

"孩子是纯洁和遗忘，一个新的开始，一个游戏，一个自转的车轮，一个肇始的运动，一个神圣的肯定。是的，为了称作创造的这种游戏，我的弟兄们，需要一个神圣的肯定：这时，精神想要有它自己的意志，丧失世界者会获得它自己的世界。"③

---

① KSA，第 11 卷，第 611 页，摘自遗稿 38[12]。
② KSA，第 11 卷，第 611 页，第 13 行。
③ KSA，第 4 卷，第 31 页。

尼采在说骆驼、狮子和孩子时还想到什么呢？读一读1884年初手稿25[351]，颇给人启发：

"'你应当'是斯多葛派门生的无条件服从，也是基督教和阿拉伯人教团的和康德哲学的无条件服从（不论是上级还是概念都一样）。

"'我要'（这是英雄）比'你该'高级：'我是'（这是希腊诸神）比'我要'高级。[①]"

这里希腊诸神相当于精神的第三次变化成为孩子。这里有什么相互关系呢？尼采心目中已有某个神？某个具有神性的孩子？我想，从1885年秋至1886年秋完成的手稿对此给予了答复：

"'艺术家'现象还是最容易看清的——由此出发，朝权力的基本本能看，朝自然的基本本能看，等等！也包括朝宗教和道德的基本本能看！

无用的'嬉戏'是用力堆积而成的理想，是'天真的'。上帝的'天真'，举止像个孩子。[②]"

"世界是神性的嬉戏和善恶的彼岸"。可见尼采把"赫拉克利特看作了先驱"。[③]

---

① KSA，第11卷，第105页；我觉得"它是"作为第三段变化比"我是"更恰当些。
② KSA，第12卷，第129页，遗稿2[130]。
③ KSA，第11卷，第201页，遗稿26[193]。

显然，嬉戏的孩子就是赫拉克利特手稿 B52 中的爱恩。赫拉克利特说："生命之嬉戏（以及世界之时）乃是孩子，他正玩着游戏，玩着跳跳板的游戏；这是孩子的王国"。①

现在我们可以在第二节里下个暂时的结论，并同时视作尼采的主要命题：赫拉克利特手稿 B52 中的"举止像个孩子"就是经历过第三次转变的"我是"的"主体"，即"没有意志"的意志之主体。爱恩乃是权力意志的化身。

3
爱恩完美纯洁的嬉戏和轮回之"大年"

尼采在赫拉克利特那里看到了与自己迄今为止所思所想最近似的东西②。《论真理的激情》一文前言，青年尼采语气很重地说："赫拉克利特手握真理，他能随心所欲地推动时代的车轮，想到哪里就到哪里，它绝不会逃避真理。"③尼采还在《哲人文集》中重复了这段话，还补充说："[……]世界永远需要真理，也就是说世界永远需要赫拉克利特。"④

---

① 关于译文内容参见《赫拉克利特如是说》、《赫拉克利特遗稿 B52》和《赫拉克利特的接受》作者所做的研究，弗赖堡，慕尼黑，1991 年，尤其参看从第 33 页至 78 页。
② 参见尼采《瞧，这个人》，KSA，第 6 卷，第 313 页。
③ KSA，第 1 卷，第 757. 834 页。
④ KSA，第 1 卷，第 759. 835 页。

残篇 52 是"他诠释赫拉克利特思想的中心"①。赫拉克利特的手稿 B52 以及尼采对残篇所作的新解,并把赫拉克利特的思想融入自己的思想,我们完全可以视为这是他的思想中的重要交叉点。在这个交叉点交汇着重要的连接线,它们使我们看到在巴塞尔大学任教时的早期尼采,以及后期尼采,看到尼采的"永恒轮回"和"权力意志"这些"最重要的"思想。以下我们将后者作较详细论述。

尼采在巴塞尔大学讲授赫拉克利特时曾六次说起残篇 B52,并在《希腊悲剧时代的哲学》一文中有七次提到 B52。②

尼采在《哲人文集》第六部分开头开宗明义地说:"世界是宙斯的游戏,或用物理学的说法,世界是玩火自焚的游戏"③,紧接着又在第七部分说"爱恩的完美纯洁的游戏"④。

尼采在《哲人文集》第七部分开头对残篇 B52 所作的诠释可为最详细了。倘若我们去读一读尼采的精神第三变化文字,这个开首段落是特别令人回味的,由此出发对他后来提出的"权力意志"说也颇有启发:

"生成与消亡,建设与破坏,没有任何道德上的判断,

---

① E·费恩克著《尼采哲学》,斯图加特 1960 年,第 41 页。前面提到的《赫拉克利特如是说》作者的文章可视为费恩克观点的一个证明。
② 参见《赫拉克利特如是说》,第 2.0241 和 2.0242 篇。
③ KSA,第 1 卷,第 828 页,第 5 行续,参见第 1 卷,第 834 页,第 34 行。
④ KSA,第 1 卷,第 831 页,第 28 行。

在永恒相同的纯洁中，在这个世界里，只有艺术家和孩子的嬉戏，孩子和艺术家怎么玩耍，永生的火就怎么玩耍，怎么建造，怎么破坏，没有恶意——爱恩在和自己游戏。"①

尼采对残篇 B52 所作的解释便决定了他后来的哲学思考，直到他在《查拉图斯特拉如是说》里形成自己的"权力意志"说为止。"权力意志"和"永恒轮回"这两者紧密联系在一起。我们从《查拉图斯特拉如是说》开篇，即"三变"中第三个阶段中那些如"纯洁"、"孩子"、"嬉戏"和"车轮"等概念上看出，这些都是驾驭其他思想的关键词，尤其在"康复者"这个重要章节里，以上概念同永恒轮回这个"最彻底的"思想一道，体现了尼采哲学的主要思想，即尼采哲学意义上的"大年"说。前面引述的"三变"那段话，像一张刮去陈迹又复新的旧羊皮纸，显露出残篇 B52 的内涵。仅此而言，查拉图斯特拉第一次演讲很适合用来证明尼采对残篇 B52 阐释所包含的"执政官"似的意义。这是尼采对《查拉图斯特拉如是说》基本思想的一个注解。

在研究尼采思想的作品中，从一开始人们就注意到了第三个阶段变化与赫拉克利特残篇 B52 之间的渊源关系，并加以考察。②

---

① KSA，第 1 卷，第 830 页。
② 参见 G·瑙蔓《评注〈查拉图斯特拉如是说〉》，莱比锡 1899—1901 年，第 165 页。

"精神三变"中所指的孩子相当于爱恩。赫拉克利特拿爱恩同孩子（男孩）作比较。尼采把爱恩理解为"世界之时"，把孩子理解为"世界孩子"，就是说，赫拉克利特式的"爱恩"变成了——不管用何种理由解释——尼采式的"世界之时＝世界孩子"。以此可以作为"三变"中孩子行为的诠释的出发点。尼采在巴塞尔大学讲授赫拉克利特残篇 B52 时，着重讲到 B52 中孩子的"纯洁性"这个观点，在撰写"精神三变"时同样（第一次把孩子说成"是纯洁的……"），尽管赫拉克利特残篇中没有可靠的联系[①]。"精神三变"中有"新的开始"一说，巴塞尔哲学讲稿中残篇 B52 的解释以及《哲人文集》[②]里也都出现了同样的说法。如果说"精神三变"说到孩子是"一个肇始的运动"，孩子（指人，反对亚里士多德的人[③]）取代了上帝。同样，尼采在解释残篇 B52 时——这里尚且不论理由有多少充分——把艺术家放到了爱恩（宙斯）的位置上。艺术家像上帝一样，为自己创造出了一个"自己的世界"。

第三阶段变化中的游戏说与尼采诠释残篇 B52 中"世界孩子"以及"世界之时"的"世界游戏"[④]是一脉相承的，也就是第三变化中的"创造的这种游戏"相当于宙斯创造世界

---

① 详细的讨论参见《赫拉克利特如是说》，第 1.22 章节。
② 参见 KSA，第 10 卷，第 207 页，遗稿 5[1]178。
③ 参见《形而上学 1073a》和柏拉图《斐多篇 245c》。
④ 参见 KSA，第 3 卷，第 639 页。

的行动，相当于"创造世界"，即相当于爱恩/孩子/艺术家"创立世界"。①

最后，再提一下尼采第三段变化中的"自转的车轮"这个形象。尼采想通过这个形象追述对残篇 B52 的诠释（这里有叔本华论述"伊克西翁车轮"的意义②），同时扼要地提出他在《查拉图斯特拉如是说》中《康复者》一章节中所论述的永恒轮回学说。尼采在《查拉图斯特拉如是说》的"精神三变"中说到的自转的车轮，也就是他后来在《"自由鸟"王子之歌》、《致歌德》中写到的"世界车轮"，意义相同：

> 滚滚世界车轮，
>
> 把一个个目的碾碎，
>
> 怨者说它是痛苦，
>
> 傻瓜说它是游戏……
>
> 掌握一切的世界游戏啊，
>
> 混淆着真与伪，
>
> 永恒的愚蠢
>
> 将我们卷入其中……③

---

① 参见 KSA，第 1 卷，第 755 页，第 8 行续，第 829 页，第 29 行续，第 831 页，第 2 行续。
② 参见叔本华《作为意志和表象的世界》，第 36 条，第 38 页。
③ 参见 KSA，第 3 卷，第 639 页。

"世界车轮"、"世界游戏"都属于"世界孩子",即:"世界之时"。

世界车轮是世界之时的世界车轮,即爱恩的世界车轮。尼采从中不仅听到了生命之时的脚步声,而且还听到了永恒时代以及全部永恒时代的脚步声,也就是赫拉克利特的"大年"说,以及歌德的万年说。说及(自转的车轮),不得不联想到尼采在解释残篇 B52 时所说的(永恒)时间这个概念。在《康复者》里,尼采首先提出"轮"形象,在《查拉图斯特拉如是说》其他章节里,多次表述"轮"形象①,在阐释"永恒轮回"思想时又用了这个图像。他说:"一切走开了,一切又回来:存在之轮永远转动。一切死去,一切又开花,存在之年岁永远在跑。"②存在之轮乃是生命之年运行的图像,世界之轮乃是生命和生成"大年"周期的图像。在动物对作为永恒轮回导师的查拉图斯特拉这个著名的演讲中,三次提到"大年"。尼采的轮回"大年"说,经历过(匿名的?)赫拉克利特的"大年",又回到赫拉克利特的爱恩和尼采的解释上。在《幻想和谜》第二部分,尼采用门道这个图像来表示"瞬间",用牧人和蛇③之谜阐述了"最深刻的"思想永恒轮回——没明确这么说——之后,他援引了那

---

① 参见 KSA,第 4 卷,第 80、90 页。
② KSA,第 4 卷,第 272 页。
③ 参见 KSA,第 4 卷,第 199 页续,第 201 页续。

个谜，在《康复者》第二节里又明确提到那个"最深刻的"思想。"瞧，我们知道你教的是什么：一切事物永远回归，我们也包括在内，我们已存在过无数次了，一切事物也跟我们一起存在过。

你教导说，有一种转生的伟大之年，一种伟大之年的巨怪：它必当像漏沙计时一样永远重新翻转过来，以便重新漏下和漏完：——

——因此，这些年份，事无巨细，全都是相同的，因此我们自己在这种伟大之年里，事无巨细，也总是相同的。"①

这章表明，尼采的永恒轮回是受了赫拉克利特的"大年"思想影响的。从当时刻本研究赫拉克利特出发，"大年"一说对尼采而言，是同赫拉克利特的爱恩不可分的。轮回"大年"乃是爱恩。

尼采完成《康复者》后写下手稿38[12]（1885年6月至7月），结尾处又重复了那段文字，这一点清楚地说明轮回"大年"这个图像是在赫拉克利特的思想下产生的。

尼采的"存在之屋"②深深扎根在古希腊罗马的土壤里。以下整段转引的手稿证明尼采早期对赫拉克利特（特别是残篇B52）的诠释，同他后期永恒轮回说（这是其一）和

---

① KSA，第4卷，第276页。
② 参见KSA，第4卷，第273页，第1行。

权力意志学说（这是其二）是有联系的。

"你们也知道我的'世界'是什么吗？要叫我把它放在镜子里给你们看吗？这个世界是：一个力的怪物，无始无终，一个钢铁般坚实的巨力，它不会变大，也不会变小，不消耗自身，而只是进行转换；作为总体大小不变的巨力，它没有支出，也没有损失，但同样也无增长，没有收入，它被'虚无'所缠绕，就像被自己的界限所缠绕一样，不是任何模糊的东西，不是任何挥霍的东西，不是无限扩张的东西，而是置入一个有限空间，不是那种某处'空虚'的空间，不是任何地方都有的，毋宁说，作为力无处不在，是力和力浪的嬉戏，同时是一和'众'，在此处聚积，同时在彼处削减，就像翻腾和涨潮的大海，永远变幻不息，永远复归，以千万年为期的轮回，其形有潮有汐，由最简单到最复杂，由最静、最僵、最冷变成最炽热、最粗野、最自相矛盾，然而又从充盈状态复归简单状态，从矛盾嬉戏回到和谐的快乐，在其轨道和年月的吻合中自我肯定，作为必然永远回归的东西，作为转变的东西，不知更替、不知厌烦、不知疲倦的东西，自我祝福——：这就是我的永恒自我创造、永恒自我毁灭的狄俄尼索斯的世界，这个双料快乐的神秘世界。它就是我的善与恶的彼岸：没有目的，假如目的不存在于循环的幸福中的话；没有意志，假如不是一个循环对自身有着善良的意志的话——你们想给这个世界起个名字吗？你们想为它的所有谜团寻找答案吗？这不也是对你们这些最隐秘的人、最强壮的人、最无所畏惧的人，最子夜的人投射的一束灵光吗？——这就是权力意志的世界——此外一切皆无！而你们自身也就是权力意志——此外一切皆无！"①这个权力意志的世界乃是尼采的赫拉克利特世界，B52是它的中心点。②"轮回"大年乃是"爱恩"，"大年的巨人"，"生成大年"乃是赫拉克利特……

可以概括地说：

爱恩作为世界时间的"大年"乃是永恒轮回的神性人格化。

"世界游戏"之名，作为世界孩子的爱恩玩着"权力意志"的游戏。

在爱恩无目的的嬉戏里，是无意志的意志统治着，爱恩是权力意志神性人格化。

权力意志和永恒轮回乃是爱恩的两张脸。

最后，我们提请读者注意，尼采的世界孩子爱恩这个形象，不仅具有主神宙斯的特征，而且首先具有神孩狄俄尼索斯的特征。尼采早在撰写《悲剧的诞生》时狄俄尼索斯的痛

---

① KSA，第11卷，第610页，遗稿38[12]。
② 参见KSA，第13卷，第376页，遗稿14[188]5，这里提到存在的"掷色子游戏"与永恒轮回联系在一起。

苦描述就影响了他①，尤其像神秘的扎格列欧斯神的描述。狄俄尼索斯式扎格列欧斯，也就是阿波罗式的狄俄尼索斯，在后期尼采悲剧哲学中，已经同爱恩融合在一起了，成为永恒轮回和权力意志的艺术形而上学的上帝。

---

① 参见本文作者所著《艺术形而上学》中的第 1 章《狄俄尼索斯式的阿波罗》，维尔茨堡，1991 年。

图书在版编目(CIP)数据

权力意志与永恒轮回 /(德)尼采著;(德)沃尔法
特编;虞龙发译. —上海:上海译文出版社,2016.6(2025.8 重印)
(译文经典)
ISBN 978 - 7 - 5327 - 7236 - 0

Ⅰ.①权… Ⅱ.①尼… ①沃… ②虞… Ⅲ.①尼采,
F. W.(1844~1900)-哲学思想-研究 Ⅳ.①B516.47

中国版本图书馆 CIP 数据核字(2016)第 051783 号

本书由上海文化发展基金会图书出版专项基金资助出版

Friedrich Nietzsche
Die nachgelassenen Fragmente
Philipp Reclam jun. Stuttgart, 1996
根据斯图加特小菲利普·雷克拉姆出版社 1996 年版译出
经编者 Günter Wohlfart 授权

权力意志与永恒轮回
[德]弗里德里希·尼采/著 君特·沃尔法特/编 虞龙发 译
责任编辑/衷雅琴 装帧设计/张志全工作室

上海译文出版社有限公司出版、发行
网址:www. yiwen. com. cn
201101 上海市闵行区号景路159弄B座
山东临沂新华印刷物流集团有限责任公司印刷

开本 787×1092 1/32 印张 12 插页 5 字数 181,000
2016 年 6 月第 1 版 2025 年 8 月第 10 次印刷
印数:20,001—22,000 册

ISBN 978 - 7 - 5327 - 7236 - 0
定价:49.00 元